다정함의 배신

INVISIBLE RIVALS

은밀하고 정교하게 숨겨온 인간 본성의 비밀

INVISIBLE

다정함의 배신

RIVALS

조너선 R. 굿먼 지음

박지혜 옮김

다산
초당

Invisible Rivals

차례

협력이라는 가면을 쓴 이아고들

그를 따르는 것은 곧 나 자신을 따르는 것.

하늘이여, 나를 심판하라.

겉으로는 그렇게 보일지언정

나는 사랑이나 의무로 그를 따르는 것이 아니라

사실은 나만의 목적 때문이다.

만약 내가 나의 본심과 그 형상을

꾸밈없이 그대로 드러내고 다닌다면

머지않아 나는 소매 위에 달고 다닌 내 심장을

까마귀들에게 쪼이게 될 터.

나는 내가 아니다.

—『오셀로』 1막 1장

영국의 극작가 윌리엄 셰익스피어William Shakespeare의 희곡 『오셀로』에서 이아고는 주인공인 오셀로와 그의 아내를 이간질해 파멸로 이끄는 인물이다. 처음 만났을 때만 해도 이아고는 오셀로에게 한없이 충성스러운 조력자였다. 그러나 이아고는 겉으로는 헌신하는 척하며 뒤에서는 자신의 욕망을 채우고 오셀로를 무너뜨리고자 했다. 이러한 인물이 비단 남성만 있는 것은 아니다. 영국의 소설가 윌리엄 M. 새커리William M. Thackeray의 소설 『허영의 시장』에 등장하는 인물인 베키 샤프 역시 사람 좋은 척하면서 자신의 목적을 달성하기 위해 악랄하게 행동하는 여성이다. 이러한 유형의 인물들을 문학 작품에서 심심찮게 만날 수 있다. 『리어왕』에서 글로스터 백작의 사생아인 에드먼드, 『데이비드 코퍼필드』의 유라이어 힙 등 이야기하자면 끝도 없다.

현실 세계에서도 당연히 남녀 할 것 없이 우리 모두 '협력'이라는 가면을 쓰고 각자 자신의 이기적인 목적을 추구하며 살고 있다. 이 같은 인간상을 조너선 R. 굿먼은 '보이지 않는 경쟁자Invisible Rival'라 말한다. 이아고처럼 극단적이지 않아도 '이기적 경쟁심'과 '이타적 협력'이라는 인간의 두 가지 행동 패턴은 마치 DNA 속 이중나선 구조처럼 서로 강하게 얽힌 채 우리 일상에 영향을 미친다.

프랑스의 철학자 르네 데카르트René Descartes의 저 유명한 심신이원론(인간의 정신과 육체를 별개의 실체로 보는 관점)을 비판하는 사람도 있겠지만, 인간이 스스로 통제하기 어려운 두 가지 측면을 가진 존재라는 사실은 맞는 듯하다. 선과 악, 선천성과 후천성, 생물학적 특성과 문화적 특성, 심지어는 영화 〈스타워즈〉의 세계관을 이루는 '라이트 사이드'와 '다크 사이드'까지 모두 인간의 양면성을 그리고 있다.

영국의 정치철학자 토머스 홉스Thomas Hobbes는 인간 본성에 대해 다음과 같이 정리했다.

> 자연 상태에서 인간의 삶은 외롭고 가난하며, 끔찍하고 야만적이다. 수명도 짧다. 인간은 모두가 모두와 싸우는 전쟁 속에 놓여 있다. 오직 법의 통제, 정확하게는 권력을 가진 군주만이 그 본성을 억누르고 인간의 삶을 견딜 만한 것으로 만든다.

인간 본성에 대해 홉스와 대척되는 관점을 가진 인물로 흔히 장자크 루소Jean-Jacques Rousseau를 꼽는다. 루소는 인간 본성을 다음과 같이 보았다.

> 자연 상태의 인간은 근본적으로 평화롭다. 인간이 타락하는 원인은 사회 때문이다. 단순한 삶으로 되돌아가도록 내버려두면 인간은 고상한 야만인으로 돌아간다.

철학과 인류학에서는 이 두 가지 관점을 두고 끊임없이 논쟁해 왔다. 집단 간의 전쟁이나 충돌이 농경사회의 시작, 국가 체계를 갖춘 사회의 형성 등 진화론에서의 전환기에 발생한다고 주장하는 사람들이 있는 한편, 인간의 폭력적이고 이기적인 행동의 뿌리는 유인원 조상들에게서 찾을 수 있다고 믿는 사람들도 있다. 이러한 논쟁은 매우 중요하다. 인간 본성과 그 형성 과정에 대한 이해는 개개인의 태도뿐만 아니라 인간이 구성한 정부에 접근하는 방식을 결정하는 기반이 되고, 더 나아가 우리 사회가 어떻게 조직되어야 하는지 생각하는 기준이 되기 때문이다.

그러나 양극단으로 나뉜 인간 본성에 대한 두 관점은 두 가지 잠재적 역설을 낳기도 한다. 첫째로 '인간이 완전히 이기적인 존재라면 인류에게 분명히 존재하는 협력적 성향과 이기적 본성이 어떻게 조화를 이룰 수 있는가' 하는 것이며, 둘째로 '인간이 진정 협력적인 존재라면 인간의 이기적 본성이 어떻게 이러한 인류의 친사회적 성향을 뚫고 사회에 침범할 수 있는가' 하는 것이다. 굿

먼은 이 책을 통해 바로 이 두 가지 역설적 질문에 대한 답을 찾고
자 한다.

　인간이 협력이라는 독특한 능력을 지닌 것은 분명한 사실이
다. 사소하게 보면 열차 옆자리에 모르는 사람이 앉아도 참고 가
는 것부터 기부나 납세를 통해 타인을 돕는 자발적 의지까지도
협력에 포함된다. 전쟁터에 나간 군인들 사이에 존재하는 복잡한
신뢰와 상호 의존 관계, 타인을 구하기 위해 자기 목숨까지 바치
는 희생 또한 모두 인간의 협력 능력에 포함된다. 어쩌면 동물과
마찬가지로 친족 관계에서 유전자를 나누며 진화적 이해관계를
함께 유지하기 위해 협력하는 것이라고 설명할 수도 있겠다. 하지
만 인간의 협력에서 독특한 점은 서로 친족 관계가 아닌 개인 사
이에서도 협력이 이루어진다는 것이다. 항상 그러한 것은 아니지
만 협력은 주로 문화, 언어, 혹은 소속된 사회의 세계를 나누는 사
람들 사이에서 이루어지며, 심지어는 그러한 공통분모가 없어도
협력한다. 1985년 에티오피아의 기근 피해자들을 돕기 위해 영국
의 록 밴드 퀸Queen을 비롯해 수많은 록 스타가 참여했던 전설의
공연 '라이브 에이드'가 대표적 예다.

　개인에게는 저마다 목적이 있고, 그것이 서로 지나치게 충돌
하지 않는다면 사회는 개인의 목적을 지지하는 것이 일반적이다.
예를 들어 세상에서 가장 큰 케이크를 구워 세계 기록을 세우고
자 하는 목적은 타인에게 피해를 주지 않는다. 하지만 비장애인이
장애인 주차 구역에 주차하는 것은 타인에게 피해를 준다. 아마존
의 정글을 파괴하는 것도 마찬가지다.

이 책은 이러한 문제들을 심도 있게 탐구하며 인간 본성의 복잡성을 쉽게 이해할 수 있도록 돕는 안내서다. 굿먼은 '협력 사회'라는 촘촘한 조직을 기만欺瞞이 어떻게 뚫고 들어갈 수 있는지, 정보의 수발신이 어떻게 진화의 축이 되는지 살펴본다. 또한 (성공 수준의 차이는 있지만) '사기꾼'들의 속임수로부터 스스로를 보호하기 위해 문화가 어떻게 도덕과 규칙으로 무장하는지, 그럼에도 기만과 사기가 사라지지 않는 이유는 무엇인지 알아본다. 문화적·경제적 맥락(예를 들어 불평등의 심화)에서 속이려는 사람과 이를 알아내려는 사람 사이의 줄다리기는 어떻게 형성되는지도 탐구한다. 굿먼은 자신의 주장을 뒷받침하기 위해 동물 연구부터 심리학 실험, 인류학적 연구 관찰 결과 등 다양한 증거를 제시한다.

이 책을 읽다 보면 진화론, 철학, 행동학, 정치 등 여러 관점에서 다양한 질문이 떠오른다. 경쟁과 협력이라는 두 시스템은 어떻게 진화해 왔을까? 인류를 성공으로 이끈 협력이 선택되면서 자연 세계에서의 경쟁 구도, 즉 '눈에 보이는 경쟁자'들은 서서히 그림자 속으로 사라졌을까? 아니면 인간의 친사회적 행동 진화의 결과로서 '무임승차자'로 다시 등장하게 되는 것일까? 혹은 협력자들과 보이지 않는 경쟁자들 사이에는 이미 오랫동안 상호 진화라는 경쟁 과정이 있었던 것은 아닐까?

또한 이 책은 철학계의 주요 관심사들도 다룬다. 이마누엘 칸트Immanuel Kant는 결과보다 동기와 의도가 더 중요하다고 보았지만, 제러미 벤담Jeremy Bentham과 존 스튜어트 밀John Stuart Mill은 동기보다 결과에서 인간 선행의 본질을 찾고자 했다. 굿먼이 말하는 보이지 않는 경쟁자들은 아마도 벤담과 밀의 이론이 적용된 세상에서 더 잘 지낼 수 있을 것이다. 예를 들어 억만장자가 말라리아를 퇴치할 수 있을 만큼 충분한 돈을 기부한다면 그 이유가 무엇이었는지는 그리 중요하지 않게 된다. 설령 그가 너무나 가혹했던 자기 회사의 고용 정책을 숨기기 위해 기부라는 미덕을 과시한 것이라 할지라도 말이다.

　보이지 않는 경쟁자들이 인간의 행동에 미치는 영향은 특히 흥미로운 연구 주제다. 협력이 가치 있게 여겨지는 세상에서 인간은 대략 세 가지 전략을 취하게 된다. 첫째, 주어진 규칙에 따라 명성 등 개인의 이익과 집단의 이익을 모두 얻는다. 둘째, 명성에 해가 되는 한이 있어도 이기적으로 행동하고 사회 규칙에 역행해 어떤 이익이든 취한다. 셋째, 겉으로는 협력하지만 실제로는 이기적인 목적을 추구한다. 굿먼의 말을 빌리자면 '이기적인 경쟁자'가 되어 사는 것이다. 이때 세 번째 전략이 반드시 성공한다는 보장은 없다. 하지만 이 전략 덕분에 인간은 자기 행동을 위장하거나 타인의 위장된 행동을 알아차릴 수 있다. 이 같은 사실에 초점을 맞추었다는 점이 이 책을 더욱 흥미롭게 만든다.

　마지막으로 굿먼은 책의 후반부에서 현실적인 시사점들을 살핀다. 인간은 반복적인 소통과 대면 관계가 일반적인 '소규모 사회'에서 진화해 왔다. 하지만 현재 대부분의 사람이 사는 '대규모 사회'에서는 사기 행동에 대한 처벌이 크지 않고, 이를 적발하는 것도 오히려 더 어려워졌다. 신뢰가 점차 무너지며 부정적인 기회들이 생겨났다. 특히 오늘날과 같이 디지털 세계에서도 보이지 않는 경쟁자들이 등장하는 시기에는 우리가 이러한 문제들을 어떻게 해결해야 하는지가 주요 도전 과제이기도 하다.

　홉스와 루소가 말했듯 이분법적으로 나뉘는 세계가 아니라 협력과 이기심이 미묘하게 혼재된 세계를 탐구해야 인류는 계속해서 생존해 나갈 수 있다. 오셀로가 만약 이 책을 읽었다면 자신을 비극으로 몰아간 이아고의 꿍꿍이를 일찍 눈치챘을지 모른다.

로버트 A. 폴리Robert A. Foley
(케임브리지대학교 인류진화학 교수)

머리말

인간 본성이라는 허상에 대해

몇 해 전 나는 뉴욕에서 열린 한 생물학 세미나에 참석했다. 이타주의를 주제로 한 세미나에서는 '인간은 언제 어떻게 숨겨진 의도 없이 타인을 돕는가'에 대한 답을 찾고 있었다. 많은 참석자가 인간은 그러한 방식으로 타인을 돕지 않으며, 앞으로도 그렇게 돕지 않을 것이라고 확신했다. 인간은 생물학적으로 이기적이게끔 설계되어 있으며, 생존, 번식 그리고 자신에게 이익이 되는 행동을 하는 데 초점을 맞추어 왔다는 것이다. 이 외에 나머지는 자기 자신이나 타인을 속이는 행동들이다.

이처럼 인간 본성을 단순하게 규정하는 환원주의적 사고는 찰스 다윈Charles Darwin의 『종의 기원』 출간 후 150여 년 동안 이어진 생물학 연구에 뿌리를 두고 있다. 생물학의 세계는 착취, 경쟁, 기만으로 가득하다. 그러니 생물학적 구조체인 인간의 세계 역시 이러한 특성을 보이는 것이 당연하다. 이 주장은 1970년대 진화론을 연구하던 학자들 사이에서 인기를 얻었고, 내가 본 바로는 여전히 일부 학자들이 이 주장을 지지하고 있다.

하지만 최근 들어 학계에서는 이와 다른 움직임이 일고 있다. '차등差等 번식'이라는 생물학 고유의 냉정한 논리에 집중하지 않고, '문화'에 집중해 그것이 어떻게 인간에게 생물학적 진화의 사슬을 끊도록 했는지 연구하는 것이다. 이러한 연구에 따르면 수천 년에 걸쳐 하나의 문화를 공유하는 인간들의 집단, 즉 '문화 집단'은 상호 협력을 최적화하는 방식으로 진화해 왔다. 이기적인 인간들로 구성된 집단은 제거되거나 흡수당했고, 좀 더 성공적인 문화가 전파되면서 협력도 같이 전파되었다. 그렇게 오늘날 인간이라는 협력적 종이 생물계를 정복하게 되었다는 것이다.

　나는 두 가지 주장 중 어떤 것을 들어도 우울해질 수밖에 없었다. 인간 본성을 둘러싼 이 오래된 논쟁이 현대의 많은 학자에게 해석되는 방식 때문에 그런 것이 아니라 한 인간이 된다는 것, 그것이 지니는 의미가 놀라울 정도로 일반화되거나 심지어 과장되어 우리 모두를 오도하고 있다는 사실에 우울해졌다.

　내가 볼 때 학계에서 이루어지는 이러한 논의들은 호모 사피엔스Homo sapiens처럼 다양하고 복잡한 종을 선하거나 악하거나 둘 중 하나로 단정 지으려는 부적절한 시도였다. 이러한 방식으로 인간 본성에 대한 모델을 만들면 결국 우리는 과장된 인간 본성을 기준으로 삼아 인간 사회에 어떻게 개입해야 하는지 생각하게 되기 때문이다. 인간이 선하거나 악하거나, 경쟁적이거나 협력적이거나, 이기적이거나 이타적이거나, 혹은 그 어떤 이분법적 특성 중 한 가지에 해당한다고 규정하는 순간, 우리는 그것을 기준으로 정책을 세우고 규칙을 만든다. 우리가 만든 사회적 규범은 애초에 우리가 만든 허상을 지지하거나 무너뜨리기 위한 것이다.

　나는 이 책을 통해 인간 본성에 대한 이러한 논쟁들이 얼마나 무의미한지 밝히고자 한다. 그리고 인간이 어떤 종류의 동물인지 좀 더 현실적으로 그려낸 과거의 여러 이론을 조합하면 궁극적으로 우리가 살고 있는 지금의 문화를 개선할 수 있다는 점도 증명할 것이다.

　이는 단순히 이론을 내세우려는 것이 아니라 더 큰 의미가 담긴 시도다. 오늘날 개발도상국들은 화석 연료 사용이 증가함에 따라 그 영향을 가장 많이 받을 가능성이 크다. 다시 말해 개발도상국에서는 극한 기후 문제가 더욱 심각해질 것이고, 폭염으로 인한 사망자 수도 셀 수 없이 늘어날 것이다. 선진국에서도 불평등이 심각해지고 있는데, 세계 상위 1퍼센트의 부유층이 배출하는 탄소량이 최빈층의 절반이 배출하는 탄소량의 두 배에 달한다는 자료도 있다. 선진국에서는 암과 같은 비전염 질환에 대한 부담이 증가하는 반면, 최저개발국에서는 전염성 질병의 위협이 지속되고 있다. 전 세계적으로는 정신 건강 문제가 급속도로 확산하고 있는데, 여러 문화권에서 공통으로 발견되는 고독함의 심화가 그 원인 중 하나로 꼽힌다.

이러한 문제에 대한 해결책을 어떻게 찾을 것인지는 반드시 인간 본성을 어떻게 개념화할 것인지와 직결되어야 한다. 협력적 집단을 만들어 사는 것이 인간 본성이라고 믿는다면 동족 중심적 사고를 중심으로 모든 문제에 대한 비난을 쏟아내도 된다고 생각하는 사람이 생길 수 있다. 반대로 인간이 항상 이기적으로 행동하는 존재라고 믿는다면 어떤 문제에도 그러려니 하고 체념하게 될지 모른다. 둘 다 있어서는 안 될 일이다. 우리에게 필요한 것은 현실적인 기대치다. 정책을 어떻게 설계할지, 더 중요하게는 개개인의 삶을 어떻게 더 나아지게 할지 알려주는 현실적인 기대치가 필요하다. 인간 존재를 위협하는 문제들을 해결하기 위한 첫걸음은 바로 우리 자신에 대한 이해다.

나는 그저 당신이 열린 마음으로 이 책을 읽고, 어떤 반응이든 그것을 끌어낸 자신의 편견에 대해 스스로 질문해 보기를 바란다.

우리는 앞서 말한 문제들을 해결하는 데 공통의 이해관계에 놓여 있을 가능성이 높다. 어떻게 해결하는지는 중요하지 않다. 하지만 그 첫걸음을 내딛기 위해서는 자기 자신에게 그리고 자기 자신에 대해 솔직해져야 한다.

우리 시대의 영웅

보이지 않는 경쟁의 탄생

1975년 초 유명 생물학자 두 명이 스스로 생을 마감한 동료의 장
례식에 참석했다. 고인은 자신의 연구 결과 때문에 우울증을 앓다
가 결국 자기 동맥을 끊었다. 둘을 제외한 나머지 조문객은 고인
이 살던 지역의 주민들과 그가 말년에 도왔던 노숙자들이었다.

　고인의 이름은 조지 프라이스George Price였다. 비록 그는 사
는 동안 자신의 업적이 인정받는 것을 보지 못했지만, 그의 연구
는 오늘날 과학계 전반의 사고방식에 큰 영향을 미쳤다. 프라이스
는 나중에 자신의 장례식에 참석하게 되는 생물학자 윌리엄 해밀
턴William Hamilton과 함께 생전에 유기체들이 서로 돕고 사는 이유
에 관한 이론을 도출해 이를 수학적 방정식으로 담아냈다. 이타주
의의 가능성을 공식적으로 모델화한 셈이다.

　하지만 동료 생물학자들과는 달리 프라이스는 자신의 이론을
거의 병적으로 적용하다시피 했다. 아마도 그가 생물학을 연구하

는 동안 종교에 심취하게 되었기 때문일 것이다. 프라이스는 자신이 소유한 것들을 사람들에게 모두 나누어주고 심지어 자기 집까지 나누어주었지만, 정작 자신은 집을 나가 노숙자로 살았다. 『동물 농장』을 쓴 작가 조지 오웰George Orwell이 때때로 그러했듯 프라이스도 거리에서 알게 된 노숙자들과 이곳저곳 거처를 옮기며 지내다가 스스로 생을 마감했다. 그러나 그러는 사이에도 그는 나중에 자신의 장례식에 참석한 또 다른 생물학자 존 메이너드 스미스John Maynard Smith와 함께 중요한 논문을 발표했다.

프라이스는 연구 업적과 자기희생 덕분에 과학사에 우상과도 같은 존재로 남았다. 우리는 그의 연구에서뿐만 아니라 자기 삶의 질에 무관심했던 그의 태도에서도 이타주의라는 인간 본성의 한 극단을 볼 수 있다. 또 다른 극단에는 우리가 익히 들어온 이기주의가 있다. 이 두 극단은 인류의 역사, 아마도 우리의 미래에 대한 많은 이야기를 담고 있을 것이다.

지난 몇 년간 나는 학부생들을 대상으로 협력의 진화를 강의했다. 협력의 진화에는 다양한 견해가 존재하는데, 실제로 인간 행동에 진화생물학을 적용하기 전부터 이는 오랫동안 논쟁의 주제였다. 일반적으로 생물학에서는 사회적 행동이 결국 생물학적 이기주의로 이어진다고 본다. 정확히 말하자면 하버드대학교 생물학 교수 에드워드 윌슨Edward Wilson이 1970년대에 '사회생물학'이라 이름 붙인 학문에서는 생물이 사회적 행동을 하는 이유로 성공적 번식의 극대화를 꼽는다. 하지만 지난 20년간 발전해 온 한 주장에 따르면 인간이 생존과 증식을 거듭하며 세상을 지배한

이유는 인간이 다른 어떤 종보다 효과적으로 협력하기 때문이었다.[1]

경쟁에 초점을 맞춘 관점과 협력을 강조하는 관점 사이의 논쟁은 여전히 현재진행형이다. 흥미로운 사실은 내가 지금까지 만난 학생들이 이 두 관점을 받아들이는 태도다. 내가 (반사회적이기보다는) 근본적으로 친사회적인 사람들의 주장을 일부 설명하면 대부분은 회의적으로 반응한다.

이러한 반응은 어쩌면 당연한 일일지 모른다. 밀레니얼 세대, 그보다 더 어린 Z세대는 앞선 세대보다 더 편한 삶을 영위하고 있다. 전쟁을 겪지도 않았고, 식량 배급 사회에서 자란 적도 없다. 대부분 난방이 되는 집에 살고, 첨단 기술도 손쉽게 사용할 수 있다. 적어도 현재 미국, 독일, 대만 등 민주주의 사회에서의 청년들은 목숨 잃을 걱정을 매일같이 하며 살 필요가 없다. 이러한 현실을 고려하면 앞서 언급한 회의적 반응은 우리 사회에 만연한 파괴적 특성과 불신의 산물이라고밖에는 설명할 수 없다.

부의 불평등은 과거 100년 중 그 어느 때보다 극심하다. 상당수 미국인이 공공 의료 혜택을 받기 어려운 실정이고, 영국에서도 의료 체계가 무너지고 있다. 게다가 유럽에서는 극단주의 정당이 힘을 얻고 있다. 몇 년 사이 전 세계는 지난 수십 년간 보이지 않았던 전쟁의 위협, 전염병의 확산, 좌우 진영에서의 포퓰리즘 재등장을 목도했다. 범위를 좁혀 보면 주요 기업의 경영진, 혹은 정치권에서 나르시시스트와 사이코패스가 불균형적일 정도로 많은 권력을 쥐고 있는 것으로 조사되기도 했다.

당신이 자주 사용하는 미디어 매체, 혹은 뉴스에서 이와 관련된 사건들을 보아왔다면 인간이 근본적으로 협력하는 종이라는 학계 주장을 부인하는 것도 무리가 아니라고 생각한다. 우리는 사회가 유지될 수 있도록 서로 협력한다. 가게에서 물건을 사면 돈을 내듯 말이다. 하지만 여러 측면에서 부와 권력을 가진 자들은 이기적인 목적을 위해 자신이 가진 돈과 힘을 사용해 왔다.

　많은 사회 문제가 심각한 수준임에도 권력자들이 여전히 인간의 선함을 논하는 것을 보며 나 역시 내가 가르쳤던 학생들처럼 권력자들의 태도에 실망했다. 물론 이기주의와 친사회성만으로 인간을 정의할 수는 없지만, 그것들이 인간을 인간답게 만드는 본질적 요소는 맞다. 인간에게는 선악이 공존하고, 그중 하나를 무시하면 많은 개인적·사회적 차원의 문제로 이어질 수 있다.

　진화론과 관련된 이론들을 살펴보면 인간 본성의 형성을 이해하는 데 도움이 된다. 그래비티 페이먼츠라는 유명 신용카드 결제 대행사를 살펴보자. 조지 프라이스와 성씨는 같지만, 이름은 댄Dan이었던 그래비티 페이먼츠 CEO는 2022년 8월 성폭행 혐의를 받은 후 갑자기 사임했다. 기업에서 그 정도로 높은 지위에 있는 사람이 성폭행 혐의를 받는 것이 사실 새로울 일은 아니지만, 댄 프라이스의 사임 소식은 뉴스 헤드라인을 장식하고, 소셜 미디어에서도 논란을 불러일으켰다. 그래비티 페이먼츠가 미국 서부의 여느 평범한 스타트업은 아니었기 때문이다. 프라이스는 공정함을 향한 강한 의지를 가진 것으로도 유명한 인물이었다. 그는 자신의 100만 달러 연봉을 삭감해 전 직원이 개인당 연간 최소 7만 달러를 받도록 하겠다고 공언하기도 했다.[2]

프라이스는 '윤리적 기업 경영'의 공개 지지자로 자리매김하며, 자기 퍼스널 브랜드의 핵심을 구축해 나갔다. 링크트인에도 「제 비결이요? 바로 훌륭한 직원들입니다!」와 같은 동기 부여형 콘텐츠를 자주 포스팅하며 수십만 명과 소통했다. 마치 예언가 같던 그의 외모도 한몫했다. 프라이스는 온라인상에서 영향력 있는 인물이 되었고, 널리 존경받았다.

그러다가 《가디언》에서 그래비티 페이먼츠 사무실 주변에 "당신도 댄 프라이스에게 성폭력 피해를 입었습니까? 당신의 목소리를 듣습니다. 당신을 믿고 지지합니다"라는 피켓이 등장했다는 보도가 나왔다. 얼마 후 프라이스는 자신의 차에서 한 여성을 성폭행했다는 혐의로 법적 조치를 받았고, CEO에서 물러났다.[3]

뒤로는 꿍꿍이를 숨긴 채 겉으로 도덕적인 척하는 인물이 댄 프라이스만이 아닌 것은 당연하다. 여기서 도덕적으로 행동했으니 다른 곳에서 남을 막 대해도 된다고 정당화하는 사람들도 허다하다. 작고 단순한 아메바부터 복잡한 포유류까지 세계 어디서든 기만과 착취의 유사 사례를 찾을 수 있다. 나쁘게 말하자면 진화생물학은 인간을 포함한 유기체들이 자신의 이익을 위해 어떻게 자신을 포장하는지에 관한 이야기다.

여기서 더 깊이 들어가면 인간 본성의 근본적인 도덕성, 혹은 결여된 도덕성의 여러 측면이 역사 속에서 다양한 시점과 감수성으로 호소되어 왔다는 사실을 알 수 있다. 그리고 이는 '대체 인간은 어떻게 전 세계로 퍼져나가 생존할 수 있었는가'라는 질문으로 이어진다. 이는 그 어떤 종도 이루지 못한 성취다.

찰스 다윈이 『인간의 유래』를 집필한 이래로 사람들은 무엇이 인류를 이토록 성공적인 종으로 만든 것인지 궁금해했다. 인간은 특출나게 빠르거나 강하지 않다. 날카로운 발톱이나 치명적인 독 같은 타고난 무기도 없다. 다윈 이후 진화학자들은 인간의 상호 협력 능력, 즉 다윈이 말한 '사회적 본능'에 포함되는 이 능력이 인간의 생존을 설명한다고 주장했다. 다시 말해 홀로 위대한 과업을 달성할 수 없음을 알기에 인간은 서로 협력한다는 것이다.

오늘날 우리는 비단 인간뿐만 아니라 다른 유기체들에게도 협력이 중요하다는 사실을 알고 있다. 모든 생명체에게 협력은 생존을 위한 근본적 요소다. 바이러스 같은 아주 작은 유기체조차 자기 자신과 다른 바이러스에 도움이 되도록 유전자를 주고받는다. 박테리아는 '정족수 감지'라는 과정을 통해 정보를 전달해서 해당 집단의 모든 구성원에게 더 이익이 되는 표현형(생명체의 관찰 가능한 특징이나 성질 - 옮긴이)을 선택하게 한다. 지난 수십 년간 이루어진 많은 연구에서도 인간 집단에서 협력관계를 저버린 사람이 진화에 성공하지 못할 수도 있음을 밝히고자 했다.

보편적으로 자연 세계에는 경쟁과 착취가 존재한다. 암세포는 자신을 숨기기 위해 면역 체계를 조작하고, 암 환자의 영양분을 빼앗아 생존·번식한다. 뻐꾸기는 다른 새의 둥지에 알을 낳아 둥지의 주인이 자기 새끼를 기르도록 강요하거나 속인다. 일부 침팬지들은 자신이 속한 집단 내 우세한 세력을 죽이거나 대체하기 위해 협력을 꾀한다. 거짓으로 위험을 알리는 울음소리를 내 짝짓기 상대나 먹을 것에 접근하는 침팬지도 있다.

모든 종은 타인을 속이고 조종하는 자기만의 고유한 행동을 가지고 있다. 감사하게도 댄 프라이스가 잘 설명해 주었듯 인간 역시 예외가 아니다. 복잡한 사회적 집단일수록 개개인은 더 잘 협력하지만, 반대로 착취 기회 또한 더 많이 존재한다는 사실은 동물학 및 인류학 연구를 통해서도 밝혀진 바 있다.

이것이 바로 보통 사람들의 직관적인 생각이다. 내가 협력의 진화를 가르쳤던 학생 중 일부가 회의적인 반응을 보였던 이유도 그 때문이다. 반대로 내가 오늘날 대중적으로 널리 알려진 인간 본성에 대한 주장에 회의적인 이유도 나의 직관 때문이다. 흥미로운 사실은 지난 50여 년을 뒤돌아보았을 때 인간 본성에 관한 논의들이 당대의 정치적 경향을 따르는 듯하다는 것이다.

예를 들어 과거의 실증연구는 약 50년 전 정립된 표준 사회진화론과 일치한다. 이 이론에서는 오로지 경제적 이익의 극대화에만 집중하고 타인의 행복은 무시하는 이기적 인간, '호모 에코노미쿠스Homo economicus'라는 개념이 자주 언급된다. 사실 현대 생물학계 거장들 역시 가장 영향력 있는 논문들에서 모든 인간, 사실상 모든 생명체의 행동을 설명할 때 주로 이기주의적 관점을 적용한다. 심지어 일부 사람들은 이러한 비관적 주장이 현대 문화의 경향에서 유래했다고 주장하기도 했다. 이기주의, 특히 경제적 이기주의는 서구 사회의 여러 영역에서 숭배되는데, 『아틀라스』를 쓴 작가 아인 랜드Ayn Rand처럼 다른 어떤 가치보다 개인적 이익 추구를 우선시하는 사람들도 있었다.

이와 대조적으로 사회과학 분야에서는 지난 20년간 인간을 향한 어두운 시선, 어쩌면 약간은 그저 단순해 보이기만 할지도 모를 이 주장이 잘못되었음을 입증하는 데 집중했다. 오히려 많은 인간이 타인을 돕기 위해 자신의 경제적 이익에 반反하게 행동한다고 보았다. 많은 사람이 협력은 인간이 지닌 불변의 근본적 특성이라는 사실을 알고 있다는 연구 결과도 존재한다.

오늘날 인간 본성에 대한 낙관적 주장은 널리 받아들여져서 당연시된다고 말할 수 있을 정도다. 호모 에코노미쿠스를 넘어 '호모 레시프로칸스Homo reciprocans'가 받아들여지고 있다. 호모 레시프로칸스는 '상호적 인간'이라는 뜻으로, 협력자와 협력하는 인간을 말한다.[4] 지난 수십 년간 많은 연구자가 우리가 아는 세상에서 인간이 가장 이타적인 종, 아니 어쩌면 유일하게 이타적인 종이라는 주장을 옹호해 왔다. 하버드대학교 생물학 및 수학 교수 마틴 노왁Martin Nowak 등 생물학자들은 인간을 '초협력자supercooperators'라고 말하기도 했다. 낙관적 주장의 지지자 일부는 착취 세력이 지속적으로 사회에 피해를 주는 행태를 무시하거나 의도적으로 못 본 척하기도 했다.

호모 레시프로칸스가 호모 에코노미쿠스의 문제를 해결하는 매력적인 답이 될 수 있겠지만, 인간 본성에 대한 상반된 주장이 지닌 동일한 문제를 외면할 수는 없다. 인간이 타인에게 아무것도 기대하지 않는 이기적인 사기꾼인 것만은 아니다. 하지만 그렇다고 인간에게 사리 추구의 동기가 아예 없다고 말할 수도 없다.

아마도 전형적인 예가 될지도 모를 댄 프라이스의 이기주의와 조지 프라이스의 이타주의 사이의 균형을 찾는 것은 인간이 근본적으로 이기적인지 이타적인지 확실히 선을 긋고자 하는 사람들에게는 어려운 숙제다. 호모 레시프로칸스 지지자들은 인간 본성의 더 사악한 면을 못 본 척하기라도 하려는 듯 자신의 이익을 위해 협력이라는 시스템을 악용하는 인간의 모습을 외면한다. 다시 말해 현대 연구자들이 인간을 분류하는 광범위한 카테고리, 즉 이기주의와 이타주의는 인간이 상황에 따라 다르게 행동하는 성향이 있다는 사실을 무시하는 개념인지도 모른다.

협력을 가장해 숨은 은밀한 암세포

우리에게는 호모 레시프로칸스, 호모 에코노미쿠스라는 상충하는 개념 모두를 조금씩 담아낸 새로운 개념이 필요하다. 인간은 경쟁하면서 또 협력한다. 때로는 더 효율적으로 경쟁하기 위해 협력하는 척하기도 한다. 인간의 이러한 성향은 더 광범위하고 보편적인 진화 행동 양식으로 이미 증명되었다. 생존, 번식, 부의 축적을 위한 투쟁뿐만 아니라 사회적 성공, 타인을 이기는 힘을 거머쥐고자 하는 경쟁까지 포함한다. 효과적인 언어 사용 능력과 뛰어난 사회적 지능으로 인간은 이익 추구를 위한 전략을 은밀히 숨긴다. 타인은 물론 자기 자신도 그 전략의 목적을 자각하지 못한 채 사회적 위계질서의 맨 위에 오르기 위해 전략을 세운다. 우리는 타인에게, 때로는 나 자신에게조차도 보이지 않는 경쟁자다.

　　선과 악, 이기주의와 이타주의, 경쟁과 협력 등 경계가 흐릿한 개념들로 인간 본성을 설명하려고 했던 과거의 피상적 모델들 때문에 심리학 및 진화학 전반에 하나의 공동이 형성되었고, 이는 심각한 사회적 문제로 이어졌다. 인간도 모든 동물과 마찬가지로 근본적으로 이기적이라는 주장은 자연 도태와 자웅 도태에 의한 진화를 설명한 찰스 다윈의 초창기 진화론에서 그 뿌리를 찾을 수 있다. 이에 대해 반대 측에서는 인간이 처벌 등의 메커니즘을 통해 이기주의를 극복했고, 그 결과 동물과 다름없던 인간의 원초적 성향을 길들였다고 주장한다. 이 주장은 많은 연구자에게 인간의 이기심이라는 오랜 문제에 대한 해법을 제시했다.

　　하지만 두 주장 모두 충분하지 않다. 모든 유기체의 선천적 본능인 자기 이익의 극대화는 마치 암세포처럼 새롭고 교활한 형태의 보이지 않는 경쟁으로 진화했다. 인간은 이기주의에서 벗어나지 못했고, 오히려 이기심을 은밀하게 잘 숨기는 존재가 되었다.

　　인류가 지난 한 세기 동안 암 치료법을 찾기 위해 노력해 왔다면 타인에게 이득을 취하면서도 보답하지 않는 '무임승차자'를 사회 집단에서 걸러내기 위한 노력은 인류 역사 전반에 걸쳐 지속되었다.[5] 종양학자들은 잘 숨어 다니고 변화하며 인간을 공격하는 암 때문에 늘 좌절한다. 암과 유사한 이기주의가 인간 사회에서 어떻게 발현되는지는 해당 사회의 문화와 규범에 따라 달라진다. 하지만 '착취당할 가능성이 있는 시스템이라면 결국 착취당한다'는 법칙은 그 대상이 유기체든, 사회든 여지없이 적용된다.

　　(이론적으로라면) 감정에 좌우되지 않는 과학조차도 착취에는

예외가 아니다. 그 대표 사례로 많은 사람이 소련의 스탈린 정권 당시 공산주의 이념이 과학적 추론 영역에까지 전파되었던 것을 꼽는다. 소련의 악명 높은 농학자이자 생물학자 트로핌 리센코Trofim Lysenko는 현대 유전학 이론을 거부하고, 18세기 프랑스의 생물학자이자 진화론자 장바티스트 라마르크Jean-Baptiste Lamarck의 이론으로 자신의 주장을 방어했다. 그는 많은 사람이 잘못되었다고 비난했던 라마르크의 이론을 따라 '리센코주의'를 탄생시켰고, 진화적 변화를 설명할 때는 기본적으로 마르크스 사상에 의존했다. 그의 주장은 단순히 틀린 수준을 넘어 치명적이었다. 리센코주의는 농산물 생산에 적용되어 소련과 중국 전역에 발생한 대규모 기근의 직접적 원인이 되기도 했다.

흥미롭게도 20세기의 기자이자 소설가였던 바실리 그로스만Vasily Grossman도 소설 『삶과 운명』에서 이와 유사한 이야기를 들려준다. 그로스만이 그려낸 스탈린 정권에서의 소련 과학자들의 삶을 보면 리센코 같은 인물을 비방할 수만은 없다. 가족에 해를 가하겠다는 협박, 비난받을까 하는 걱정 외에도 소련에서 흔히 자행되었던 처벌들은 그로스만의 소설 속 다수의 과학자가 자신의 주장을 바꾸게 했다. 물론 그렇다고 리센코주의가 정당화될 수는 없지만, 그로스만의 소설은 일부 훌륭한 과학자들조차도 국가 앞에서 자신의 의지를 굽혀야 했던 현실을 설득력 있게 보여준다.

그럼에도 현대인들은 리센코를 '가짜 과학자'라 부른다. 현대 서구 문화 관점에서 보면 리센코의 정치적 신념과 대기근 사이의 직접적 연관성은 쉽게 찾을 수 있다. 하지만 과학자든 아니든 누구나 자신의 선입견에서 빠져나오기란 쉽지 않다. 자신이 외부 권력에 어느 정도 영향받고 있는지 자각하기도 어렵다. 우리는 모두 정치적 흐름의 피해자다. 인간 본성이 사회에 광범위하게 발생하는 일들을 따라가는 듯하다는 학계의 해석 역시 우연의 일치가 아니다. 예를 들어 1976년 노벨경제학상 수상자인 밀턴 프리드먼Milton Friedman이 자유시장 자본주의를 옹호하는 글을 썼을 당시 많은 생물학자가 모든 유기체의 근본적 이기주의를 주장했다. 또한 진보주의적 문화를 중심으로 문화 전반에 평등 추구와 경제적 사고의 지속 가능성을 지지하는 분위기가 확산되자 여러 학계에서도 인간 문화의 시작은 미미했으나 이제 협동적 사회 규범에 따라 인간이 이기주의를 극복했다고 주장했다. 2023년 발표된 한 논문에서는 대중 견해에 반하는 글을 발표하면 학자로서의 경력이 해를 입을 수 있다는 우려, 즉 '소프트 검열'이 연구자로서 반대 의견을 제시하는 것을 어렵게 한다고 지적했다.[6]

　더 일반적인 예를 들자면 적어도 지금은 서구 민주주의 국가에서 개개인의 사고에 자신의 정치철학을 강요하는 독재자가 존재하지 않는다. 하지만 타인에게 내가 어떤 모습으로 보여야 할지 규정하는 더 광범위한 사회적 움직임이 존재한다. 물론 그 모습이 항상 바람직하다고 보장할 수는 없다. 기업 홍보 담당 임원이었던 저스틴 사코Justine Sacco는 2013년 트위터에 "아프리카에 갑니다! 에이즈에만 걸리지 않았으면. 농담이에요. 전 백인이니까요!"라는 트윗을 올려 많은 사람의 비난을 받았다. 삽시간에 공유된 사코의 트윗을 내리기 위해 수천 명이 협력했고, 결국 세계 최초로

소셜 미디어에 올린 글이 삭제당하는 사례가 되었다.[7]

이 일로 사코의 평판은 나빠졌고, 임원직에서도 해고되었다. 하지만 기자였던 존 론슨Jon Ronson의 지적처럼 "사실은 저스틴 사코가 에이즈에 걸렸으면 좋겠는데? ㅋㅋ"라고 트윗한 사람을 비난한 사람은 아무도 없었다.[8] 이 트윗 또한 인류학적으로 보면 처벌받을 법한 것이었는데 말이다.

소셜 미디어는 감정을 극도로 고조시키는 경향이 있는 극단적 플랫폼이다. 온라인이 주는 익명성은 실제로 만나면 기껏해야 날씨에 대한 불평이나 늘어놓을 사람에게조차 증오의 힘을 부여해 준다(사실 이는 예전부터 지적되어 온 문제다). 더 넓게 보면 디지털 및 아날로그 소통을 통해 정치적·사회적 흐름이 개인의 신념과 행동에 영향을 미치고 있다. 인간은 리센코주의를 탄생시킨 그 힘에서 벗어나지 못했다. 인간이 어떤 신념을 받아들이도록 영향을 주는 것은 그가 속한 문화의 특수성이다. 대중적으로 비난받으면 속된 말로 '매장해 버리는' '캔슬 컬처cancel culture'에서 보이듯 특정 경향에 관해 타인에게 동조하고 협력함을 보여주어야 한다는 압박은 오히려 극심한 증오로 이어질 수 있다.

그럼에도 인간은 자기 자신을 객관적으로 바라보고자 노력할 수 있다. 리센코주의를 외부인의 시선으로 바라본 것처럼 말이다. 또한 지금까지 알려진 것 중 가장 극단적인 형태의 협력을 해낼 수 있는 능력도 있다. 하지만 그것은 당연시할 능력이 아니라 가히 칭송받아 마땅한 능력이다. 카를 마르크스Karl Marx의 말을 빌려 표현하자면 인간 본성을 '이해하는 것'이 아니라 '변화시키는 것'

이 중요하다. 인간의 경쟁을 종합적으로 이해할 때 인간에 대한 기대 수준을 적절하게 조정할 수 있고, 나와 타인의 이익을 연결하는 규칙도 형성할 수 있다. 진화는 인류에게 이기주의를 극복할 수 있는 지능을 주었다. 우리는 그 지능을 활용해야 한다.

만약 인간이 근본적으로 협력적인 존재라는 주장이 의심스럽다면 우선 내가 제시하는 증거들을 살펴보고 나의 주장을 지지할지 말지 결정하기를 바란다. 인간은 전부 다 형편없는 존재라고 생각해도 나의 이야기를 한번 들어보기를 부탁한다. 과학을 다루는 책에 흥미가 없는 사람이라면 안심해도 좋다. 이 책은 과학에 관한 책이 아니라 인류가 과학에서 얻은 약간의 지식과 그 외 다른 곳에서 얻은 많은 것을 어떻게 사용하는지에 관한 책이기 때문이다. 우리 사회의 무너진 신뢰, 불평등 같은 문제들을 인간 본성에 대한 종합적 이해를 적용해 해결하려면 단일 학문의 접근만으로는 부족하다. 나와 타인에 대한 이해가 바탕이 되어야 가능하며, 이는 애초에 과학만으로 해결할 수 없는 문제다.

『걸리버 여행기』를 쓴 소설가 조너선 스위프트Jonathan Swift가 "인간은 이성적인 동물이 아니라 훨씬 더 모호하고 어려운, 이성이라는 능력을 지닌 동물"이라고 표현했듯 인류는 '협력적' 동물이 아닌 '협력할 능력을 지닌' 동물이다.[9] 이 차이를 깨닫는다면 우리는 협력을 당연시하지 않으면서도 서로 협력하도록 장려할 수 있고, 인간의 결점을 인지한 상태에서도 더 나은 사회를 설계해 나갈 수 있다.

2장

평등이라는 연막

선의로 포장된 착취의 작동 방식

연기와 수증기로 가득하다……

사방의 모든 것이 끝없이 변하며 새로운 형태를 취하고,

혼령은 다른 혼령을 쫓아 날아가지만,

실제로 모든 것은 언제나 같고 또 같을 뿐이다.

모두 서둘러 무언가를 향해 날아가지만,

결국 아무런 흔적도 없이 사라지고

그 끝에 남는 것은 아무것도 없다.

— 이반 투르게네프Ivan Turgenev, 『연기Smoke』

사이비 집단 같은 추종 세력을 만드는 인물에게는 몇 가지 공통된 특징이 있다. 사람을 사로잡는 매력, 영리함(실제로 지능이 높은 사람일 때도 있다), 주변인들의 삶을 개선하려는 의지가 있다며 이를 피력하기 등이 그러하다.

더 나아가 그들은 직관이나 다른 방법을 통해 사람들의 취약점을 파악한 뒤 자신의 이익을 위해 이를 악용한다. 이때 피해자들은 그 사실을 알아차리지 못하는 경우가 많다. 영국의 희대의 사기꾼 로버트 헨디프리가드Robert Hendy-Freegard는 시골 마을의 술집 종업원이었다. 그는 여러 학생에게 자신이 영국 보안국인 MI5의 비밀 요원이라고 말했다. 한 명의 남성과 두 명의 여성, 총세 명을 속이는 데 성공한 헨디프리가드는 그들이 자신을 위해 일하도록 한 다음, 헨디프리가드의 조력자라는 자신들의 신분이 노출될 것을 두려워하게 만든 뒤 함께 도망가야 한다고 그들을 설득했다. 그렇게 피해자들은 친구를 멀리하고, 심지어는 헨디프리가드에게 돈을 바치기까지 했지만 나중에는 결국 버림받았다. 이후 알려진 이야기이지만 헨디프리가드는 사기를 치며 셀 수 없이 많은 여성을 유혹했다고 한다. 그의 사기 행각이 너무도 교묘했던 나머지, 영국의 한 황색언론 매체에서는 그를 '꼭두각시 마스터'라고 불렀을 정도였다.[1]

흔히 '사이비 교주'라 불리는 인물들도 헨디프리가드와 유사한 전략을 취하지만 적용하는 방식이 다르다. 1973년 기독교 정체성 운동Christian Identity의 옹호자이자 지도자였던 로버트 G. 밀라Robert G. Millar가 미국 오클라호마주에 '엘로힘 시티Elohim City'라는 공동체를 세웠다. 기독교 정체성의 교리에 따르면 아리아인 혈통만이 구약 성경이 말하는 선택받은 민족이었기에 유럽계 인종은 모두 고대 이스라엘인의 살아 있는 후손이었다(당연히 이 운동의 뿌리에는 반유대주의가 자리 잡고 있다).

수십 년간 밀라가 지도자로 군림했던 엘로힘 시티는 미국 극우 세력과 관련된 집단이자 일부다처제가 허용된 곳으로 알려져 있다. 오늘날에도 여전히 100여 명 가까이 되는 사람들이 사실상 무장 요새와도 같은 이곳에 거주하는데, 이들은 밀라가 주창한 기독교 정체성 교리의 살아 있는 증거로 여겨지고 있다.

헨디프리가드와 밀라는 어떤 운동이나 주의主義에 심취한 개인이 수 명에서 수십 명에 이르는 추종자를 어떻게 끌어모으는지 보여주는 사례다. 두 인물의 경우 겉으로는 서로 연관성이 없어 보이지만, 자신의 매력을 토대로 사이비 집단이라 정의할 수 있는 세력을 구축해 나갔다. 그들이 사용한 심리적 전략이 흥미롭기는 하지만 여기에서는 중요하지 않다. 대신 그들에게서 찾을 수 있는 핵심 공통점으로 둘 다 성적·번식적 성공을 거두었다는 사실이 중요하다. 헨디프리가드는 주로 여성을 대상으로 신분을 속인 다음, 그들에게 돈을 받고 자신과 함께 도망치도록 설득했는데 그 중에는 그의 아이를 가진 여성들도 있었다. 미국 남부빈곤법률센터에 따르면 엘로힘 시티 주민 중 여덟 명이 밀라의 자식이고, 쉰여덟 명이 손주였다고 한다(만약 엘로힘 시티 주민이 100명이라면 밀라는 64퍼센트 주민의 유전적 직계 조상인 셈이다).[2]

헨디프리가드와 밀라 사이에 이러한 구체적 공통점이 존재하는 것은 결코 우연의 일치가 아니다. 누군가를 유혹해 원래의 삶을 포기하도록 만들 정도의 카리스마를 지닌 사람에게는 다수의 성적·번식적 파트너가 존재하는 경우가 많다. 뉴욕에서 철학을 가르치던 심리학자 프레드 뉴먼Fred Newman은 '뉴먼 텐던시Newman Tendency'라는 사이비 집단을 만들고, '프렌도섹슈얼리티friendosexuality'라는 개념을 설파했다. 이는 한 집단에 속한 사람들끼리만 성관계를 가져야 한다는 주장으로, 뉴먼 역시 뉴먼 텐던시에 속한 열여덟 명과 성관계를 가진 것으로 알려졌다. 텍사스주 웨이코에서 '브랜치 데이비디언스Branch Davidians'라는 집단을 이끌며 FBI와 극단적으로 대치하는 상황에까지 이르렀던 데이비드 코레시David Koresh 역시 성경 속 예언을 근거로 여러 명의 '영적 아내'를 두는 일을 정당화했다. 유대교 사이비 집단을 이끌다 아동학대 혐의를 받자 수사 기관을 피해 남미로 도주한 유대교 랍비 슐로모 헬브란스Shlomo Helbrans 역시 이와 비슷한 사례다. 헬브란스 또한 자신의 사이비 집단에 속한 사람들과 성관계를 가져 여러 자녀를 낳았고, 그 자녀 중 한 명이 '레브 타호르Lev Tahor(히브리어로 '순수한 마음'을 의미한다)'라는 사이비 집단을 이끌고 있다. 특히 이 집단은 고문, 강제 금식, 살인 등 여러 끔찍한 방법을 사용한다고 알려져 있다.[3]

사회심리학자 알렉산드라 스테인Alexandra Stein은 세상에 잘 알려지지 않은 사이비 집단인 '오거니제이션The Organization(줄여서 'O'라고 부른다)'에서 탈출한 인물로, 그는 2017년 발표한 글을 통해 이러한 사이비 집단에서 성적 착취는 흔히 발견되지만, 그것이 언제나 핵심은 아니라고 말했다.[4] 오히려 사이비 집단 속 지지자들의 신념과 행동을 완벽히 통제하는 것이 핵심이다. O에 있었을 때 스테인은 무엇을 입고 누구와 결혼해야 하는지 같은 규정을 전달해 주는 사람이 있었다고 했다. 앞서 언급한 뉴먼 텐던시에 소속된 사람들은 종종 다양한 시험을 거쳐 다른 구성원들에게 자신의 존재를 증명해 보여야 했다. 레브 타호르에서 태어난 불운한 아이들은 다른 교육은 받지 못한 채 헬브란스의 업적을 외우는 일만 강요당했다. 제대로 외우지 못하면 가혹한 처벌을 받았을 뿐만 아니라 뜨거운 가루까지 삼켜야 했고, 그렇게 자신을 고문한 사람에게 오히려 감사를 표해야 했다.[5]

진화론적 관점에서 이러한 집단과 지도자들에게서 찾을 수 있는 소름 끼치면서도 흥미로운 점은 그들이 추종자를 설득해 가족도 버린 채 사회와 단절시킨 방법이다. 그들은 사회에 설 자리가 없다고 생각되는 사람들에게 접근해 자신의 집단만이 가진 비밀이 있다며 유혹했다. 추종자들은 (비록 제한적일지라 해도) 어느 정도 사회에서 제공받을 수 있었던 보호 장치마저 저버리고 그 비밀을 알기 위해 사이비 집단에 들어간다.

불완전하기는 하지만 근본적으로 사회적 규범은 한 개인이 타인에게 착취당할 위험을 줄여주기 위해 존재한다. 사이비 집단이나 헨디프리가드 같은 사기꾼은 그 규범이 무엇이든지 간에 자신의 이익을 위해 사람들을 사회적 규범에서 멀어지게 하는 데 능숙하다. 피해자들이 그들에게 속아 넘어간 이유에는 외로움이나 소외감을 느끼기 쉬운 대규모 사회, 즉 다른 사람들은 아는 중요한 비밀을 나만 모르고 있다고 생각하게 만드는 사회가 있었음은 분명하다.

이러한 기만의 형태를 보면 한 가지 중요한 질문이 떠오른다. '기만이란 과연 현대 사회에 새로이 나타난 기이한 현상일까? 아

니면 과거에도 존재했던 일일까?'

　이 질문에 답하려면 인간 사회의 뿌리부터 되돌아볼 필요가 있다. 약 30만 년 전에 호모 사피엔스가 진화해 등장했다고 보고 있으며, 이는 오늘날 가장 신뢰할 만한 추정치다. 인간의 식습관이나 행동은 물론이고 커다란 뇌 역시 인간의 여러 특징과 어우러져 인류를 다른 영장류와 차별화했다. 이 중 어떤 특징 덕분에 인간이 지구라는 행성을 사회적으로 지배할 수 있게 되었는지에 관해서는 여러 주장이 있지만, 그중 딱 하나를 꼬집어 '이것 때문에 인간이 특별한 존재가 되었다'라고 말할 수 있는 날이 올 것 같지는 않다.

　그러나 시간이 지날수록 정교한 문화를 형성해 나가는 인간의 고유한 특징은 고대 인간 집단에서도 중요하게 작용했다. 수백만 년 전 인류는 호모 사피엔스로 진화하기 이전부터 석기라는 도구를 만들어 사용했고, 이는 고고학에서 '물질문화 유물'로 분류된다. 고대와 현대 인류에 관한 연구에 따르면 인간은 진화론적 관점에서 짧은 기간 내 단일 종이 창조할 수 있는 문화가 얼마나 다양한지를 보여주는 종이다. 그렇다면 이러한 풍부한 인간의 문화사에 대한 분석을 통해 다음의 핵심 질문에 대한 답을 제시할 수 있다. '고대 사회에서 인간은 타인을 기만하고 착취하는 세력을 제거했을까? 아니면 연막 뒤에 진짜 본성을 숨긴 채 진화한 것일까?'

고상한 야만인을 찾아서

인간이라는 종의 성공을 설명하는 특징으로 반복해서 언급되는 것이 바로 '협력하는 능력'이다. 생물학에서는 이를 '누군가를 도우려는 노력'이라고 두루뭉술하게 해석한다.[6] 인간은 알려진 그 어떤 종보다 높은 수준으로 타인과 협력하는데, 여기서 중요한 것은 나와 관련이 없는 사람과도 협력한다는 사실이다. 인간의 협력하는 성향은 인간 본성의 핵심이라는 것이 많은 사람의 생각이었다.

1580년 프랑스의 철학자 미셸 드 몽테뉴Michel de Montaigne는 당시 많은 유럽 사회처럼 겉보기에 진보한 사회라고 해서 결코 덜 야만적인 것은 아니라고 말했다. 당시 '야만적'이라는 단어는 기본적으로 유럽과 관련되지 않은 모든 것을 가리킬 때 주로 쓰던 표현이었으나 몽테뉴는 새로 발견된 세계의 사회보다 유럽 사회가 반드시 덜 야만적이라고 할 수는 없다고 본 것이다. 그의 주장은 아메리카대륙에 한동안 머무르던 한 '무지한' 사람의 증언을 토대로 했는데, 몽테뉴는 평범한 사람이 오히려 진실을 말할 가능성이 크다고 말하며 자신은 그 무지한 남성의 말을 신뢰한다고 했다. 또한 평범한 신분의 사람과 선을 긋는 '상류층'에 대해서도 이렇게 말했다.

그들은 결코 사물을 있는 그대로 보여주지 않고, 오히려 자신에게 보이는 대로 이야기하거나 상대가 그렇게 보도록 한다. 그렇게 해서 자신이 판단력 있는 사람이라는 평판을 얻으려 한다.[7]

몽테뉴의 눈에는 16세기 유럽 사회처럼 고도로 정치화된 문화에서는 사람들이 개인의 이익을 위해 진실을 왜곡하는 것처럼 보였다. 이와 대조적으로 이러한 압박이 없는 사회에서는 타인을 기만하지 않았고, 심지어 그러한 개념에 대한 이해조차 존재하지 않았다.

당시 새로 발견된 세계였던 아메리카대륙에 대한 몽테뉴의 주장이 무조건적으로 신뢰할 만한 것은 아니다. 그렇지만 몽테뉴는 동시대 유럽인들이 인식하지 못하는 그들의 결함을 보았고, 더 나아가 유럽인은 고상함이라는 허식 아래 기만이 숨어 있는 유럽의 문화를 오히려 우월하다고 착각하고 있다고 생각했다.

몽테뉴의 이러한 통찰력은 장자크 루소에게도 영향을 미쳤다. 루소는 몽테뉴의 생각을 '고상한 야만인'이라는 개념으로 널리 알렸다.[8] 정치학, 철학 등을 전공한 사람이라면 어느 시점에 머리를 싸매고 공부했을지 모를 루소의 주장은 지난 수 세기 동안 산업 혁명 이전 인간 사회에 대해 이야기할 때 기본으로 다루던 개념이었다. 루소에 따르면 기술적으로 정교한 대규모 사회에 교묘하게 퍼진 악함을 제거한다면 사람들은 본질적으로 서로에게 친절하고 이타적이다. 오히려 상황을 어지럽히는 것은 국가다. 한 집단의 크기가 너무 커서 그 집단에 속한 사람을 개인적으로 모두 알고 지내지 못하는 수준의 집단에서 규칙과 음모가 퍼져 있다면 인간 본성의 자연스러운 친절함은 사라진다.

　루소의 주장은 '자유의지론'이라는 이론으로 발전했다. 기만, 음모, 착취 등을 유발하는 규칙·규범을 사람들에게 적용하려는 국가가 없다면 인간의 삶은 자연적으로 무정부 상태가 되고, 무정부 상태에서는 사람들에게 친절해질 자유가 주어진다. 인간 본성에 대한 이러한 철학은 오늘날 일부 서구 민주주의 국가에서 보이는 자유의지론으로 이어졌다. 이는 상당히 매력적인 주장이기도 하다. 오늘날 그토록 싫어하는 인간 사회의 모습을 과거 조상들이 가지고 있지 않았다고 여겨버리면 더 작은 정부를 추구함으로써 더 나은 세상을 만들어갈 수 있을 테니 말이다.

　19~20세기 초 무정부주의자들이 이러한 바람을 대표했고, 때로는 카를 마르크스와 프리드리히 엥겔스Friedrich Engels도 여기에 포함된다. 하지만 아마 그들에게 (알려지지 않았음에도) 간접적으로 가장 영향을 끼친 사상가는 러시아 귀족이자 탐험가였던 표트르 크로포트킨Pyotr Kropotkin일 것이다. 19세기 중반에 태어난 그는 처음부터 찰스 다윈의 진화론에 관심을 가졌다. 1860년대 그는 친구이자 동물학자였던 이반 폴리아코프Ivan Poliakov와 함께 시베리아 동부 지역 트레킹에 나섰다. 세상에서 가장 춥고 척박한 기후를 지닌 이곳에서 크로포트킨은 처음 발표된 지 10년이 채 되지 않은 다윈의 자연 도태 진화론을 가장 잘 해석할 방법을 찾고자 했다.

　당시 영국에서 시작된 다윈의 과학적 헤게모니를 상대로 두 사람은 자연 도태가 치열하고 잔혹하지 않다는 사실, 즉 (영국의 시인 앨프리드 테니슨Alfred Tennyson의 표현을 빌리자면) 이빨과 발톱이 피로 붉게 물들 정도의 생존 경쟁은 없다는 사실을 증명하고자 했다. 그리고 이러한 관심(혹은 편향) 덕분에 크로포트킨은 결국 자신이 찾던 것을 찾아냈다. 1902년 출간된 저서 『만물은 서로 돕는다』에서 그는 이렇게 주장했다.

> 『종의 기원』을 읽고 신선한 충격에 빠져 있던 우리의 기대와 달리 동종 동물 간 치열한 경쟁은 발견할 수 없었다. (……) 아무르 지역과 우수리 지역처럼 많은 동물이 서식하는 곳에서도 동종의 고등 동물 사이에서 실제로 경쟁하거나 투쟁하는 모습은 애써 찾으려 해도 거의 보이지 않았다.[9]

대신 크로포트킨과 폴리아코프가 관찰한 동물의 투쟁은 기후, 포식자 등 시베리아에서 특히 가혹하다고 알려진 공통의 적에 맞선 것들이었다. 다윈이 말한 '적대적 힘'과 관련해 그들의 발견은 또 다른 주장과 연결된다. 바로 다윈의 주장이라고 잘못 알려진 '개별 개체는 각자의 종에 이득이 되는 방향으로 자연스럽게 행동한다'는 주장이다. 크로포트킨에게 많은 영향을 준 19세기 러시아 동물학자 카를 케슬러Karl Kessler는 1880년 다음과 같이 썼다.

> 모든 유기 생명체는 두 가지 필수 욕구를 지닌다. 바로 '영양'과 '종의 번식'에 대한 욕구다. 영양에 대한 욕구는 투쟁과 공동 멸종으로 이

어지지만, 종을 유지하고자 하는 욕구는 서로에게 다가가 도움을 주
도록 한다.[10]

케슬러의 주장은 다윈과 그 지지자들의 생각과 달랐을 뿐만
아니라 다윈 이후 100년간 생물학에서 이루어진 모든 중요 진전
과도 상충했다. 다윈의 진화론에 그레고어 멘델Gregor Mendel이 발
견한 유전학이 결합하며 1970년대, 심지어 그 이후에도 과학자들
은 '유기체는 자신의 생물학적 성공을 극대화하기 위해 행동하는
가, 아니면 자신이 속한 종의 성공을 목표로 하는가' 하는 질문을
둘러싸고 파벌을 형성했다.

오늘날 일부 반대 주장도 존재하지만, 자연 도태로 진화가 이
루어진다는 이론은 한 가지 종에 속한 개별 개체가 성공적으로
번식하는가에 집중한다. 생물학적으로 개별 개체들은 자신의 유
전적 혈통을 유지하기 위해 행동하지, 자신이 속한 종의 이익을
위해 행동하지 않는다. 물론 어떤 하나의 종이 생존하려면 그 종
을 구성하는 개별 개체 생물들의 생존이 필요한 것도 사실이다.

크로포트킨이 자신이 관찰한 바를 뒷받침하기 위해 러시아의
지리적 특징과 척박한 기후를 강조한 점은 주목할 만하다. 이 같
은 지역에서는 생존에 성공한 개체 사이에서조차 협력이 더 많이
이루어질 수밖에 없다.[11] 그리고 아마 여기에 변화하는 국제 정세
가 맞물려 크로포트킨과 폴리아코프는 그러한 결론에 도달했으
리라. 그도 그럴 것이 1867년은 마르크스가 『자본론』 제1권을 출
간한 해였다.

  마르크스와 달리 크로포트킨은 인간과 동물의 본성에 대한 자신의 통찰을 토대로 훗날 무정부 공산주의를 정당화하고자 했다. 그는 부패하지 않은 존재들에게 내재되어 있는 상호 선의를 지배층이 억압한다고 믿었다. 그의 주장은 유럽 전역에서 인기를 얻었던 다른 주장들과 확연히 달랐다. 1872년 스위스 쥐라산맥을 방문한 크로포트킨은 당시 만난 무정부주의 시계공들에게 특히 많은 영향을 받았다.[12] 그곳에서 크로포트킨은 세계정세에도 흔들리지 않는 지역의 무정부주의자들의 견고한 믿음에 깊은 인상을 받았다. 그들은 광범위한 네트워크를 활용해 미국의 파업 노동자들을 금전적으로 지원했고, 시계 제조 공장의 억압적 근무 환경을 개선하기 위해 서로 연대하며 지지했다. 심지어 마르크스를 지지하던 계파에도 맞섰는데, 당시에는 이미 마르크스주의를 두고 권위주의 국가로 발전할 수 있다는 우려가 퍼지고 있을 때였다. 노년기에 접어든 크로포트킨은 볼셰비키 정권 역시 또 다른 형태의 국가적 부패로 보았고, 1921년 사망하기까지 조국인 러시아의 권위주의 정권을 포함한 모든 형태의 정부에 비판적인 태도를 고수했다.

  비록 크로포트킨이 마르크스처럼 유명한 인물은 아니었지만, 그의 이념은 학계 출신이 아닌 정치 활동가와 인류학자들에게 널리 퍼졌으며 여기에는 현대 자유의지론자들과 사회주의자들도 포함되었다. 크로포트킨의 상호 부조론에는 중요한 전제가 있다. 어떤 상태든지 간에 자연 세계에서 동물은 공통의 투쟁 안에서 서로 돕는다는 것이다. '상호 부조'는 여러 문화와 언어를 통해 셀 수 없을 만큼 다양하게 해석되었고, 변형된 질문으로 이어졌다. '모든 대규모 사회에서 공통으로 나타나는 억압적 규칙이 사라진다면 인간은 과연 서로를 향해 어떻게 행동할 것인가?'

민족지학 연구, 넓게는 인류학에서 어느 정도는 이 질문에 대한 답을 찾는 것을 목표로 하고 있다. 이러한 학문들로 인간 사회의 기원을 찾는 과정을 통해 우리는 인간을 인간답게 만드는 보편적인 요소가 존재하는지 알 수 있다. 하지만 이러한 고귀한 목표에도 사회적 학문들은 처음부터 이념에 영향받을 수밖에 없고, 인간 본성에 관한 과학적 데이터는 객관적으로 해석되지 못한다. 우리는 모두 각자 자신의 세계를 해석하는 데 자기만의 리센코주의를 적용하는 오류를 범하고 있는 셈이다.

지난 한 세기 동안 이루어졌던 많은 인류학적 사유는 이를 전형적으로 보여준다. 고상한 야만인은 인류의 조상에 관한 모든 연구에서 '평등주의'라는 이름으로 포장된 채 존재한다. 예를 들어 흔히 인간 사회에서의 평등 수준은 사회의 진화에 따라 변화하고, 그 변화 추이가 U자형 곡선을 그린다. 사회에 복잡한 문화가 발달하기 전의 인간 집단에는 위계질서가 존재했다. 덩치가 크고 공격적인 지도층이 부하들을 거느리고 많은 배우자와 자손을 두며 폭력을 사용해 영역을 통제했다.

하지만 하버드대학교 인간진화생물학 교수 리처드 랭엄Richard Wrangham이나 『다정한 것이 살아남는다』를 쓴 브라이언 헤어Brian Hare 같은 일부 저명한 학자들은 인간이 개를 길들여 친구로 만든 것처럼 지난 1~2만 년 동안 인간은 노골적으로 폭력적이고 타인

을 지배하려 했던 사람들을 제거함으로써 스스로를 길들여 왔다
고 주장한다. 랭엄은 이를 '반응적 공격성에 대항한 선택'이라고
하는데, '반응적'이라는 이름과 달리 이 공격성은 우리 조상들의
집단을 이끌던 지도자들에게서 자주 발견된다.[13]

　고고학 역시 이러한 주장을 뒷받침한다. 과거 수백만 년에 걸
쳐 인간의 조상으로 분류되는 '호미닌Hominin(사람족)'이 진화하며
인간은 인간을 둘러싼 세계에 대해 많은 실험을 진행해 왔다. 인
간과 유전적으로 가장 가까운 침팬지는 흰개미를 잡기 위해 막대
기 같은 도구를 사용한다. 이에 비해 우리 조상들은 '사람속屬' 이
전의 시기, 지금으로부터 약 330만 년 전부터 석기를 제작했다.[14]
케냐의 로메크위 제3유적지에서 발견된 유물 중에는 15킬로그램
에 달하는 모루(대장간에서 뜨거운 금속을 올려놓고 두드릴 때 사용하는 쇠로
된 받침 - 옮긴이)가 포함되어 있다. 이는 과거에 이미 우리 조상들이
침팬지와 보노보 같은 침팬지속의 지능 있는 영장류들보다 더 크
고 복잡한 도구를 만들었음을 보여준다.[15] 이 시기부터 가까운 현
대에 이르기까지 만들어진 석기를 보면 전 세계적으로 인간이 오
랜 진화를 거치며 주변 세계를 조작해 왔음을 확신할 수 있다.

　호모 사피엔스로 진화할 때까지 수백만 년 동안 호미닌은 석
기 제작 기술을 완벽하게 익혔다. 그리고 문화가 발전하면서 인간
은 공격적인 지배자와 맞서 싸울 방법을 찾기 시작했다. 덩치는
작아도 더 지능적인 인간이 무기와 독극물 등을 사용해 억압하던
지배층을 죽일 수 있게 된 것이다.[16] 랭엄에 따르면 과거 2만여 년
동안 인간은 때때로 공격적 통치자들을 끌어내기 위해 반응적 공

북미에서 발견된 기원전 8000~1600년 사이 제작된 석기. (출처: Smithsonian Museum, Anacostia Community Museum Collection)

격성을 제거해 선사 시대 인류사에 평등주의의 황금기를 가져왔다(평등의 수준이 U자형 곡선을 그리며 발전한다는 것은 오늘날 전 세계 대부분 지역에 존재하는 불평등을 설명할 때나 적용되는 이야기다).[17] 자, 그렇다면 고상한 야만인은 어떻게 찾아낼 수 있을까?

　과거 역사 속 사회는 어떤 모습이었는지 이해하기 위해 전통적으로 연구자들이 시도했던 방법이 두 가지 있다. 첫 번째는 고고학적 조사로, 고대 유적지를 찾아 석기와 같은 유물들을 조심스레 복원하고 화살촉, 미술품 등 물질문화적 요소가 지닌 의미를 찾는 방법이다. 두 번째 방법인 민족지학 연구는 현재 수렵 채집 생활을 하며 사는 민족에 직접 접근해 고대 사회가 어떤 모습이 없는지 유추해 보는 방법이다. 혹은 다른 누군가가 수렵 채집 민족을 관찰한 기록을 토대로 연구할 수도 있다.

두 방법 모두 장단점이 있지만 일반적으로 지난 100여 년간 인류학자들은 주로 민족지학 연구를 통해 수집한 데이터를 활용해서 우리가 생각하는 전형적인 선사 시대 사회를 그려냈다. 파라과이의 아체족을 살펴보자. 평등한 사회 규범이 적용되는 수렵 채집 사회의 대표적 예로 꼽히는 아체족 사회에서도 주요 식량 공급자 역할을 남성이 맡는 것은 맞지만, 정작 사냥에 참여한 남성들은 가져온 고기를 먹을 수 없을 때가 대부분이다. 구조적으로 일부일처제인 아체족 사회에서는 성공한 사냥꾼들의 아내나 자녀라고 해서 다른 사람들보다 더 많은 고기를 받지도 않는다. 대신 '나눔'이라는 시스템을 적용해 각 구성원의 필요에 따라 식량을 배분한다.[18]

이와 유사하게 수단 남부의 누에르족은 집단 내 관계에서 뚜렷한 평등성을 보인다. 성인 남성 간 사회적 위신은 크게 차이가 나지 않지만, 가구마다 '황소bulls'라 불리는 지도자가 존재한다. 가구들 사이의 긴밀한 관계는 곧 마을 구성원 대부분이 마을의 지도자와 친척 관계임을 의미한다. 따라서 궁극적으로 누에르족의 사회적 집단에서는 족벌주의가 자리 잡기 어렵다. 한 집단의 지도자가 그 구성원 모두와 친척 관계라면 누구도 특혜를 받기 쉽지 않다.[19]

민족지학 자료 전반을 살펴보면 고릴라 집단 중에 지배적인 수컷이 이끄는 집단은 거의 찾아볼 수 없다. 대신 친족 관계를 중심으로 나눔을 원칙 삼아 복잡한 사회 규범을 적용한 고도의 사회 구조를 확인할 수 있다. 예를 들어 케냐의 마사이족 사회에서는 '탯줄'이라는 뜻의 '오소투아osotua'라는, 유대 관계가 있는 사람들 간의 나눔이 자주 이루어진다.[20] 오소투아는 아체족과 마찬가지로 무언가 필요한 사람이 타인에게 도움을 요청할 때 형성되는 관계다.

1960년대 이루어진 한 민족지학 연구에서는 오소투아의 힘이 죽음을 뛰어넘을 정도로 강력한 것으로도 밝혀졌다. 오소투아 관계에 있는 한 구성원이 사망해도 그 역할을 자손들이 물려받아 대신했기 때문이다. 마사이족 인터뷰 내용을 보면 오소투아는 마치 물리적 결속과 같다는 점을 알 수 있다. 인터뷰했던 마사이족 대부분은 오소투아를 끊을 수 있는 것은 아무것도 없으며, 필요하지도 않은 무언가를 요구하는 착취 같은 행동은 결코 '생각할 수도 없는' 일이라고 말했다.

수렵 채집 사회에서는 자원을 숨기는 일이 어렵다 보니 필요에 따른 공유 시스템이 잘 작용하는 것인지도 모른다. 덩치가 큰 소를 숨기는 것은 얼마나 어려운 일이겠는가. 하지만 협력의 진화를 연구하는 나의 동료 아테나 악티피스Athena Aktipis는 이러한 공유 시스템이 규모가 큰 산업화 사회에서도 잘 작동할 수 있다고 보았다. 악티피스는 최근 나에게 이에 관한 의견을 보냈다.

"사실 이런 나눔은 일반적으로 착취에도 굴하지 않는다고 생각해요. 나눔 시스템을 강화하는 덴 시간이 걸리고, 시스템의 기반이 되는 관계를 형성하고 유지하는 데도 시간과 노력이 필요하기 때문이죠. 우리도 대부분 필요를 기반으로 이전移轉 관계의 파트너십을 맺고 있어요. 물론 우리가 그렇게 부르는 건 아니지만. 자녀의 대모, 결혼식 들러리를 서주는 동료, 어린 시절 가장 친했던 친구를 떠올려 보세요. 도움이 필요할 때 그런 사람들에게 전화하면 도움을 받을 수 있잖아요."

전부는 아니어도 대부분의 공동체에서는 여러 집단에 위험을 분산시켜 누군가에게 불운한 일이 생겨도 다른 사람들이 이를 메울 수 있도록 하는 시스템이 작동하고 있다. 악티피스 같은 학자들은 이를 '위험 분산'이라고 부른다. 멜라네시아의 로셀섬 주민들을 예로 들어보자. 그들은 지리적 이유로 길게는 3만 년 동안 상대적으로 고립된 방식의 삶을 살고 있다. 그들의 언어인 옐레어도 기존의 다른 언어들과 연관성이 없어 보인다. 그들의 문화 역시 해당 지역 내 다른 집단과 공유될 수 없는 특징을 가지고 있다.[21] 이러한 특징들은 겨우 340명 정도밖에 되지 않는 로셀섬 주민들을 특히 흥미로운 연구 대상으로 만든다. 외부 세계와 상호작용이 거의 없는 사람들을 연구하다 보면 고대 문화가 기술적으로 발전한 사회와 접촉해 오염되기 전에 어떤 모습이었는지 더 명확하게 이해할 수 있다.

로셀섬 주민들은 10년에 한두 번씩 찾아오는 강력한 사이클론으로 큰 피해를 입고는 한다. 1849년 다윈의 진화론을 적극적으로 옹호해 '다윈의 불도그'라 불렸던 해부학자 토머스 헉슬리Thomas Huxley는 로셀섬의 사이클론 대피소로 추정되는 장소를 관찰했다.[22] 훗날 인류학자들의 연구에 따르면 실제 대피소를 만

들고 관리한 것은 일반 주민들이지만, 로셀섬 주민들은 대피소를
세운 것이 그들이 모시는 신 '응워노차Ngwonoch:a'라고 믿었다. 사
이클론이 섬을 덮치면 주민들은 대피소로 피신한다. 이때 이 섬
의 독특한 문화를 관찰할 수 있다. 이러한 재난 상황에서는 사실
상 재산 소유권의 의미가 없어진다. 집단 안에 작은 집단들이 형
성되고, 야자수 전분 등 당장 구할 수 있는 필수 식량을 찾아 나선
다. 대피소 관리나 재난 상황에 대한 집단적이고 신속한 대처 같
은, 그야말로 문화적 혁신이 없었다면 그토록 척박한 환경에서 로
셀섬 주민들은 이미 사라졌을 것이다. 이러한 위험 분산 시스템을
운영하는 것은 비단 로셀섬 주민들만이 아니다.

　　사실 수렵 채집 사회에서 위험 분산 시스템은 필수적이다. 영
양羚羊 등 덩치가 큰 사냥감은 인간에게 중요한 영양분 공급원이
지만, 일부 집단에서는 가장 뛰어난 사냥꾼들조차 그다지 높은 성
공률을 보이지 못한다. 아체족이 집으로 사냥한 고기를 가져오는
것도 사냥을 나간 횟수의 절반이 채 되지 못한다. 칼라하리사막의
!쿵족(주호안시족이라고도 하며, '!'는 일종의 발음 기호다 - 옮긴이)은 3일에
한 번 정도 사냥에 성공할 뿐이다. 탄자니아의 하드자족 사냥 성
공률에 관한 자료는 다소 구하기 어렵지만, 대략 1개월에 한 번에
서 3개월에 한 번 정도 성공하는 것으로 추측된다.[23]

　　이러한 상황들을 고려하면 나눔은 일반적일 뿐만 아니라 필
수적이라고 추론하는 것이 합당하다. 한 사회의 번영을 위해서는
사냥에 실패한 사람이 사냥에 성공한 사람에게 도움을 받을 필요
가 있다. 여기에 더해 채집을 하거나 작은 사냥감을 잡아 식량을

로셀섬의 월룽가만. (출처: W.E. Amstrong, *Rossel Island: An Ethnological Study*, Cambridge: Cambridge University Press, 1928, Plate IIB)

확보한다. 사냥 운이 덜 따랐거나 사냥 기술이 부족한 사람에게 도움을 주는 나눔 시스템은 다수의 수렵 채집 사회에서 관찰된다.

나눔 시스템에는 뚜렷한 고결함이 존재한다. 각 시스템은 해당 지역의 환경과 주민의 특성에 따라 다른 특색을 지닌다. 어려움이 닥치면 주민들은 서로에게 의지하지만, 과연 여기에서 나눔이 어느 정도 수준으로 평등하게 이루어지는지는 분명하지 않다.

인류학자들은 이에 대한 답을 찾기 위해 많은 시간과 비용, 노력을 들였다. 비교문화 연구에서 알 수 있듯 인간이 오직 자기 자신만을 위해서 무언가를 비축하지는 않는다. 그들은 그것을 어떻게 나눌지, 더 중요하게는 누구와 나눌지 신중하게 생각한다.

또 다른 나의 동료 니킬 초드허리Nikhil Chaudhary와 연구팀은 이에 대한 구체적인 답을 찾아 나섰다. 꿀은 많은 수렵 채집 사회에 소중한 자원이다. 당분과 열량이 높고, 맛도 좋다. 어느 지역에서는 꿀이 너무나 인기가 많았던 나머지, 보통은 잘 시도하지 않을 방법으로 목숨을 걸고 꿀을 얻으려고 했다. 과거 수렵 채집 생활을 했던 우간다의 트와족 연구 영상 자료를 보면 한 남성이 꿀을 얻기 위해 줄도 매지 않고 60미터 높이의 나무를 타고 올라가 벌집을 떨어뜨리려는 모습을 볼 수 있다. 그 과정에서 그가 끊임없이 벌에 쏘이는 모습도 보인다. 그의 아내는 얼마나 많은 사람이 이 남성과 비슷한 시도를 감행하다 떨어져 죽었는지 설명한다. 트와족뿐만 아니라 지난 10년에 걸쳐 이루어진 연구들을 보면 꿀같이 소중한 식량 자원을 얻기 위해 나무를 타는 행동은 인간 진화의 기초가 된 것으로 알려져 있다.[24]

많은 수렵 채집 사회에서 꿀이 가치 있는 자원임은 분명하다. 초드허리는 중앙아프리카의 바야카족에 관해 연구하며 이를 염두에 두었다. 그는 바야카족에 꿀로 만든 스틱을 주고 지인들에게 나누어주도록 했는데, 스틱이 공평하게 배분되지 않았다는 사실을 발견했다. 즉 바야카족 사이에서 소중한 꿀을 나누어주는 데 일종의 선호도가 있었다는 의미다.[25]

그 외 다른 연구 결과들도 상당히 주목할 필요가 있다. 첫째, 바야카족은 자기 가족이라고 해서 다른 사람들보다 스틱을 더 많이 나누어주지 않았다. 그들이 스틱을 나누어준 동기가 족벌주의와 관련없음을 의미한다. 둘째, 특정 상대에 대한 선호도는 그 자

나무 타기는 극도로 위험할 수 있는 행동으로, 추락을 방지하려면 몸을 단단히 고정하는 '브리징bridging' 기술이 필요하다. (출처: Bruno Zanzottera/Parallelozero)

녀에게까지 이어진다는 증거도 발견되었다. 지인의 아버지를 좋아했던 사람은 그 지인의 자녀에게도 스틱을 나누어주었을 가능성이 높았다. 초드허리는 이를 '관계적 부富'라고 지칭했다. 그리고 집단 사회에서는 의지할 수 있는 깊은 사회적 네트워크를 가지는 것이 중요하며, 어쩌면 이러한 네트워크는 개인이 혼자 소유한 자원보다 더 중요할지도 모른다고 시사했다.

　초드허리의 연구 결과는 수렵 채집 사회 내 자원 배분 실험으로 경제적 관계를 연구한 다른 여러 연구 결과와 닮아 있다. 비교 문학 연구로 도출된 중대한 발견 중 하나는 실험 참가자들이 자신이 나눈 물건이 어떻게 쓰였는지 궁금해했다는 것이다. 수렵 채집 사회의 구성원들은 익명의 누군가에게 자원이 배분되기를 원하지 않았으며, 배분받은 사람과의 관계를 분명히 하고 싶어 했다. 다시 말해 가족, 사냥 파트너, 아니면 혼인을 통해 자기 가족과 연결된 사람인지 알고 싶어 했다. 수렵 채집 사회에서 이러한 관계적 요소들은 (전부는 아니더라도) 많은 사회적 결정에 중요한 척도가 된다.

　이렇게 되면 고대 사회는 평등했다는 주장이 이상하게 들릴 수 있다. 크로포트킨이 『만물은 서로 돕는다』에서 원시 사회에서의 평등주의의 근거로 제시했던 사례들이 무수히 많다고 해도 말이다. 비록 고대 인류가 사회적 보호, 혹은 다른 권리의 대가로 세금을 요구하는 부패한 국가에 살았던 것은 아니지만, 그들 역시 소중한 자원을 평등하게 나누지만은 않았던 것 같다. 식량이 풍족하지 않을 때 누가 살아남을 것인가는 앞서 언급한 관계적 부에 의해 결정되었을 수 있다. 스코틀랜드의 계몽주의 철학자 데이비드 흄David Hume이 주장했듯 선행과 베풂은 자원이 얼마나 있는지에 따라 달라진다. 즉 자원이 불공평하게 배분되었다는 것은 크로포트킨의 믿음과 달리 무정부 상태에서의 인간은 종의 이익을 위해 행동하지 않는다는 사실을 의미한다. 대신 인간은 자신이 좋아하는 사람들의 이익을 위해 행동한다.

현대 많은 사상가의 반대에도 민족지학 연구사에서 크로포트킨의 주장은 공감을 얻지 못했다. 약 50년 전 인류학자 존 무어John Moore는 무정부 상태에서 인간은 서로를 평등하게 대한다는 자유의지론을 공격하기도 했다.[26]

당대뿐만 아니라 현대에도 잘 알려진 자유의지론에 반대해 무어는 고대와 현대의 모든 인간 사회에서 중요한 요소는 착취라고 주장했다. 자유주의적 이상향을 꿈꾸는 사람들이 논하기 좋아하는 두 개념인 '억압'과 '강압'을 생각해 보자. 사회 곳곳에서 일어나는 착취의 불편한 진실은 억압과 강압 때문에 드러나지 못한다. 설상가상으로 착취가 무조건 국가 권력층에 의해서 이루어지는 것만도 아니다.

그 증거를 찾기 위해 무어는 당대로부터 과거 한 세기 동안 진행된 민족지학 연구들을 살폈다. 그리고 전 세계 수렵 채집 사회 대부분에서 주로 남성이 여성을 착취했다는 안타까운 사실을 발견했다. 고대 인류는 평등한 삶을 영위했다고 믿는 사람들에게 불편한 진실이 될 수밖에 없다. 무어는 미국의 한 인디언 부족을 예로 들며 다음과 같은 글을 남겼다.

> 샤이엔족 남성은 자신의 아내가 간통을 저질렀거나 순종하지 않는
> 경우, 혹은 단순히 전쟁이나 사냥에서 자신의 운을 바꾸고 싶다는 이
> 유로 아내를 집 밖으로 쫓아낸다. 버림받은 여성은 남편이 속한 전사
> 집단에게 강간이나 폭행, 심지어는 살해를 당했다. 자신의 책임을 다
> 하지 못한 나쁜 아내로 낙인찍혀 그에 응당한 취급을 당했다.[27]

특히 한 연구에서는 유럽인이 미국 땅에 발을 들이기 전 인디언 여성들은 폭력이 수반되지 않는 거의 모든 일을 도맡아야 했다고 주장한다. 천막 해체와 운반 및 새로운 정착지에서의 천막설치, 식사 준비, 땔감 구하기 등이 모두 여성의 일이었다. 만약 남성이 이러한 일을 한다면 부족의 조롱거리가 되었다.

무어가 살펴본 열다섯 곳의 수렵 채집 사회 중 열한 곳에서 명백한 여성 착취가 있었는데, 그중에는 나이 많은 남성이 어린 여성을 착취했다는 증거도 있었다. 이상한 점은 크로포트킨이 상호 부조론을 설명하기 위해 사용했던 일부 자료에도 연장자들의 폭력적 착취가 그려져 있었다는 것이다(연장자들이 이끄는 사회 구조를 우리는 '장로 사회'라 부른다). 17세기에 작성된 서남아프리카의 호텐토트족 관련 자료에서는 지도자를 '생명과 죽음의 힘'을 지닌 인물로 묘사하며 연장자들이 젊은 남성에게 소변을 보거나 여성으로 지칭하며 모욕했다는 설명이 있다.[28]

네덜란드의 탐험가 요하네스 굴리엘무스 더 흐레벤브룩Johannes Gulielmus de Grevenbroek는 호텐토트족의 장로 사회에 대해 다음과 같은 글을 남겼다.

> 만약 호텐토트족 구성원 중 누군가 '희생의 칼'이라 불리는 제사장의
> 시술용 칼을 거부하고, 고통과 부분적 거세를 피하려 하거나 자신의
> 생식기를 자연이 준 형태와 개수 그대로 온전히 보존하려 한다면 그
> 는 성인식을 적대시하는 존재로 낙인찍혀 모욕을 당한다. (……) 모든
> 교제와 상속에서도 배제되며 벼락에 맞은 사람처럼 피해야 할 대상
> 이 된다.[29]

이와 마찬가지로 여성 역시 가축이나 노예처럼 학대당했다. 심지어 호텐토트족 여성은 자신이 속한 무리에서 도망치지 못하도록 다리가 묶인 채 살아야 했다.

무어는 호주의 일부 원주민 부족에서는 마흔 살이 넘은 남성들이 모든 혼인 시장과 식량 배분을 독점하는 장로 사회의 모습을 보였다고 했다. 연장자들은 젊은 남성에게 포경과 신체 훼손을 강요했고, 자신이 원하면 나이 든 아내를 언제든 젊은 여성으로 교체하는 일도 잦았다.

무어의 조사에서 발견된 또 다른 중요한 사실은 여성이 남성을 착취한 사례를 단 하나도 찾을 수 없었다는 점이다. 볼리비아 동부의 시리오노족 등 일부 사회에서는 남성이 여성을 착취했다는 증거도 찾을 수 없는데, 인류학자 앨런 홈버그Allen Holmberg는 물론 그러한 부족들 사이에서도 지도자나 뛰어난 사냥꾼들은 상대적으로 더 자주 결혼하는 경향을 보였다고 말했다. 아내가 많을수록 더 높은 지위에 있다고 간주하던 사회였기 때문이다.[30] 직관적으로 생각한다면 평등주의란 인간이 서로를 동등하게 대하는

것이므로 만약 남성이 여성을 착취했다면 여성이 남성을 착취한 사례도 발견되어야 한다. 하지만 역사 속 남녀 사이의 착취 관계가 공평했던 사례는 존재하지 않았다.

　이러한 설득력 있는 근거에도 인간 진화를 연구하는 많은 사람에게는 여전히 '고대 사회의 인간은 평등주의를 추구했다'는 주장이 정통성 있는 주장이다. 물론 많은 학자가 '같은 나이와 성별을 가진 사람에 대한 존중이 있을 때만' 평등이 이루어진다는 전제 조건을 언급하기는 했다.[31] 고대 사회의 평등에 관한 주장은 유럽과 미국의 인류학 강의에서도 널리 다루고 있는데, 현대 산업화 사회의 특징으로 주로 꼽히는 이기주의가 고대의 소규모 사회에서는 효과적으로 통제될 수 있었다는 것을 전제로 한다. 고대 사회가 평등했다는 주장에 반기를 든 무어와 같은 20세기 학자들의 주장은 대부분 잊혔다.

　최근 고대 인류나 인간 본성에 대한 관점에 변화가 일고 있다. 젊은 인류학자들은 '유목적 평등주의'라 불리는 정통적 관점에 의문을 제기한다. 2022년 인류진화생물학 연구원 만비르 싱Manvir Singh과 펜실베이니아주립대학교 인류학 교수 루크 글로와키Luke Glowacki는 논문을 통해 유목적 평등주의가 20세기 중반에 개최되었던 '맨 더 헌터Man the Hunter(인간은 사냥꾼이다)'라는 심포지엄에서 출발했다고 말했다. 수렵 채집 사회 연구 분야의 효시가 되었던 이 심포지엄의 조직위원회는 다섯 가지 기준으로 수렵 채집 사회를 정의했다.

1. 유목민 사회는 평등하다. 식량 등 자원이 공평하게 배분되거나 강압적 통제가 없다.

2. 사회 구성원들이 서로 개인적으로 알 만큼 규모가 작다. 고로 사람들끼리 협력할 수 있는 확률이 극대화된다.

3. 사회 집단 간 영역의 경계가 불분명해 영토를 차지하기 위한 집단 간 다툼의 위험이 없다.

4. 식량 등 자원을 저장하지 않으므로 자원을 독점하는 것은 애초에 불가능하다.

5. 구성원이 들어오고 나가는 것이 허용되는 유연한 구조의 사회이므로 집단 간 공격성이 줄어들어 사회적 네트워크가 무너지거나 특정 집단이 지나치게 커질 수 없다.[32]

이러한 수렵 채집 사회는 타인에게 최대한의 친절을 베풀 수 있는 이상적인 조건일 것이다. 아체족 등 일부 수렵 채집 사회에서는 구성원들 사이에 상당한 수준의 평등과 나눔이 있음을 확인할 수 있다. 하지만 싱과 글로와키의 주장이나 무어의 조사로 밝혀진 바와 같이 고대 인간 사회는 좀 더 복잡한 양상을 띠었다. 완벽한 평등 사회였는지, 아니면 폭력과 착취가 난무한 사회였는지 이분법적 논리로 나누기에는 고대 인간 사회에 다양성이 존재했다는 증거들이 존재한다. 문화적·의례적 관습 중 딱 한 가지를 집어서 그것이 모든 인간 집단이 공통으로 가지고 있는 대표적 관습의 사례라고 말할 수는 없다.

인간이 형성하는 사회는 종종 사는 환경의 영향을 받기도 한다. 서구적 관점에서 보았을 때 인간이 친절하게 진화했다는 증거가 되는 사례도 있지만 그렇지 않은 사례도 있다.

아체족은 여러 사람과 식량을 나누어 가진다. 사냥감을 잡은 뒤 식량을 나누어 받지 못하는 사람이나 가족은 거의 없다. 강압적인 정치 구조도 존재하지 않고, 사람들끼리 차별하지도 않는다. 만약 당신이 아체족을 연구하는 인류학자였다면 오늘날 인류가 사는 방식보다 수렵 채집 사회가 훨씬 더 낫다고 주장해도 사람들이 충분히 공감했을 것이다.

하지만 무어가 조사했던 연구들을 보면 수렵 채집 사회에 긍정적인 면만 있다고 보기는 어렵다. 호주의 원주민 부족에게서는 장로 사회 구조와 가부장제를 찾을 수 있었고, 베링해와 시베리아 서부 같은 지역에 사는 수렵 채집 사회에서도 착취와 강압적 통제가 있었던 것으로 조사되었다. 시베리아의 한티족을 대상으로 한 민족지학 연구 보고서를 보면 연장자들이 가난한 사람들을 노예처럼 부렸다는 증거가 있다. 또한 민족지학 사례들을 검토한 어느 보고서에서는 이것이 한티족만 예외적인 사례였다고 보기 어렵다고 밝힌다. 다만 다른 사회 집단과 비교했을 때 수렵 채집 사회에서 강압적 통제가 덜 이루어졌을 뿐이라고 했다.

약 800~1550년까지 미국 플로리다주에 거주했던 칼루사족은 주로 해산물을 채집했다. '사나운 사람들'이라는 뜻의 칼루사족은 중앙 집권 체제를 통해 부족 내 자원을 관리했다. 그리고 부족을 이끄는 지도자의 자리는 그 자손에게 세습되었다. 평민과 귀족을 구분하는 계급 체계가 있었으며, 구조적 불평등도 존재했다.

칼루사족의 군사력은 2세기 내내 스페인 침략자들을 물리칠 정
도로 막강했는데, 이는 다른 어떤 인디언 부족보다도 오래 부족의
영토를 지켜낸 비결이기도 하다. 한 연구에 따르면 칼루사족은 다
른 집단에서 잡아 온 포로를 노예로 쓰거나 인간 제물로 바쳤다
고 한다.[33]

싱과 글로와키가 살펴본 서른네 곳의 정착 수렵 채집 사회와
반+정착 수렵 채집 사회 중 일곱 곳에서 자원, 지위, 부의 분배가
불평등했다. 앞서 나열했던 수렵 채집 사회의 다섯 가지 특성도
발견되지 않았으며, 심지어 그 특성들은 대부분의 수렵 채집 사회
의 현실과 거리가 멀었다. 사회 규모도 각각 달랐다. 어떤 부족에
는 식량 약탈 사례가 있었고, 어떤 부족은 단기간에 찾을 수 있는
식량 자원에 의존하며 살기도 했다. 따라서 수렵 채집 사회에 공
통으로 적용되는 단 한 가지 특성이라고 한다면 각 사회의 문화
에 맞게 생태학적으로 특화된 수렵 채집 관행이 존재한다는 것이
라고 말할 수 있겠다.

유전보다 강한 것

지난 수 세기 동안 진행된 여러 민족지학 연구를 통해 알 수
있는 사실은 인간 사회 집단을 분석할 때는 집단 구성원의 생계
유지 및 생존 방법을 들여다보아야 한다는 것이다. 어떤 두 지역

을 비교하더라도 인간과 동물이 해당 지역에서 구할 수 있는 자원과 그 자원을 구하는 방법은 동일하지 않다.

새로운 지역으로 이주한 동물은 대부분 죽거나 새로운 종으로 진화한다. 전 세계에 퍼져 있는 개미를 예로 들어보자. 개체수로 따지자면 개미는 지구상에서 가장 성공한 과科에 속한다. 지구상 개미의 수는 역사를 통틀어 언제든 100조~1경 마리 사이이다. 모든 개미의 무게를 더하면 인류 전체의 무게와 맞먹을 것이라고 주장하는 연구도 있다. 물론 그 계산이 정확한지 검증하기는 쉽지 않다. 그리고 현대인이 그 어느 때보다 개체수가 많고, 더 뚱뚱해졌다는 사실도 고려해야 한다.[34]

인간과 마찬가지로 개미도 환경에 잘 적응해 한랭 기후나 고온 기후, 고도가 높은 곳이나 고도가 낮은 곳 등에서 살 수 있으며, 사막이나 삼림 지대는 물론이고 인간의 거주지에서도 산다.[35] 이러한 적응력은 약 1만 3000여 종의 개미가 존재한다는 사실이 뒷받침해 준다. 사하라사막에는 사하라사막개미가 살고, 남아메리카 삼림 지대에 사는 아크로미르멕스속屬 개미들은 균류에서 영양분을 채취하는 데 특화했다.

이 개미속의 아크로미르멕스 발자니Acromyrmex balzani 같은 개미는 과거 6000만 년 동안 진화를 거듭하며 자원을 고갈시키지 않고서도 환경에 잘 적응해 살고 있다. 아크로미르멕스속 개미들은 유전적으로 잎을 땅속 개미집에 가지고 가는 특별한 행동을 하도록 설계되었다. 개미 군집을 지키는 개체도 있고, 어린 개미들을 키우는 개체도 있다. 개미 사회의 시스템은 협동적이고 지속 가능한 방식으로 운영되며, 외부 위협에도 저항한다. 생물학자이자 퓰리처상 수상자인 에드워드 윌슨의 말처럼 개미 사회는 두세대 이상의 구성원이 함께 살면서 협동하고 이타적으로 행동하는 진眞사회성을 보인다.

인간 역시 한 집단으로서나 집단 내에서 특별한 적응력을 보이는 경향이 있다. 아프리카대륙에서 진화를 시작한 이래로 과거 수십만 년 동안 인간은 아무리 척박한 환경도 견뎌내며 세계 각지로 퍼져 나갔다. 하지만 새로운 환경에서 여러 다른 종으로 진화했던 개미와 달리 인간은 여전히 하나의 종으로 남아 있다. 오늘날 인류는 모두 호모 사피엔스 종인 반면, 아크로미르멕스속 개미는 일부만 남아 있을 뿐이다.

인간이 호모 사피엔스로 남아 있는 이유는 개미와 인간의 세대에 걸쳐 정보를 전달하는 방식이 다르기 때문이다. 개미를 비롯한 다른 곤충들은 환경에 맞추어 적응하는 능력과 그에 관한 정보가 유전적으로 전달된다. 어린 개미가 군체를 위해 주어진 임무를 수행하는 모습을 보면 알 수 있다. 이와 대조적으로 인간은 양육자가 엄청난 시간과 에너지, 자원을 투자해야 한다. 한 문화의 일부가 되기 위한 정보도 유전자에 새겨지지 않아서 그것을 배우는 데도 시간이 걸린다.[36]

아주 어린 아이들은 사회적 기여가 불가능하다는 점에서 한 문화의 일부가 되는 문화적 적응은 한계가 명백하다. 하지만 이는 곧 태어난 곳이 어디든 인간은 지역 문화의 구성원이 되는 법을 배우거나 어디에서든 새로운 문화에 적응할 수 있다는 것을 의미한다. 잎을 잘라 땅속 집으로 가져가는 가위개미를 사하라사막에 데려가면 죽어버리고 말 것이다. 하지만 남극에서 자란 인간을 사하라사막에 데려간다면 그 지역의 사회 규범과 행동을 배워 생존할 가능성이 있다.

세상에 관한 정보를 사회적으로 전달한 최초의 종이 인간은 아니지만, 전달한 정보를 광범위하게 사용해 유전적 적응이 아닌 사회적 적응으로 어느 한 행성을 식민화한 최초의 종은 인간이다. 물론 여러 인간 집단 사이에 생물학적 차이는 분명 존재한다. 티베트 일부 지역과 같이 고지대에 사는 사람들은 산소 농도가 낮은 곳에서도 숨을 쉬며 잘 지낼 수 있다. 이와 유사하게 고지대에 사는 사람들은 다른 사람들보다 추위에 더 쉽게 적응하며, 추운 지역에서 온 사람들은 키가 더 큰 경향이 있다.[37] 그러나 이러한 차이점에도 모든 인간은 여전히 호모 사피엔스라는 같은 종의 구성원이다. 그 이유는 지구상 어디서든 두 사람을 데려와도 번식에 성공할 수 있기 때문이다.

다시 말해 개미가 보이는 행동적 다양성은 유전적 원인 때문이고, 인간의 행동적 다양성은 유전적·문화적 원인에 기인한다. 문화로 인해 인간은 새로운 종으로 분화할 수 없었던 것이다. 개미든, 인간이든, 박테리아든, 멧돼지든 관계없이 모든 유기체 집단은 거주 환경에서 자원을 구하는 데 특화했다. 카를 마르크스의 말을 빌리자면 생산 방식은 집단이 자원 확보를 위해 수행하는 작업 종류에 따라 정의될 수 있다.

따라서 인간에게는 유전적으로 프로그래밍된 특성을 단순히 자동으로 채택하는 것 이상의 무언가가 존재한다고 할 수 있다. 인간의 전문 분야는 바로 문화에 대한 적응이고, 인간만의 전문성을 키워 어떻게 발전해 나갈지는 다양한 요인으로 결정된다. 배우는 것, 잘하는 것, 타인이 내게 필요로 하는 것이 무엇인지 등에 따라서 말이다. 하지만 인간에게도 복잡하고 다양한 사회적 위계질서는 존재하며, 이는 호주의 일부 원주민 부족, 칼루사족, 현대 서구 사회 등 많은 사회에서 나타나는 불평등을 낳았다. 생산 방식, 혹은 인간이 주어진 환경을 착취하는 방식은 사회적 위계질서와 얽혀 복합적으로 작용한다. 인간이 환경에서 착취한 것들을 어떻게 배분하는지는 다양한 인간 역사의 산물이며, 인류는 사회적이든, 그 외의 다른 환경에서든 인간이 맺은 관계의 산물이다. 그리고 그 관계는 인간이 생산 외의 착취를 자행하게끔 한다.

지위의 탈을 쓴 착취

인류학에서는 주로 인간 집단의 생계유지 방법에 초점을 맞추어 연구한다. '낚시, 사냥 등을 통해 먹을거리를 구했는가?', '농사를 지었는가?', '가축을 기르고 거래하며 소비했는가?', '가축을 주변의 다른 집단과 거래했는가, 아니면 소속 집단 내에서만 나누어 소비했는가?' 등 단순히 인간이 무엇을 먹었는지가 아니라 어떻게 먹었는지에 따라서도 다르게 나눌 수 있다. 이는 식량 생산 방식뿐만 아니라 소비 방식도 중요하게 살펴보아야 하는 이유다.

모든 인간에게 나타나는 공통점은 바로 타인 착취다. 진화론적 관점에서 타인이 자원을 나누어준다면 나는 아무것도 하지 않는 편이 훨씬 낫다. 그렇게 받은 자원으로 자신의 가족을 먹여 살리면 그만이다. 찰스 다윈의 진화론적 관점으로 보면 인간이 집단 내에서 서로를 착취하고 있다는 사실을 충분히 예상할 수 있다. 이것은 사회의 착취 방식이기도 하다.

예를 들어 전 세계 원주민 사회 대부분에서 발견되는 샤머니즘을 한번 살펴보자. 원주민 사회에서 주술사들은 자원 획득에 크게 이바지하는 바가 없음에도 다른 구성원들에게 많은 도움을 받는다. 인도네시아 서수마트라의 멘타와이족은 주술사에게 보이지 않는 영혼을 보는 능력이 있다고 믿는다. 영혼 중에는 인간을 병들게 하는 영혼들도 있는데, 이 영혼들이 인성이 좋지 않은 사람을 벌한다고 믿는다. 이 영혼들에게서 인간을 구제하는 방법을 아는 존재가 바로 주술사인 것이다. 하지만 사실 어쩌면 주술사가 맞서 싸우는 영적 존재가 아니라 주술사 자신이 보이지 않는 경쟁자일 수도 있다.

만비르 싱과 하버드대학교 인간진화생물학 교수 조지프 헨릭Joseph Henrick의 공동 연구에 따르면 멘타와이족은 한 집단 내 오직 한두 명의 주술사만이 병든 사람을 고치는 능력이 있다고 인정받는다. 오늘날 우리가 일류 병원에서 근무하는 유명 의사를 선호하는 것과 상당히 유사하다고 볼 수 있다.[38] 사회적 명망이 있는 주술사들은 당연히 혜택을 받는다. 그들은 식량 생산을 위해 거의 아무것도 하지 않지만, 충분히 먹고살 만큼의 식량이나 노동을 제공받는 경우가 많다. 주술사가 자신의 임무를 제대로 수행해 병을 고친다면 환자와 주술사의 관계는 호혜적互惠的이라고 할 수 있다. 그러나 주술사라는 지위만으로 그들에게는 많은 특혜가 따르고, 이는 곧 사회적 성공이나 성공적인 번식으로 이어진다. 어떤 문화에서든 주술사가 되는 것은 쉽지 않다. 지구상에 존재하는 사회 중 80퍼센트 이상의 집단에서 주술사의 조건으로 음식, 성생활, 사회적 접촉 등을 통제한다. 이렇게 힘든 과정에도 주술사는 사회적으로 많은 사람이 원하는 위치에 있다. 주술사라는 높은 지위가 여러 특혜를 의미하기 때문이다. 놀랍게도 그 특혜에는 주술사가 되기 위해 금기시되었던 풍족한 음식, 성생활, 사회적 접촉이 포함된다.

여러 사회에서 보듯 사회적 지위는 그 자리에 있는 사람이 타인을 어떻게 착취할지 결정하는 자리다. 모든 문화에 해당하는 이야기는 아니지만 흥미롭게도 많은 문화에서 사회적 지위는 성공적인 번식으로 이어진다. 베네수엘라의 야노마미족 사회에서는 집단을 이끄는 지도자가 다른 구성원들보다 더 많은 배우자를 두고 있고, 결과적으로 더 많은 자손을 가진다. 야노마미족 남성은 여성을 물건처럼 교환하며, 마을 간 연대를 위해서도 여성의 교환이 이루어진다.[39] 이렇게 교환된 여성들은 남성의 성적·생식적 이익을 위해 착취당한다.

존 무어는 민족지학 연구들을 검토하며 많은 사회에서 여성들이 대부분의 집안일을 도맡고, 때로는 식량 채집까지 거의 다

책임진다고 지적했다. 이때 남성은 주로 사회적 혜택을 취하는 위치에 있다. 전 세계에 존재하는 여러 장로 사회를 살펴보면 주술사를 포함한 나이 든 남성들은 사회에 실제로 도움이 되는 일은 아무것도 하지 않으면서도 가장 어린 여성과 결혼하고 많은 자원을 소비한다. 이것이 바로 장로 사회에서의 착취가 어떻게 이루어지는지 보여주는 전형적인 예다. 무어는 이를 두고 '인간 사회의 착취 방식'이라고 불렀다. 1977년 무어는 논문을 통해 이렇게 이야기했다.

> 나는 인간 사회에서 문화적 진화의 핵심을 형성하는 것이 착취 시스템이라고 생각한다. (……) 착취 시스템은 시간이 지나며 독립적으로 변화하고, 그 진전은 되돌릴 수 없다. 나는 문화적 착취 시스템이 현실적으로 드러난 양상이 바로 그 사회의 착취 방식이라고 생각한다. 어떤 인간 사회든 그 사회가 어떻게 기능하고 운영되는지 이해하려면 그 사회의 착취 방식을 살펴야 한다고 믿는다.[40]

어떤 사회든, 어떤 생산 방식을 취하든, 자원 배분과 사회적 지위에 불평등이 존재하든, 자원과 지위가 세습되든 착취는 존재한다. 호주의 일부 원주민 부족과 칼루사족, 심지어 현대 사회에서도 착취는 규범화되어 있다. 사람들의 착취 규범 준수 여부는 중요하지 않다. 중요한 것은 집단 내 개인, 또는 몇몇 사람들이 집단의 사회 구조를 통해 다른 구성원들보다 더 많은 혜택을 누리는지 여부다.[41] 집단 내 권력을 지닌 몇몇, 혹은 여러 사람에게 다른 구성원들이 어떻게 억압받고 있는지도 당연히 중요하다. 문화의 핵심은 생존을 위해 낚시, 사냥, 채집 중 무엇을 하는지가 아니다. 당신이 속한 사회를 포함해 어떤 사회든 이해하려면 구성원들이 어떻게 착취당하고 있는지를 보아야 한다.

덜 고상하고 더 야만적인

우리는 산업화 이전 사회를 살았던 사람들이 고상하다거나 야만적이라고 말할 자격이 없다. 아체족 같은 일부 사회에서는 평등주의를 찾을 수 있지만 표트르 크로포트킨 같은 사람들이 생각하는 고대 사회에서는 오히려 평등을 찾기 어려웠을 것이다. 심지어 자원과 생식의 기회가 평등하고 강요가 없는 사회에서조차 서구 사회 사람들이 불쾌하다고 할 만한 문화적 요소들이 존재한다. 산업화 사회의 사람들과 접촉하기 전 아체족은 그 어떤 문화보다도 높은 수준으로 영아 살해를 자행했다. 남자아이의 14퍼센트, 여자아이의 23퍼센트가 살해되었고 대부분은 고아였다.[42] !쿵족은 모두에게 식량이 돌아갈 수 있도록 500명의 영아 중 여섯 명을 살해하는 비율을 보이기도 했다.[43]

수렵 채집 사회 중 기술적으로 가장 발전하지 못한 사회와 비교해도 서구 사회는 초창기 사회 단계라고 볼 수 있다. 수렵 채집 사회에서의 의식, 규범, 도구 제작 기술은 인간다움의 핵심과 맞닿아 있는 역사적 산물이다. 이러한 관습들을 야만적이라고 부르는 것 자체가 일종의 야만적 행위다. 과거에 착취가 존재했던 것처럼 현대를 사는 우리 곁에도 착취는 존재하지 않는가.

지역 사회와 규범이 함께 진화해 전 세계적으로 매우 다양한 문화적 관습이 발전했다는 '역사적 다양성'이라는 개념은 단순한 원시적 자유주의보다 훨씬 더 어두운 면을 지니고 있다. 이 개념은 인간을 한 명의 진정한 인간으로 만드는 것이 무엇인지 이해하는 일을 더 어렵고 복잡하게 만들 수 있지만, 민족지학 연구들의 데이터와는 잘 들어맞기도 한다.

만약 국가나 엄격한 사회 규범이 없을 때 인간은 서로를 평등하게 대할 것이라는 생각을 버린다면 현재 우리가 사는 이 사회를 어떻게 개선할 수 있을지 이해하는 데 도움이 된다. 사회적 영향이 없다면 인간은 모두 협력적이거나 이타적일 것이라는 주장은 아이러니하게도 오늘날 우리 사회에 존재하는 무수한 착취를 오히려 당연한 것으로 만든다. 만약 권력층이 자신을 위해 일하는 사람들을 설득해 모두 공통된 하나의 목표를 향해 협력하게 만든다거나 열심히 일하기만 하면 권력층이 될 수 있다고 설득한다면 그들은 사람들을 더 쉽게 착취해 자신의 이익을 취할 것이다. 반대로 거의 모든 사회에서 이러한 설득 없이 착취가 흔하게 일어난다고 본다면 타인에게 강제적 위력을 행사할 수 있는 지위 자체를 법으로 제한할 수 있다.

아체족 같은 산업화 이전 사회 중 몇 곳에서는 공동체 네트워크와 나눔 시스템을 통해 평등이 구현된다. 이러한 사회에서 인간은 관계에 의존해 평등을 유지하고자 한다. 다수의 문화에서 볼 수 있었던 위험 분산 시스템 덕분에 개인의 자원 획득 성공에 대한 부담도 대폭 줄어들었다. 그 결과 사회적 관계를 토대로 생존과 번식이 이루어졌다. 물론 그렇다고 해서 착취적이고 타인을 기만하며, 심지어 사이코패스적 성향을 보이는 인간이 아예 없는 것은 아니다. 현대 사회 이전에 그러한 인간이 존재하지 않았던 것도 아니다. 내가 말하고자 하는 것은 소규모 사회에서 기만적 존재는 자신의 악한 성향을 발휘할 기회를 찾기 어렵다는 사실이다. 작은 집단에서 익명의 존재가 되는 것은 불가능하다.

이와 대조적으로 광범위하게 커진 현대 사회에서는 많은 사람이 이곳저곳 이사하며 살고, 어느 곳에서도 평생 이어질 관계를 형성하는 경우가 적다. 고립은 많은 사회에서 커다란 비용이 든다고 간주한다. 사회에서 단절되는 수준의 고립은 일종의 처벌이 되기도 하고, 주술사가 되고자 했던 사람들이 겪어야 했던 사회적 접촉 차단과 같이 일종의 시험이 되기도 한다. 우리 대부분, 아니 어쩌면 모두가 한 번쯤은 고립을 경험한다. 우리가 의존하던 사회에서의 단절, 이것이 바로 현대의 사이코패스 같은 사회적 포식자들이 우리를 겨냥할 약점이 된다.

고대 사회에서 보이던 지배적 성향의 지도자가 제거된 지금, 인간은 대놓고 이기적이던 모습을 버리고 (아마도) 더 악랄하고 교묘한 형태로 진화했다. 계략을 세우면서도 타인과 협력하며 사는 능력을 키우게 된 것이다. 이를 두고 '선제적 공격성', 혹은 '의도적 공격성'이라 부르는 사람도 있다. 이러한 능력은 넓은 의미에서 타인의 심리를 읽고 자신에게 유리하도록 활용하는 사회적·전략적 지능인 '마키아벨리적 지능'과 연결된다.[44] 정신질환은 누군가에게는 타인을 속여 그들을 통제하려는 힘과 의지가 되기도 한다. 특히 사이코패스 같은 정신질환은 선제적 공격성이 사회적 지능과 맞물려 극단적 형태로 드물게 발현된 사례이며, 주로 끔찍한 유년기를 경험한 사람에게 발생하는 병이기도 하다.

사이코패스에 관해 다룬 많은 도서 중 영국의 기자 존 론슨이 쓴 『사이코패스 테스트』를 보면 사이코패스는 주변인들의 행동을 모방한다. 로버트 헨디프리가드 같은 사기꾼들이 타인을 잘 이해하고 공감력이 뛰어난 사람인 것처럼 자신을 포장했던 능력이다. 학계에서도 인간이 신뢰 관계를 형성하는 방법으로 타인의 행동을 모방하는 것을 꼽는다.[45] 호모 사피엔스가 진화해 온 소규모 집단과 달리 우리가 사는 대규모 사회에서는 누군가 상대를 모방해 신뢰를 얻은 후 배신하는 일이 가능하다. 현대 사회의 익명성은 사이코패스에게 곧 기회다. 마키아벨리적 지능, 선제적 공격성, 사이코패스 같은 정신질환 등은 오늘날 인간이 어떻게 사는지에 따라 나타난 결과물이 아니라 인간이 매일같이 행하는 생산·착취 방식으로 발현된 산물이다.

그럼에도 사이비 집단의 사이코패스 성향을 지닌 지도자들과 협력하라고 말하는 사람들이 있다. 일부 수렵 채집 사회에서 착취당하던 여성들에게 나이 많은 지도자와 협조하라고 했듯 말이다. 예를 들어 비행기가 여섯 시간이나 연착되었는데도 어떤 항공사는 승객에게 협조해 주어 감사하다고 말한다. 모든 협력이 평등한 것은 아니다. 타인에게 속거나 착취 방식에 협조하도록 강요하는 사회에 태어나 길러졌다고 해서 그들이 착취당하고 있다는 사실이 변하는 것은 아니다.

어떤 면에서 인간이 근본적으로 협력적이라는 주장에는 사이비 집단 같은 요소가 존재한다. 모든 편견이 리센코주의와 닮아 있는 것과 매우 유사하다. 평등주의가 연막 뒤 숨기고 있는 이면, 다시 말해 인류가 평등의 역사를 공유하고 있다는 주장은 기만적이다. 이 주장에 힘입어 지배층이 그들의 권력을 유지하고 있다. 우리는 모두 공통의 목표를 위해 행동하고 있다는 거짓된 약속을 전제로 말이다. 인간의 역사가 지저분하듯 인간이 사는 세계도 그야말로 진흙탕이다. 협력과 마찬가지로 착취도 인간다움의 핵심과 맞닿아 있다. 하지만 현실 세계 전반에 퍼져 있는 착취의 원동력, 즉 이기주의는 그보다 훨씬 더 오랜 역사를 가지고 있다. 그리고 이 세상에서 이기주의를 제거하기란 훨씬, 훨씬 더 어렵다.

3장

협력의 그림자

언어는 어떻게 기만을 감추는가

정직은 최선의 정책이다. 그러나 이 격언의 지배를 받는 사람은 정직한 사람이 아니다.

— 리처드 웨이틀리Richard Whately,

『단상과 격언Detached Thoughts and Apophthegms』

플라톤의 『국가론』에서 글라우콘은 동굴에서 금반지를 찾은 목동 기게스 이야기를 한다. 자신이 찾은 반지가 인간을 투명하게 만든다는 사실을 알게 된 기게스는 그 힘을 이용해 리디아의 왕을 살해하고 왕비와 결혼한 뒤 스스로 왕이 된다. 기게스의 일화는 인간 본성에 관해 질문을 던진다.

"만약 두 인간 중 한 명은 선하고 한 명은 악할 때 둘 다 그 반지를 발견한다면 과연 선한 인간이 그 선함을 유지할 수 있는가?"

이에 글라우콘은 "사람은 누구나 불의가 정의보다 훨씬 더 이득이라고 생각합니다"라고 말한다. 누구든 타인에게 들키지 않는 능력을 손에 쥐게 되면 그가 부패하지 않을 것이라고 기대해서는 안 된다고 말이다.[1]

우리가 아는 어떤 기술로도 인간을 물리적 탐지가 불가능한 상태로 만들 수는 없지만, 이미 동물들은 다른 개체를 속여 착취하는 능력을 무기로 가지고 있다. 반드시 몸을 숨겨야만 타인에게 들키지 않는 것은 아니다. 언어 역시 다른 의미로 나를 숨길 수 있도록 돕는다. 즉 사회에서 자신의 존재를 숨기는 것이다.

이 같은 비밀스러운 행동 양식이 인간, 나아가 동물에게만 있는 고유한 특성은 아니다. 내가 아는 어느 혈액학자는 백혈병 등 특정 종류의 암세포는 면역 체계 입장에서 정상 세포로 보인다는 사실에 주목했다. 그가 관심을 가졌던 백혈병 세포는 신체 여러 부위에 종양을 형성하지만, 주변 정상 세포의 행동을 모방하는 듯했다. 그는 백혈병 세포들로 구성된 종양은 주변 정상 조직과 매우 비슷해 보이고, 또 그렇게 행동한다고 말했다. 단 하 차이는 종양의 성장 속도가 통제 불가능한 수준이라는 점이었다.

기만과 모방은 영장류 세계에서 흔하게 발견된다. 진화심리학자 앤드루 화이튼Andrew Whiten과 리처드 번Richard Byrne은 '전술적 속임수'라 불리는 행동 사례들을 정리했다. 침팬지 같은 종에서 발견된 전술적 속임수 중에는 집단의 우두머리에게서 먹이를 숨기는 등의 행동이 자주 관찰되었다. '알파alpha'라 불리는 우두머리들은 영장류 집단의 위계 구조에서 지배적 위치에 있는, 덩치가 크고 공격적 성향을 띤 개체다.[2] 영장류학자 에밀 멘젤Emil Menzel은 화이튼과 함께 부하 침팬지들이 공격적인 알파에게서 먹이가 저장된 장소를 숨기게 하는 실험을 두 차례 진행했다.[3] 첫 번째 실험에서 덩치가 작은 벨은 알파인 록을 속이기 위해 먹이의 위치를 알면서도 반대 방향으로 뛰어가는 등 다양한 속임수를 사용했다. 하지만 록은 벨의 속임수를 모두 눈치챘고, 벨이 먹이에 손대지 못하도록 쫓아냈다.

하지만 두 번째 실험에 투입된 머큐리는 벨과는 전혀 다른 속임수를 사용했다. 머큐리는 집단의 불량배였던 셔먼을 암컷이 있는 우리로 유인해 주의를 돌린 후 먹이를 독차지했다. 이 두 차례의 실험은 중요한 가설을 제시한다. 첫째, 비인간 영장류는 상대의 생각을 이해하고 그 정보를 사용해 상대를 속이려 한다. 둘째, 기만의 방식은 같은 종 구성원 사이에서도 동일하지 않다. 아무래도 침팬지와 같은 비인간 영장류들에게는 새로운 사기 수법을 만드는 능력이 있는 듯하다.

마키아벨리적 지능의 능력을 평가하고자 했던 실험은 여러 개이며, 유사한 결과를 도출했다. 이후에도 속이려는 사람(벨, 머큐리)과 이를 알아차리려는 사람(록) 사이의 세력 경쟁을 통해 인간의 지능과 양심의 진화를 설명하고자 하는 연구들이 폭넓게 이루어졌다. 인간과 비인간 영장류가 사용하는 속임수의 유일한 차이점은 기회의 다양성이다. 복잡한 문화, 언어, 지능은 우리가 들키지 않고도 타인을 착취할 수 있는 여러 종류의 기회를 제공한다. 세포, 박테리아, 동물 등은 서로 정보를 전달하기만 하는 유기체다. 따라서 거짓말을 할 수 있는 것은 오직 인간뿐이다.

인간은 스스로 보이지 않는 경쟁자가 되도록 진화했다. 서로 협력하면서 동시에 개인의 이익을 위해 협력 시스템을 착취한다. 기만의 역사는 그보다 훨씬 더 오래되었다. 오늘날 '지능적'이라 부르는 그 어떤 유기체보다도 인간의 기만의 역사가 먼저 시작되었음은 거의 분명한 사실이다. 언어의 복잡성은 인간에게 '기게스의 반지'가 되어 의도가 선하든 악하든 어느 누구에게도 보이지 않게 해주었다. 자기 자신을 숨기는 능력은 지금까지 그리고 앞으로도 현대 사회의 한 특징으로 남을 것이다.

세포의 배신

현대에 존재하는 암에 관한 많은 담론은 주로 하나의 가설을 중심으로 한다. 암은 복잡한 생명체가 존재하면서부터 그 생명체들과 함께해 왔다는 주장이다. 2019년 초 미국의학협회에서 발행하는 세계적 종양학 학술지인 《자마 온콜로지 JAMA Oncology》에 발표된 한 논문은 2억 4000만 년 전 트라이아스기의 거북에게서 찾은 종양을 근거로 든다. 거북의 종양은 뼈에 생기는 희귀 암인 악성 골육종으로 오늘날에도 발견되는 암이었다.[4] 이 논문이 최초의 암을 찾았다고 할 수는 없지만 아마도 인간이 발견한 암 중에서는 가장 오래되었을 것이다. 인류가 기록한 역사보다 훨씬 오래전부터 동물들은 암의 피해자였다. 그 원인을 알려면 찰스 다윈의 진화론으로 암을 분석할 필요가 있다.

서로 협력하는 수십억 개의 세포가 모여 이루어진 한 개체가 인간의 신체와 같은 유기체라고 생각하면 편하다. 각각의 세포와 각 세포가 분열해 만들어진 세포들은 모두 숙주의 생존에 의존한다. 세포들은 상호 협력이라는 공통된 이해관계를 공유하며, 숙주의 신체가 잘 살아가는 한 잘 자란다. 그런데 세포 중 하나가 협력을 중단한다면 무슨 일이 벌어질까? 만약 그 세포를 억제하지 않고 그냥 둔다면 해당 세포와 그 세포에서 분열된 세포들이 번성할 것이다. 통제할 수 없는 수준으로 번식을 거듭하며 신체 유지를 위해 필요한 자원마저 갉아먹는다.

암세포는 오래전부터 인간 진화에서 반역자 취급을 당했다. 인간이 작은 다세포 유기체에서 복잡한 영장류로 진화해 가는 역사의 모든 단계마다 인간 신체 내 어느 한 세포가 다른 모든 세포를 배신할 가능성은 항상 존재했다. 숙주의 신체 일부로 있으면서도 자기 자신만을 위해 증식하다 결국 그 신체를 죽여 유전자가 후대에게 이어질 기회마저 파괴한다. 다윈이 말한 이기심의 특성이기도 한 이러한 근시안적 성향은 진화생물학의 핵심 중 '궁극적으로 자연 도태는 무작위로 일어난다'는 원리와 맥을 같이한다. 스스로 무신론無神論자라 말하는 생물학자 리처드 도킨스Richard Dawkins는 1986년 출간한 저서 『눈먼 시계공』에서 자연 도태는 복잡한 유기체들이 궁극적 목적 없이 창조하는 느리고 점차적인 과정이라고 주장했다. 그에 비해 시계공이 가진 단 하나의 목표는 단기적인데, 자신의 후대가 또다시 복제되도록 하는 것뿐이다.[5]

가장 기초적 수준에서 보면 자연 도태는 환경에 가장 잘 적응한 유기체들의 생존과 번식을 더 많이 허용하는 방식으로 이루어진다. 바이러스류같이 유전자 수가 적은 원시적 유기체는 '수평적 유전자 이동'이라는 과정을 통해 인접한 유기체와 유전적 정보를 교환한다. 자연 도태의 관점에서는 이 두 유기체 중 하나만 살아남아 번식한다면 살아남은 유기체의 유전적 정보가 우세하다고 간주한다. 이러한 과정이 열 번, 스무 번, 수십억 번 이루어진다고 상상해 보라. 그 과정 끝에 살아남은 유기체는 애초에 어떤 모습이었는지 알 수 없을 정도로 변화해 있을 것이다. 도킨스가 '시계공'이라 부른 자연 도태 과정은 마지막 모습을 계획하지 않는다. 그저 매 단계마다 생존 가능성이 가장 높은 형태를 골라 앞으로 나아갈 뿐이다.

단기적 이익이 장기적 필요보다 중시되면 여러 문제가 발생한다. 20세기 생물학의 거장이라 불리는 조지 게일로드 심슨George Gaylord Simpson은 전체 종의 90퍼센트가 멸종을 향해 진화하고 있다고 말했다.[6] 자연 도태라는 시계공이 눈이 먼 상태라고 생각한다면 심슨의 주장은 설득력이 있다. 단기적인 진화적 변화가 장기적으로 어떤 결과일지 예견하지 못한다는 것은 진화론적 측면에서 중요한 의미를 지닌다. 즉 지금 당신과 당신의 자녀가 생존하도록 도와주는 무언가가 있다면 그것이 훗날 당신의 증손에게는 이롭지 않을 수도 있다는 뜻이다.

암세포 역시 이와 유사한 방식으로 작동한다. 세포가 전략을 가질 수 있는 한 그 세포의 생존을 돕는 전략은 신체가 적절하게 기능하는 능력을 앗아 간다. 어떤 의미에서는 암이 주도권을 쥐는 순간 인간만큼 복잡한 유기체가 창조되기까지 들였던 수백만 년의 진화가 물거품이 될 수 있다. 암은 시계공이 노력한 모든 것을 무너뜨린다. 변화의 결과가 무엇일지 예견하지 못하기 때문에 파멸로 이어진다.

기만과 착취의 본능을 직시하라

지난 수십 년간 일부 학자들은 암세포에 대해 반복적으로 같은 주장을 했다. 유기체들은 어떤 대가를 치러서든 반드시 생존하고 증식하려 한다는 가장 기본적인 진화의 원리를 암세포가 보여준다는 것이다. 동료인 아테나 악티피스는 저서 『속이는 세포The Cheating Cell』에서 암은 생명의 기원이 무엇인지 알려주는 존재라고 말했다. 취할 수 있는 모든 자원을 취하고 번식하되, 그것이 다른 존재에게 어떤 결과로 이어질지는 고민하지 않는 것이 바로 생명체라는 것이다.[7]

암세포는 초이기적이지만 그것을 잘 숨기는 사람과 같다. 가질 수 있는 것을 모두 가진 뒤 그것이 어떤 결과로 닥칠지는 신경 쓰지 않고 자신을 위해 무분별하게 자원을 사용하는 사람 말이다. 이러한 단기적 전략은 자신이 사는 사회뿐만 아니라 어느 정도 시간이 지나면 결국 자기 자신에게도 치명적 결과를 초래한다.

300년 전 네덜란드의 철학자 버나드 맨더빌Bernard Mandeville이 지적했듯 인간이 개인적 욕망, 즉 사리사욕을 추구하는 성향은 종으로서 인류가 성공하는 데 필수 요소로 작용한다.[8] 인간은 타인보다 더 뛰어나고자 하는 동기로 서로 경쟁하기에 사회를 개선하기 위한 복잡한 방법들도 훌륭하게 고안해 낼 수 있다. 하지만 문제는 사리사욕을 추구하는 성향이 성공이라는 이름 아래 타인을 속이고 착취해서 타인에게 해를 입힐 때 발생한다.

이 오래된 문제를 극복하는 첫걸음은 인간 본성에 기만과 착취가 깊이 뿌리박혀 있다는 사실을 인정하는 것이다. 그러한 성향은 인간에게만 국한되지 않고 모든 유기체에 적용된다는 점, 특히 암이라는 병에서 잘 드러난다는 점을 인지해야 한다. 이제 앞으로 나아갈 전략을 설계하기 위해 과거를 돌아보아야 한다. 우리 조상들이 가장 기본적 형태의 이기심을 어떻게 극복했는지 살펴보아야 한다.

인간 협력의 짧은 역사

친족

디지털 모델을 이용한 연구든, 살아 있는 실제 인간을 대상으로 한 연구든 많은 연구가 인간이 낯선 사람과 협력할 준비가 된 존재임을 보여준다. 스코틀랜드의 계몽주의 경제학자 애덤 스미스Adam Smith가 200여 년 전 글로 남겼듯 인간은 자신의 삶을 개선하기 위한 목적으로만 행동하지 않는다.[9]

초기에는 생물학에서 상호 부조라 부르는 협력의 진화를 평가하기 위해 수학적 모델을 사용했다. 이 모델에 따르면 인간은 친족 관계가 아니거나 앞으로 다시는 볼 일이 없는 사람을 반드시 도울 필요가 없다. 이는 윌리엄 해밀턴과 로버트 액설로드Robert Axelord의 연구에 그 뿌리를 두고 있다. 친족과 호혜성을 연구했던 생물학자 로버트 트리버스Robert Trivers 역시 과거 60년간 이루어진 생물학 연구는 협력에 관한 것이었다고 정의했다.[10]

해밀턴과 트리버스의 연구는 생물학적 관점에서 협력이 어떻게 당연한 일이 되었는지를 각각 '혈연 선택론'과 '호혜적 이타주의'로 정의하며 지금까지도 그 이해의 틀이 되어주고 있다. 혈연 선택론은 인간이 유전적 조상을 공유하는 사람을 우선으로 돕는다는 가설을 토대로 한다. 나는 유전자의 50퍼센트를 공유하는 나의 형제를 12.5퍼센트를 공유하는 사촌보다 선호해야 한다는 의미다. 옥스퍼드대학교 이론생물학 교수 앨런 그래편Alan Grafen은 친족 관계가 반드시 절대적 요인은 아니며, 주어진 인구에서 상대적인 유전자 공유가 어느 정도인지 살펴보아야 한다고 말하기도 했다. 다시 말해 해당 집단에서 모든 구성원과 나의 유전적 관계가 6퍼센트 정도라면 나는 그들보다 유전적 관계가 12.5퍼센트인 사촌을 더 선호하게 된다.[11]

혈연 선택론은 유기체들이 자신의 포괄 적합도를 최적화하기 위해 행동한다는 가정 아래 작동한다. 이때 '포괄 적합도'란 주어진 인구에서 동일 유전자를 가진 개체의 비율이 얼마나 되는지를 따지는 개념으로, 한 개체가 직접 남긴 자손뿐만 아니라 그와 가까운 친척이 남긴 자손까지 합쳐 자신의 유전자가 후대에 전달되도록 한다는 의미도 내포한다. 기본적으로 생물학자들은 집단 내 개체들이 외부인보다 나 자신을 우선해 행동한다고 말한다. 형제가 서로 돕고, 서로의 자녀들도 도울수록 그들의 유전자가 후대에 발견될 가능성이 더 높아진다. 따라서 식량이나 번식 기회 등 한정적인 자원을 다른 사람들과 나눌 수 있는 상황이더라도 (다윈의 논리에 따르면) 나의 가족과 나누는 것이 옳다.

해밀턴은 이를 하나의 방정식으로 표현했는데, '해밀턴의 법칙'이라고 불리는 이 공식은 다음과 같다.

이익 × 근친도 > 비용

이때 '이익'과 '비용'은 적어도 잠재적으로 성공적인 번식에 영향을 미칠 수 있는 자원에 해당한다. 만약 내가 사냥꾼인데, 큰 사슴 한 마리를 잡았다고 해보자. 이 경우 고기를 나누어 받는 사람과의 근친도를 적용해 계산한 이익이 나누는 비용보다 클 경우에만 고기를 나누어준다는 결론이 도출된다. 만약 내가 사슴을 잡을 때마다 조금씩 나누어준다면 자녀 한 명이 덜 태어난다고 가정해 보자. 진화생물학에서 자녀의 수는 성공의 유일한 척도이므로 결국 정량화할 수 있는 나의 유전적 성공은 줄어들었다고 할 수 있다. 이미 세 명의 자녀가 있다고 한다면 나의 유전적 성공률은 25퍼센트가 감소하는 셈이다.

하지만 내가 유전적 성공률이 감소함에도 사냥을 잘 못하는 형제에게 고기를 나누어준다고 해보자. 그래서 원래라면 그 형제가 낳지 못했을 자녀를 세 명 더 낳게 된다면 어떨까? 나는 형제의 자녀들과 평균 25퍼센트의 유전자를 공유하기에 내가 자녀를 한 명 더 낳는 것보다 형제가 자녀를 세 명 더 낳음으로써 더 높은 비율로 나의 유전자를 다음 세대에 전할 수 있게 된다.

쉽게 말해 유전적으로 세 명의 조카가 한 명의 자녀보다 더 큰 가치를 가진다는 뜻이다. 저명한 생물학자 J. B. S. 홀데인J. B. S. Haldane이 (술집에서 농담으로 한 이야기인 것이 분명해 보이지만) 두 명의 형제를 위해 목숨을 바치는 것이나 여덟 명의 사촌을 위해 목숨을 바치는 것이나 그 결과가 같다고 말한 이유다.

홀데인의 농담은 차치하더라도 해밀턴이 말한 혈연 선택이 현대 진화생물학의 기초를 이루는 데 얼마나 중요한 개념인지는 아무리 강조해도 지나치지 않다. 이 개념은 인간 외 다른 종에서의 협력에서도 대부분 발견되는 규칙이다. 하지만 인간은 이 규칙이 적용되는 양상이 다른 종과는 다르다. 당신도 예상했듯 훨씬 더 복잡한 양상을 띤다.

호혜성

다른 동물과 달리 인간은 보통 자기 친족만 돕지는 않는다. 인간은 전혀 알지 못하는 타인도 돕는다. 해밀턴이 《이론생물학 저널The Journal of Theoretical Biology》에 포괄 적합도에 관한 논문을 발표하고 몇 년 뒤 로버트 트리버스가 「호혜적 이타주의의 진화The Evolution of Reciprocal Altruism」라는 논문을 발표했다.[12]

트리버스는 논문에서 서로 호혜적으로 돕는 사람들이 어려움이 닥쳤을 때 생존에 더 유리할 것이라고 추측했다. 어떤 이유에서든 내가 밀 농사를 망쳐 밀이 부족해지면 과거에 내가 도와주었던 누군가가 나를 도와줄 가능성이 더 크다. 상호 이익이 되는 관계는 이러한 방식으로 형성된다. 서로 다른 시기에 굶주림을 겪는 두 사람이 있다면 누가 식량이 필요하고, 누가 식량이 남는지에 따라 서로의 필요를 충족시켜 줄 수 있다. 이는 바로 마사이족 같은 사회 집단에서 발견되는 위험 분산 관계의 기초가 된다. 해밀턴의 법칙처럼 호혜의 논리 역시 복잡하지 않다. 하지만 그 효과가 미치는 범위는 매우 넓다. 서로 도울 수 있고, 누가 나를 도왔는지 기억하는 사람은 자연 도태라는 게임에서 전적으로 자기 자신에만 의존해 혼자 힘으로 헤쳐나가는 사람에 비해 엄청나게 유리한 위치에 있다.

인간 협력의 원동력으로 호혜적 이타주의가 널리 받아들여지는 것과 관계없이 흡혈박쥐의 혈액 공유, 영장류의 털 손질 등 몇몇 주목할 만한 예외를 제외하면 비인간 세계에서 대부분의 상호 부조는 혈연관계에서 이루어진다. 경쟁 게임에서 어떻게 성공할 수 있을지 다양한 전략을 시뮬레이션하는 컴퓨터 모델은 상호 호혜성이 사회적 관계에서 중요한 힘이라는 사실을 보여준다. 생물학자들 사이에서 인기 있는 경제학 게임인 '죄수의 딜레마'가 좋은 예다.

우리는 서로 배신하지 않는다.	너는 나를 배신하지만, 나는 그렇지 않다.
나는 너를 배신하지만, 너는 그렇지 않다.	우리는 서로 배신한다.

표 1 기본적인 '죄수의 딜레마'에서 도출할 수 있는 결과들.

죄수의 딜레마는 경찰이 하나의 범죄를 두고 두 명의 공범을 체포한 상황을 배경으로 한다. 경찰은 TV 드라마에 흔히 등장하는 아주 고전적인 방법, 두 공범을 분리한 상태에서 서로 배신하도록 각각 설득하는 전략을 사용한다. A에게 B를 배신하면 감형될 수 있다고 말하고, B에게도 같은 말을 해 궁극적으로 둘 다 배신하도록 설득하는 방식이다(표 1 참조).

어떤 경우든 공범들은 형을 받게 되어 있다. 서로를 배신하지 않는다면 3년 형을 받지만, 서로가 서로에 대한 정보를 말하면 5년 형을 받는다. 하지만 공범 중 한 명만 정보를 말하고, 나머지 한 명이 상대를 배신하지 않으면 상황이 복잡해진다. 이 경우 배신자는 1개월 형을 받지만, 약속을 지킨 '호구'는 10년 동안 감옥에서 썩을 수도 있다. 초기 연구에서는 상대를 배신한 사람이 내시 균형을 이루는 사람이라는 설득력 있는 주장을 내어놓았다. '내시 균형'이란 게임이론을 만든 경제학자 존 내시John Nash의 이름을 딴 개념으로, 모든 참가자가 자신의 전략을 바꾸어도 이득이 없는 상태를 말하며 수학적으로 예측 가능한 최선의 전략이다. 즉 타인과 상호 배신을 하면 누군가 호구가 되는 가능성이 사라지는 것이다.

죄수의 딜레마에서 두 공범의 결정에 따라 조합되는 시나리오와 형량은 두 공범의 관계에 문제가 생긴다는 점을 제외하면 대체로 중요하지 않다. 진화론적 관점으로 보면 상대가 협력적이더라도 내가 그를 속이는 편이 낫다는 사실이 더 중요하다. 그러나 아이러니하게도 인생을 살다 보면 내가 협력할 때 상대도 내게 보답해 줄 것이라고 반드시 믿어야 하는 순간이 매우 많다. 앞서 언급한 밀 농사 이야기를 돌이켜 보자. 생물학적 관점에서 볼 때 내가 밀이 필요하면 받고, 내게 밀이 있어도 상대에게 주지 않는 편이 훨씬 이득이다.

이러한 단순한 논리에도 중요한 결과가 도출된다는 점 때문에 죄수의 딜레마에 관한 논문은 '트롤리 문제(달리는 트롤리를 그대로 두면 다섯 명이 죽지만, 방향을 바꾸면 한 명만 죽는 상황)'만큼이나 발표 건수가 많다. 그중에서 몇몇 연구는 눈여겨볼 만하다.

예를 들어 1980년대 해밀턴과 액설로드가 진행한 연구는 다양한 관점에서 죄수의 딜레마를 살펴본 최초의 연구였다. 두 학자가 공동으로 집필한 논문 「협력의 진화The Evolution of Cooperation」에서는 여러 분야의 사람들을 대상으로 그들이 타인과의 경쟁 전략을 어떻게 수립하는지 알아보았다.[13] 엔지니어들이 언제 배신하고, 언제 협력해야 하는지 결정하는 복잡한 알고리듬을 작성했고, 계산식에 확률적 요소도 적용했다.

해밀턴과 액설로드가 컴퓨터 모델을 통해 시뮬레이션해 다양한 전략의 상대적 성공도를 비교한 결과 한 심리학자가 세운 단순한 전략이 다른 전략들보다 더 잘 작동했다. 그것은 바로 '눈에는 눈, 이에는 이'라는 맞대응 전략이었다. 알고리듬은 먼저 첫 번째 상호 작용을 할 때는 협력하고, 그 후에는 상대가 마지막으로 취한 전략에 맞추어 행동하는 식으로 시뮬레이션했다. 만약 맞대응 전략을 펼치는 C가 D를 만났는데 D가 배신한다면 C는 다음에 D를 만났을 때 배신을 선택하게 된다. 시간이 흐를수록 세대를 거친 진화에서 맞대응이 가장 성공적인 전략임이 확인되었다.

맞대응 전략의 유일한 한계점은 똑같은 사람을 한 번 이상 만날 확률이 매우 높아야 한다는 것이다. 여기에서 죄수의 딜레마가 가진 중요한 요소가 무엇인지 알 수 있다. 협력의 확률은 동일한 사람을 다시 만날 가능성과 함께 상승한다는 점이다. 이는 많은 사람이 공감하는 부분이기도 한데, 식량을 나누어달라고 부탁하는 사람을 다시 만날 일이 없다면 굳이 나눔을 베풀 이유가 없다는 의미다.

평판

포괄 적합도 이론과 호혜적 이타주의가 고려하지 못하는 한 가지 중요한 인간 본성의 요소가 있다. 인간은 자기 가족이나 지인만 돕는 것이 아니라는 사실이다. 실증 연구에서도 밝혀졌듯 인간은 인간이라는 이유만으로 결코 다시 만날 일 없는 타인을 도울 수 있고, 실제로 돕기도 한다. 이러한 이타주의적 행동을, 해밀턴과 트리버스가 그린 생물학적으로 이기적인 세계에서는 어떻게 설명할 수 있을까?

호모 사피엔스의 독특하고 복잡한 특성인 지능을 논하지 않고서는 이 질문의 답을 찾을 수 없다. 인간과 비인간 영장류의 지능이 가진 다양한 측면을 연구했던 로빈 던바Robin Dunbar는 사회적 복잡성 대신 신경생리학적 요소를 측정하는 척도를 고안했다. 그가 발표한 논문 중 하나는 영장류 대뇌의 평균 신피질 크기는 집단으로 함께 사는 개체 수와 대응한다는 사실을 보여주었다.[14]

체구가 가장 크면서 체구 대비 가장 큰 신피질(신피질 크기의 절댓값이 아니라 전체 뇌의 크기나 체중 등을 통제한 값 - 옮긴이)을 가진 동물은 놀랍게도 인간이었고, 예측되는 사회적 접촉은 약 149회였다. 신기하게도 이 숫자는 민족지학 연구에도 대응한다. 인류학에서 '던바의 수'로 불리는 '150(앞서 예측 결과는 149였지만 150으로 통용된다)'은 전 세계 수렵 채집 사회의 평균 신피질 크기와 비슷하다. 인간은 특정 생애 단계에서 대략 150명 정도와 사회적 접촉을 통해 반복적으로 상호 작용하며, 또 그러한 경향이 있는 것으로 조사되었다. 150명 규모라면 잠재적으로 죄수가 겪는 딜레마를 해결하고, 공범끼리 협력을 유지할 수 있는 수치다.

하지만 인간은 산업화 사회와 산업화 이전의 사회에서 살며 자신이 속한 사회 집단 밖에 존재하는 많은 타인과 교류할 가능성이 높다. 인간은 여전히 문화 전반에 걸쳐 온갖 형태의 관계를 맺으며 살고, 함께 사슴을 사냥하든, 기술 스타트업을 세우든 잘 알지 못하는 사람들과 신뢰를 형성할 필요가 있다.

이것이 바로 대규모로 발전해 나가는 사회가 가진 근본적 문제다. 스쳐 지나는 사회적 관계 속에 나를 착취하는 사람이 있을 가능성이 존재한다면 기본적으로 누군가 나를 착취할 것이라고 전제해야 한다. 아무런 맥락이 없는 상황에서 도움이 필요할 때 타인이 나를 도와줄 것이라고 믿을 이유가 없다. 그렇다면 인간은 어떻게 150명의 인간과 파트너십을 맺으며 사는 것일까?

이 질문의 답 역시 지능이다. 인간 진화 역사의 어떤 시점부터 인간은 단순히 직접 경험을 통해서 상대를 판단하지 않고, 그 상대가 타인을 어떻게 다루는지 관찰해서 판단하기 시작했다. 이것이 인간 사회에서 발견되는 '평판 중심적 사고'의 토대가 되었다. 현대 생물학을 윤리학과 결부시키는 데 일조한 생물학자 리처드 알렉산더Richard Alexander가 저서 『도덕적 체계의 생물학The Biology of Moral Systems』에서 평판 중심적 사고에 대해 명시적으로 논한 이래로 사회적 평판을 의식한 사고방식에 대해서 광범위한 논의가 진행되었다.

맞대응 전략의 직접적 호혜성과 마찬가지로 평판 중심적 사고 역시 단순하다. 타인을 잘 대해주는 사람이 있다면 그 사람을 잘 대해주라는 것이다. 간접적 호혜성으로 알려진 이 개념은 수학과 컴퓨터를 활용한 시뮬레이션으로 광범위한 모델링 작업을 통해[15] 배신자들에 대항하는 진화 전략으로서 놀라운 힘을 지니고 있다는 사실이 확인되었다. 간접적 호혜성을 토대로 인간은 다음 단계의 복잡성으로 나아갈 수 있었다. 바로 '언어', 더 구체적으로 말하자면 '소문'이라는 인간 사회의 복잡성 말이다.

21세기를 사는 많은 사람이 알고 있듯 타인이 나에 대한 정보를 어떻게 전달하는지는 내가 사회적으로 어떤 취급을 받을지에 직접적 영향을 미친다. 오늘날 우리는 타인에 대해 이야기할 때 겉모습에만 치중하지만, 사실 평판은 언어를 통한 사회적 상호 작용으로 형성된다. 그리고 이 메커니즘은 10만 년 전이나 지금이나 다를 바가 없다.[16]

2015년 치과 의사였던 월터 팔머Walter Palmer는 짐바브웨 국립 공원의 인기 사자였던 세실을 불법적으로 사냥했다. 이 사건으로 팔머가 전 세계에서 엄청난 비난을 받게 된 이유를 진화론적으로 설명하자면 수렵 채집 사회에서 공정하게 배분받은 식량보다 더 많이 가져가려는 사람이 배척당하는 이유와 같다. 오늘날에는 의사소통 수단이라는 인간이 가진 무기가 단지 과거에 비해 기술적으로 더 정교해졌을 뿐 여전히 누군가 잘못된 일을 저질렀다고 생각하면 그 사람에 대한 소문을 퍼뜨려 처벌해야 할 필요를 느낀다는 점은 같다.

던바의 수는 '사회적 뇌 가설'이라는 더 큰 연구 분야에 속한 개념이다. 인간의 협력을 논할 때 사람들은 던바의 수와 함께 협력의 필요성이 인간 지능의 진화를 이끌었다고 본다. 서로 협력할 필요를 느낀 인간들이 소통을 위한 수단으로 언어를 만들었기 때문이다.[17] 인간은 가장 빠르거나 힘이 센 동물은 아니지만, 사냥과 채집을 위해 그리고 더 나은 도구를 만들기 위해 효과적으로 소통한다. 성경에 등장하는 바벨탑 이야기를 보면 인간이 천국에 오르기 위한 탑을 건설하려고 하자 신은 인간의 언어를 바꾸어 서로 소통하지 못하게 한다. 협력의 필수 도구가 사라지자 바벨탑 건축 계획은 결국 실패한다. 이처럼 소통을 방해하면 협력이 어려 워질뿐더러 타인에 대해 이야기하는 것마저 불가능해진다. 서로 모르는 사람들을 한 집단으로 모으더라도 말을 하지 못하게 하면 그들은 협력하지 못한다. 누구와 협력하는 것이 가장 최선인지도 알 수 없다.

누군가가 "'무엇을 하느냐'가 아니라 '어떻게 하느냐'가 중요 하다"라는 지긋지긋한 조언을 한다면 그 사람에게 이렇게 말하 라. '당신이 무엇을 하느냐'가 아니라 '당신, 혹은 타인이 그것을 어떻게 이야기하느냐'가 중요하다고. 우리는 언어를 통해서 그리 고 언어를 활용해 내리는 판단을 통해서 상대를 바라본다. 이러한 인간의 특성은 지금까지 알려진 그 어떤 세계보다 더 복잡하고 사회적인 세계를 건설할 수 있도록 했고, 사회적으로 전달된 타인 의 정보에 의존하도록 했다. 이러한 메커니즘을 통해 인간 사회 는 또 다른 중요한 협력의 규칙을 형성했다. 좋은 평판을 가진 사 람들을 잘 대해주고, 타인에게 당신의 험담을 할 사람들은 속이지 말라는 규칙이다.[18]

신호

언어의 등장으로 사냥, 도구 제작 등을 위해 인간의 조직화 방 식이 바뀌었고, 서로에 대한 정보를 나누는 방식도 바뀌었다. 이 러한 시스템이 다른 동물들의 소통 시스템과 정도의 차이가 있을 뿐 결국 같은 종류라고 주장하는 사람들도 있다. 현실 세계에 존재하는 모든 사회적 관계에는 신호가 넘쳐나기 때문이다. 언어는 단지 특별히 정교해진 신호일 뿐이고, 인간의 의도를 보여주거나 숨기는 데 도움을 주는 시스템일 뿐이라는 것이 그들의 주장이다.

　유기체들이 신호를 통해 정보를 전달하는 방식에 관한 연구는 실로 방대하다. 조류 중에는 가슴에 '지위 표식'이라 불리는 색깔 무늬를 가진 새들이 있다. 이는 기생충에 대한 저항력 등 해당 개체가 가지고 있는 숨은 특성을 드러내는 것이다.[19] 연구자들이 이러한 신호를 인위적으로 조정하면 때때로 사회적 위계도 바뀐다. 한 동물학 연구팀이 새의 지위 표식에 색을 칠했더니 우세한 개체로 대우받던 새가 하위 개체와 같은 취급을 받는 사례도 있었다.[20]

　하지만 신호를 수동으로 조작하는 것이 이렇게 쉽다면 생물학적으로 낮은 사회적 지위를 가진 동물들은 왜 지위 표식을 모방하는 털을 기르지 않는 것일까?

　이 질문에 대한 답은 동족 내에서 높이 평가받는 자질을 의미하는 신호에는 큰 대가가 따르기 때문이라는 데서 찾을 수 있다. 여기서 '큰 대가'란 에너지, 자원 등 특정 종류의 비용이 아니라 맥락에 따라 그 정의가 달라진다. 새의 화려한 무늬나 꼬리, 사슴의 큰 뿔 등은 그 개체의 뛰어난 자질, 능력, 상태 등을 나타내는 신호이지만 포식자의 눈에 띄기 쉬우므로 그 대가가 크다. 이처럼 대가가 따르는 자질은 일반 개체가 모방하기 어렵다. 숨겨진 특성이 무엇이든 간에 애초에 그 특성을 가지지 못한 개체는 효과적으로 신호를 모방할 수 없다. 이는 1970년대 생물학자 아모츠 자하비~Amotz Zahavi~가 주장한 '핸디캡 원리'다.[21] 약 20년간 잊혔던 핸디캡 원리는 1990년대 개발된 한 수학적 모델에 의해 재발견되며 정당성이 입증되었다.[22] 이 원리의 개념은 간단하다. 높이 평가받는 자질을 지녔다는 신호는 시각, 청각, 후각, 촉각으로 감지할 수 없는 무언가를 나타내기 때문이다. 그래서 진화를 통해 모방하기에는 대가가 크다.

　일부 조류에서는 기생충에 대한 저항력이 숨겨진 특성에 해당하는데, 자연 세계에서 이를 나타내는, 대가가 큰 신호를 어렵지 않게 찾을 수 있다. 일례로 수컷 붉은사슴은 울음소리로 잠재적 경쟁자와 암컷에게 자신의 덩치와 무게 정보를 전달한다.[23] 덩치가 큰 수컷의 울음소리는 덩치가 작은 수컷과는 다른 음향적 특징이 있다. 작은 수컷이 후두를 뒤로 당겨 큰 수컷의 울음소리를 따라 하려 해도 생리적 한계가 있다. 다시 말해 붉은사슴은 후두를 얼마나 뒤로 당기는지에 따라 울음소리가 달라지며, 그 한계에 다다른 작은 수컷의 울음소리는 큰 수컷의 울음소리와 확연히 구분된다. 이러한 차이는 덩치가 큰 수컷에게 성공적 번식의 확률이 더 높다는 것과 직결된다. 그러므로 덩치가 작은 수컷은 덩치가 큰 수컷의 울음소리를 모방하기 위해 굳이 몸집을 크게 불리려고 노력하지 않는다. 사실 노력의 대가를 치르더라도 덩치를 키우는 일은 불가능하다. 아마 어렸을 때 충분한 영양분을 공급받지 못했거나 하는 이유가 있었을 것이다.

　이 외에도 정말 많은 사례가 존재한다. 아마 같은 종에서든, 서로 다른 종 사이에서든 유기체 간에 상호 작용이 있다면 어디서든 큰 대가를 요구하는 신호를 발견할 수 있을 것이다.[24] 인간의 경우 수백만 년 동안 정보의 상호 전달 방식에 쌓인 진화의 과정에서 모든 소통 방식이 탄생했다. 예를 들어 행복, 슬픔 등 감정을 나타내는 가장 단순한 방법인 표정조차 우리는 숨기기 어렵다. 상대의 표정을 보면 그 사람의 감정이 진실인지 아닌지 알 수 있다.

인간의 언어를 이야기하다가 왜 갑자기 이러한 이야기들을 늘어놓는지 이해하기 어려울 것이다. 내가 말하고자 하는 바는 인간이 자신이나 타인에 대해 너무도 쉽게 거짓말한다는 것이다. 물론 인간은 매일 신호를 사용해 타인을 판단하지, 단순히 그들이 말하는 단어만으로 판단하지는 않는다. 산책하거나 커피를 살 때 당신 주변의 사람들을 둘러보라. 옆에 지나가는 사람이 마음에 들거나 마음에 들지 않을 때 당신은 의식적으로 계산하지 않아도 여러 작은 신호를 사용해 상대를 판단한다. 그 사람이 입은 옷, 걸음걸이, 억양, 태도 등이 모두 신호에 해당한다. 신호를 효과적으로 수신하는 능력은 인간이 진화에 성공하는 토대가 되었다. 우리는 신호를 기준으로 상대를 판단하고, 그들과 거래할지 결정하지만, 그 신호 중 다수는 단번에 감지하기가 거의 불가능하다.

과거와 현재의 인간이 그러했듯 누군가 사냥에 협조적인 파트너, 전쟁터에서의 좋은 전우, 믿을 수 있는 친구가 되겠다고 거짓말한다면 우리는 그 말이 거짓인지 아닌지 감지하는 능력을 갖추고 있어야 한다. 하지만 기만적 언행의 감지에 관한 연구들을 보면 엇갈린 결과가 도출되고는 한다. 예를 들어 인간이 거짓말을 감지하는 확률은 두 번 중 한 번, 혹은 세 번 중 두 번 정도다.[25] 거짓말을 완벽하게 알아차린다고는 말할 수 없는 수준이다. 그러나 시간이 지나면 인간은 뻔한 거짓말을 하는 사람들을 걸러내는 능력을 갖추게 되고, 협력적 태도를 지닌 사람과 함께할 확률을 최대화한다. 다른 동물들과 마찬가지로 인간에게도 신호 전달의 대가가 여전히 존재하지만, 인간의 대가에는 타인을 속이려다 걸리면 처벌과 배척이 따른다는 가능성이 반영되어 있다.

사회라는 시장

앞서 설명한 혈연, 호혜성, 평판, 언어라는 모든 요인을 조합해 보면 인간이 왜 그리고 어떻게 타인, 심지어는 전혀 알지 못하는 타인과도 협력하는지 설명할 수 있다. 수십 년 전 생물학자 메리 제인 웨스트에버하드Mary Jane West-Eberhard는 '사회적 선택'이라는 개념에 이 각각의 요인을 담아냈다.[25]

자연적·성적·혈연적 선택은 각각 생존, 번식, 유전적 친족을 돕는 과정을 통한 생물 진화를 설명한다. 이 세 가지가 함께 작용해 한 개체의 포괄 적합도, 즉 유전적 성공이 극대화된다. 하지만 사회적 선택 역시 거래, 사냥, 짝짓기 등 협력과 신뢰가 필요한 행동을 바탕으로 사는 집단의 핵심이다.

이해를 돕기 위해 시장을 구경하는 사람을 떠올려 보자. 이때 시장은 일반적인 물건을 사고파는 평범한 시장이 아니라 사냥에 협력할 파트너를 찾기 위한 시장이다. 판매대에 놓인 사람들은 사냥 파트너를 찾는 사람에게 자기가 얼마나 괜찮은 파트너인지 알리려고 노력한다. 좀 더 신중하게 표현하자면 '신호를 보낸다'.

사냥 파트너를 찾는 사람이 지나가면 판매대의 사람들은 자신의 뛰어난 사냥 기술이나 사냥감을 잡았을 때 얼마나 이타적으로 나누는지 큰 소리로 외친다. 그들이 보여주는 신호에 따라 판매대 위 사람들에 대한 판단도 달라지지만, 그들이 소리 높여 어필하는 내용 역시 결정에 영향을 미친다. 사냥 파트너를 찾는 사람은 그들이 얼마나 믿음직한 사람인지 알고 싶어 한다.

이것이 바로 생물학적 시장 이론이다.[27] 인간에게는 자신이 협력이나 짝짓기에 좋은 파트너라고 알리고자 하는 동기가 있다. 이러한 자기 홍보는 인간 집단을 구성하는 데 중요한 요소다. 사회적으로 말하면 인간은 앞서 언급한 협력 진화의 모든 핵심 요인을 고려해 함께하기에 가장 좋을 것 같은 사람을 선택한다. '나와 친족 관계인가?', '내가 그들을 이타적으로 대하면 그들도 나를 이타적으로 대할 것인가?', '다른 사람들이 그들에 대해 좋게 이야기하는가?' 이 각각의 질문이 마케팅 게임의 일환이다. 언어는 인간이 자신은 좋게, 타인은 나쁘게 묘사하는 것을 가능하게 한다. 이를 통해 인간은 다윈이 말했던 '생명 게임'에서 이득을 보고 우위를 점했는지도 모른다.

가장 다정한 개체의 생존

모든 내용을 종합하면 인간 협력의 짧은 역사는 한 폭의 아름다운 그림과 닮았다. 모든 동물에게 자연스레 나타나는 착취와 경쟁적 성향에도 언어라는 도구의 진화 덕분에 인간은 믿을 수 있는 사람과 그렇지 않은 사람을 구분할 수 있게 된 그림 말이다. 협조적인 면을 보이지 않는 사람, 거짓된 신호로 속이려는 사람은 벌하고 배척하는 능력 덕분에 인간은 다른 어떤 생명체에게서도 찾을 수 없는 특별한 상황을 만들어냈다. 즉 인간은 자신을 스스로 길들였다. 인간은 가장 성격 좋은 개를 의도적으로 선택했던 것처럼 가장 협력적인 사람을 선택해 왔다.

진화학계의 많은 학자가 '가장 다정한 개체의 생존'이라고 명명한 이 주장은 인간 협력의 모든 근본적 요소를 하나로 묶는다.[28] 진화인류학자 리처드 랭엄은 인간은 협박받을 때 발생하는 감정이나 반응을 토대로 공격적으로 행동하는 반응적 공격성을 줄이는 방향으로 진화했다고 보았다. 혈연, 호혜성, 평판 등에 의존해 협력 집단을 형성하게 한 사회적 복잡성 덕분에 호모 사피엔스는 진화의 역사에서 대대로 전해 내려온 지배층의 폭정에 맞서 단결할 수 있었다.[29]

이러한 관점에서 보면 강압적 지배층은 진화의 역사에서 우위를 점하지 않았고, 오히려 약체인 개인들의 연합이 더 우세했다. 지난 100만여 년에 걸쳐 무기를 가진 인류가 진화하며 도구뿐만 아니라 사회적·언어적 정교함을 통해 공격적인 알파들을 권좌에서 끌어내렸다. 그렇게 시간이 지날수록 인류는 더 친절하고 협력적 존재가 되었다. 언어를 사용해 지속적으로 협력할 파트너를 찾고, 자신과 타인의 포괄 적합도를 극대화하려는 존재 말이다. 이로써 인간의 도덕성에 대한 초창기 개념은 다윈의 진화론에 뿌리를 두고 있다고 할 수 있다.

문화의 진화가 생물의 진화와 유사한 과정으로 이루어진다는 일부 학자들의 주장은 위의 주장을 한층 더 확장했다. 그들은 협력적 인간이 모인 집단이 결합력이 낮은 집단을 경쟁에서 이겼다고 주장한다. '사회적 집단 선택'이라 알려진 이 과정을 통해 협동, 협력, 결합이 개인적 수준의 이기주의보다 우선시되는 문화가 성공할 수 있었다.[30] 무임승차를 방지하기 위한 궁극적 수단으로 처벌을 사용하면서 인간 집단은 오랜 시간에 걸쳐 내부 결합과 협력이 최선이라는 가르침을 전파했다. 사회적 집단 선택은 집단 내 협력을 권장하고 촉진하는 규범이 내면화되었음을 의미한다. 그렇다면 인간 역사라는 서사에서 주적은 집단 내부의 전복이나 착취가 아니라 집단 수준의 경쟁인 것이다.

값싼 미덕의 함정

이러한 장밋빛 관점에서는 집단의 처벌 과정이 미치는 영향이 간과된다. 인간이 함께 살면서 협력할 때 잘 지내는 경향이 있다는 사실은 부정할 수 없다. 협력한다고 해서 자기 이익에 반反하는 행동인 것은 아니다. 여기에서 자기 이익은 이기심과는 다르다. 이기심은 타인에게 피해를 주면서까지 자기 이익을 챙기는 태도다. 인간은 위험을 분산시키고, 도움이 필요한 사람과 자원을 나눈다. 독재 국가에 사는 사람들은 다르겠지만, 적어도 다수의 민주주의 체제에서는 행동을 통제하는 공격적 지도자가 존재하지 않는다. 그러나 누구나 정치적으로 목소리를 낼 수 있는 곳에서도 협력을 뒷받침하는 메커니즘은 다양한 방식으로 착취될 수 있고, 또 지금도 착취당하고 있다.

예를 들어 현대 사회에는 혈연 선택으로 협력이라는 시스템이 방해받는 상황을 의미하는 '족벌주의'라는 단어가 존재한다. 정치인이나 산업계의 영향력 있는 인물이 자신의 가족을 우선시해 그들의 이익을 타인의 이익보다 앞세우는 경우를 본다면 이제 우리는 인간의 진화 과정에서 친족을 돕도록 각인된 동기가 있기 때문에 그렇게 행동한다는 것을 안다. 대신 그들이 받은 특혜를 간과하지 않고, 불공평한 혜택을 받았다고 지적한다.

만약 협력의 이유가 배신자로 처벌받을 가능성을 낮추기 위해서거나 나중에 협력이라는 시스템에서 배제될 가능성을 줄이기 위해서라면 그러한 가능성이 크지 않은 상황에서는 배신자가 될 가능성이 높은 것은 아닐까? 사람들 사이에 힘의 차이가 있을 때 이러한 패턴들이 발견되지 않았던가. 법이 허용하는 수준 안에서 고용주가 직원을 함부로 대한다면 그 직원은 고용주가 처벌받게 할 수 있을까? 부유한 국가에서 자국민을 학대한다고 가난한 국가가 이를 처벌할 수 있을까? 앞선 두 질문에 대한 답은 모두 '아니요'다.

2023년 소셜 미디어 트위터를 인수한 테슬라의 CEO이자 세계 최고의 부자인 일론 머스크Elon Musk는 미국 연방정부의 보조금을 받아 자기가 소유한 벤처 기업들에 자금을 댔다. 막대한 부에 대해 세금을 내야 하는 상황이 벌어지자 머스크는 불만을 토로했다. 미국의 비영리 인터넷 언론인 《프로퍼블리카ProPublica》[31]에 따르면 머스크는 2018년 연방 소득세를 단 한 푼도 내지 않았다. 미국은 머스크와 협력했지만, 머스크는 죄수의 딜레마에서처럼 미국을 배신했다. 물론 실제 현실 세계에서 일어난 머스크의 사례가 죄수의 딜레마에서 본 가상의 시나리오를 정확하게 재현하지는 않지만, 어느 정도는 비슷한 상황이다.

더 넓게 보면 인간이 자기 이익을 위해 거짓으로 협력적 신호를 보낼 수 있고, 또 보내고 있다는 일반적인 증거들이 상당히 존재한다. 자신의 도덕적 성향을 과시해 타인이 나를 더 좋게 평가하도록 하는 '미덕의 과시'가 한 예다. 2022년 초 러시아가 우크라이나를 침공했을 때 전 세계 곳곳의 아트 센터들은 러시아 오페라 공연을 취소했고, 미국 기반의 거대 스트리밍 서비스 기업인 넷플릭스에서는 레프 톨스토이Lev Tolstoy의 『안나 카레니나』를 원작으로 제작 중이던 러시아 배경의 현대물 시리즈 제작을 중단했다.[32] 물론 19세기 러시아 예술 작품들의 수출을 보이콧한다고 해서 우크라이나의 승리에 어떻게 도움이 되는지는 확실하지 않다. 러시아 예술 작품들에서 종종 발견되는 반독재주의 관련 주제들을 고려하면 우크라이나를 지지한다는 명목으로 아무런 비용이 들지 않는 신호만 보내는 행동은 결국 우크라이나가 아니라 신호를 보낸 당사자들의 평판을 높이기 위한 것은 아닌지 생각해 볼 필요가 있다.

아일랜드, 스페인, 영국을 기반한 한 연구팀은 사람들이 선행을 하겠다고 미덕을 과시한 뒤 과연 그 신호가 실제 행동으로 이어질 가능성이 얼마나 되는지 조사했다. 그 결과 타인의 칭찬을 받기 위해 자선 단체에 기부할 의향이 있음을 떠벌리고 다닌 사람들이 실제로 기부할 가능성은 낮았다.[33] 핸디캡 원리, 즉 아모츠 자하비의 신호 이론을 적용해 말하자면 비용을 치르면서까지 신호의 진실성을 보이려고 노력할 가능성은 낮다는 의미다.

실제로 들이는 비용 없이 미덕을 과시하는 행동은 오히려 지지하고자 했던 사회 운동을 약화시킬 수 있다. 예를 들어 누군가 소셜 미디어에서 미국의 정치적 만행에 반대하는 움직임을 보고 분노를 느껴 그 운동을 지지하는 목소리를 내는 인물이 되었다가 다른 문제에 더 흥미를 느껴 돌아서 버리면 그 모습을 본 다른 사람들은 미국의 정치적 만행이라는 문제를 더 이상 심각하게 받아들이기 어렵게 된다.[34] 사회적 움직임에 참여한 유명인들이 사실은 자기 홍보에만 관심 있었던 것이 알려지면 그 사회 운동은 더이상 힘을 받기 어렵다. 자신이 뱉은 말을 끝까지 지켜내는 태도는 자기 자신뿐만 아니라 자신이 지지하고 믿는 사회 운동을 위해서도 중요한 일이다.

하지만 근본적인 문제는 협력을 악용해 착취에 성공하는 사람이 그렇지 않은 사람보다 결국 더 잘된다는 사실이다. 만약 내가 협력 관계를 배신하거나 앞으로 꾸준히 협력할 사람들 몰래 가족의 이익을 우선시한다면 나 또한 그들보다 더 이득을 보지 않겠는가.

이것은 '기회의 문제'다. 만약 타인을 속일 기회가 주어진다면 다수는 그 기회를 활용할 것이다. 그리고 그러한 기회를 잡았다고

그들을 벌하거나 애초에 기회를 사용하지 못하게 막을 방법도 거의 없을 가능성이 높다.[35]

언어라는 은신처

　미덕의 과시는 많은 시간을 들여 고민하고, 때로는 알아차리지도 못했던 중요한 질문 한 가지를 던진다. '과연 자신이 지지하는 대의에 정말로 헌신하는 사람은 누구일까?' 2019년 《뉴욕 타임스》의 한 기사에서는 미덕을 과시하는 사람 중 진실한 사람과 그렇지 않은 사람이 누구인지 구별해 낼 수 없고, 어쩌면 구별하지 말아야 할지도 모른다고 주장했다.[36] 일부 현대 인류학자들의 말을 빌리자면 우리는 누가 '진실한 운동가'인지 늘 가려내고 싶어 하지만 항상, 혹은 자주 그러지 못한다.

　실제로 어떤 사람들은 필수적이지 않아도 중요한 인간 행동 중의 하나로서 대의에 헌신한다고 믿는 사람들을 모방하는 것을 주장한다. 도덕적 대의에 헌신한다고 여겨지는 사람들에게 사회적 평판이 뒤따르는 것을 보면서 '이 사람들을 모방하면 나도 좋은 평판을 얻을 수 있지 않을까' 하고 기대하기 때문이다. 원칙을 따르며 지조 있는 사람처럼 보인다는 것은 좋은 일이다. 심지어 지조 있고 올바르게 보이는 사람은 자신이 지키던 원칙에서 벗어나는 경우가 있어도 자신의 행동은 여전히 자기가 믿는(다고 생각

하는) 신조를 따르고 있는 것이라고 설득하는 데 유리하다는 연구
결과도 있다.[37]

　상대의 의도를 파악하는 문제는 곧 누구를 믿을지 선택하는
근거가 된다. 타인의 의도를 파악해 내는 특성은 인간을 다른 종
과 차별화하는 중요한 부분이기도 하다. 개가 이빨을 드러내면서
공격할 의도를 보인다면 우리는 개가 실제로 공격하는지를 보고
그 신호의 진실성을 확인할 수 있다. 하지만 인간의 경우 상대가
보내는 신호가 공수표인지 구별하기 훨씬 더 어렵다. 인간은 거짓
으로 의도를 전할 수 있다. 그리고 개개인이 지닌 선입견이 상대
를 믿을지 말지 결정하는 데 영향을 미친다. 기회의 문제와 맞물
려 이러한 '의도의 문제'가 있기 때문에 누가 상대를 진짜 돕고 싶
어 하는지, 아니면 속이고 싶어도 기회가 없어 돕는 척하고 있는
지 구별하는 작업을 단순히 컴퓨터 모델에만 의존해서는 안 된다.

　가장 단순하게 해석하면 사회 규범은 무임승차와 착취를 막
는 규칙들의 집합이다. 하지만 대다수가 적발되지 않는 한에서만
그 규칙들을 따르고 있는 것이라고 누가 단정해서 우리에게 알려
수 있을까?

　언어와 호혜성이 없었다면 협력은 지금처럼 복잡하거나 널리
퍼지지 않았을 것이다. 사회적 뇌 가설은 지능의 진화에 협력이
얼마나 중요했는지 잘 설명한다. 인간은 가장 협력적인 종이기에
가장 지능적이다. 그리고 가장 지능적이기에 가장 협력적이기도
하다. 이러한 특성들로 인간은 인간보다 덜 지능적이었던 일부 영
장류들이 맞은 운명을 피할 수 있었다. 공공연하게 이기적인 행동

을 하는 지배층의 자비를 바라며 사는 운명 말이다. 인간이 자신을 스스로 길들였다는 가설에 따르면 인간이 단순히 반응적 공격성을 줄이는 방향으로 진화한 것은 아니다. 의도적인 것은 아니었지만 인간은 이기적 의도를 가장 잘 숨기고, 공격적 성향을 가장 효과적으로 계획할 수 있는 개체들을 선택했다. 다시 말해 '주도적 공격성'이라 불리는 성향을 키우며 진화한 것이다.[38] 우리에게 위로가 되던 그 유명한 가장 다정한 개체의 생존이 전적으로 옳지만은 않다. 오히려 때로는 다정하지만 때로는 아닌, 그러한 기회주의자들이 생존에 성공했다.

사회적 뇌 가설에는 또 다른 요소가 존재한다. 1970년대 니콜라스 험프리Nicholas Humphrey가 마키아벨리적 지능이라는 용어를 제시했던 논문에 따르면 영장류가 진화한 사회적 환경은 (찰스 다윈의 진화론적 관점에서) 이익이 되는 방향으로 집단을 가장 잘 이끌 능력을 갖춘 개체를 선택해 왔다고 한다.[39] 협력과 집단생활이 개인 능력 향상에 크게 이바지했듯 개인 또한 더 나은 파트너와 유리한 위치의 연합을 얻기 위해 집단 내에서 움직여야 했다.

보이지 않는 경쟁은 한층 더 복잡하다. 인간이 협력을 위해 그리고 고대 사회에 만연했던 역겹고도 잔혹한 지도자들을 축출하기 위해 효과적으로 언어를 사용하도록 진화했듯 지금 우리는 이익이 되는 기회를 창출하기 위해 언어를 사용할 수 있고, 또 사용하고 있다. 댄 프라이스 등 여러 사례와 현대 이론이 이를 증명한다. 인간은 언어를 사용해 마음속 계획이 안 보이게 유지한다.

인간은 다른 유기체보다 더 오래 협력할 수 있다. 하지만 곧 경쟁, 착취, 혹은 강압할 방법을 떠올리고, 그 방법을 실현하기 위해 거의 항상 언어에 의존한다. 앞서 소개했던 침팬지들인 벨과 머큐리가 혼자 먹이를 차지하기 위해 떠올렸던 속임수들은 인간이 언어적으로 소통하며 먹이를 숨길 때 사용하는 전략들에 비하면 새 발의 피다. 인간은 신뢰를 얻고, 타인에게 칭찬을 받고, 기업을 세우는 등 협력적 모험을 통해 이익을 창출하지만 결국에는 협력을 중단할 기회를 만들기 위해 전략을 세우고 있다. 이것이 바로 보이지 않는 경쟁이다. 보이지 않는 경쟁이 주는 최악의 효과는 종종 사회에서 보이지 않는 경쟁을 가장 잘하는 사람에게 보상과 혜택이 돌아간다는 것이다.

초협력 사회의 초경쟁자들

인간 진화라는 광범위한 분야의 많은 연구자가 인간은 초사회적인 독특한 종, 즉 '초협력자super-cooperator'라고 말한다. 인간은 복잡한 사회와 풍부한 문화를 형성했다. 전 세계 각국에 있는 관습과 관행을 생각해 보라. 현대 인류 이전에 존재했던 복잡한 문화들의 고고학적 증거들을 떠올려 보라. 지난 수천 년의 시간만 보아도 인간은 경이로운 수준의 고대 사회를 이룩했고, 수억 명의 사람들을 하나로 잇는 광범위한 영향력의 종교를 창설했고, 혼자서는 만들 수 없었을 복잡한 기술들을 발명했다. 고도의 협력 없이는 해낼 수 없는 일들이었다. 인간의 문명이 (아직은) 붕괴하지 않았다는 사실은 협력 사회가 지속될 수 있다는 증거가 된다.

초협력이 인간 본성의 기본 속성 중 하나이기는 하지만, 그것은 전체 그림의 절반에만 해당하는 이야기다. 인간 중 가장 영리한 부류에 속하는 사람들은 자신의 이익을 위해 협력적 관행을 악용할 능력을 갖추고 있다. 플라톤의 『국가론』에서 글라우콘이 기게스의 반지 이야기로 예견했듯 말이다. 인간에게 언어는 기게스의 반지와 같다. 영리한 사람들은 사회에 발각되지 않고도 착취적 행위를 하기에 우리는 그들이 누구인지 알 수 없다. 1532년 니콜로 마키아벨리는 "당신의 겉모습은 모든 사람이 볼 수 있지만, 당신의 진정한 모습은 소수만이 안다"라고 말하기도 했다.

보이지 않는 경쟁은 기회와 의도의 문제를 모두 초래한다. 사회의 보이지 않는 경쟁자들은 자신이 필요할 때만 규칙을 따르는 지능적인 착취자들이다. 그들은 사회에서 성공할 때까지, 혹은 암세포가 숙주를 파괴하는 것처럼 사회를 무너뜨릴 때까지 거짓으로 위장한다.

정치, 종교, 사회, 산업 등 모든 시스템은 착취에 취약하고, 인간은 항상 착취할 궁리를 한다. 암세포와 바이러스가 생존하고 증식하기 위해 인간의 신체를 장악해 가는 것과 유사하다. 이러한 질병을 정복했다고 생각하는 순간, 그것들은 우리가 예상하지 못한 새로운 형태로 재발한다. 보이지 않는 경쟁자들은 이러한 질병과 같다. 그들의 전략이 너무도 교묘하거나 인성이 교활하기에 우리 사회에서 제거하기가 어렵다.

이러한 착취자들을 폭로하기 위해 사용하는 도구들마저도 착취에 노출되어 있다. 정치인들끼리 도덕성을 서로 과시한다고 비난하거나 사익 추구를 위해 선의의 정치 운동을 악용한다고 비난하는 모습을 보라. 지난 1000년 동안 종교적 힘을 가진 사람들이 자신과 가족의 부를 증식하기 위해 자신의 영향력을 이용한 사례가 얼마나 많았는지 생각해 보라. 현대의 많은 지도자 중 특정 산업을 육성해 주는 대가로 천문학적 액수의 돈을 수수해 비난받은 사람이 얼마나 많은지도 떠올려 보라. 대부분 이러한 사람들은 이미 권력을 쥐고 있다. 그들이 어떤 사람들인지 너무 늦게 파악했기 때문에 그들을 향한 불만을 토로해 보았자 이미 늦은 경우가 많았다.

규범, 법률, 의례 등 사회적 장벽들은 기회주의적 착취자들에게 그들이 할 수 없는 일이 무엇인지 알려주는 지침 역할을 하며, 한편으로는 동시에 그들이 자신의 이익을 위해 체제를 전복할 새로운 방법을 고안하도록 만든다. 이는 세포 수준에서 인간 사회에 이르기까지 생물계 전반에 걸쳐 통용되는 진리다. 유일한 차이점이 있다면 착취자가 처한 환경이 각각 다르다는 것이다. 암세포가 인간 신체의 방어 체계를 악용하고, 침팬지가 먹이 위치를 숨기기 위해 다른 개체를 속이고, 일부 영리한 사람들이 자신이 속한 공동체의 법과 규범을 전복하는 것 모두 궁극적으로는 동일한 진화 원칙의 산물이다. 착취당할 만한 여지가 있는 시스템이라면 착취가 일어난다는 원칙 말이다.

이것이 바로 앞으로 이 책에서 기준으로 삼을 핵심 관점이다.

이 관점을 통해 우리는 거의 모든 사회적 행동을 더 잘 이해할 수 있게 될 것이다. 인간은 모두 초협력자이자 초경쟁자다. 하지만 항상 착취가 승리한다는 의미는 아니다. 그렇기에 우리는 비판적 시각으로 인간의 행동을 바라보아야 한다. 나아가 착취와 맞서기 위해 더 많은 것을 해야 한다.

4장

자본주의자들의 사회

착취는 언제 어디에서나 계속된다

1925년 프랑스의 사회학자 마르셀 모스Marcel Mauss는 저서 『증여론』에서 서로 선물을 주고받는 인간의 보편적 관습이 전 세계 여러 문화권에서 인간관계의 발전에 어떤 영향을 미쳤는지 탐구했다. 마오리족은 선물을 둘러싼 호혜성에 특별한 의미를 부여했다. 마오리족에게 선물은 단순히 사람들 간에 전달되는 물건이 아니다. 누구에게 전달되든 선물이 지닌 영적인 힘이 계속 유지된다. 모스는 마오리족에게 들은 설명을 덧붙였다.

당신이 '타옹가taonga(특정 물건)'를 가지고 있다고 가정해 보자. 당신은 그것을 아무 대가 없이 내게 주고, 나는 그것을 다시 다른 사람에게 준다. 내가 타옹가를 준 사람은 내게 '우투utu(대가)'로 다른 타옹가를 선물한다. 그러면 내가 그에게 받은 또 다른 타옹가에는 애초에 당신이 내게 주었고, 또 내가 다른 사람에게 주었던 타옹가의 영靈인 '하우hau'가 담겨 있다. 당신에게 받은 타옹가 덕분에 나중에 내가 받게 된 타옹가도 결국 당신에게 돌아간다. 받은 타옹가를 내가 독차지하면 나는 아프거나 심지어 죽음에 이르게 될 수도 있다. (……) 그것이 바로 타옹가의 하우다.[1]

위 설명에서 또 다른 선물은 물건에 딸린 영적인 힘이라고 볼 수 있다. 이 힘을 통해 선물을 주거나 받은 선물에 대한 보답이 이루어진다. 마오리족은 선물을 받고 보답하지 않은 사람은 그 힘으로 인해 죽음을 맞는다고 믿었다.

생물학에서는 비친족 간 협력이 호혜성을 바탕으로 이루어진다고 설명한다. 특히 학계 문헌에서는 '이분법적으로' 나눈 그룹에 각각 속한 두 개인 사이의 협력이 호혜적 관계를 토대로 한다고 말한다. 이러한 이분법적 관계는 아메바부터 인간을 포함해 문화를 가진 동물들까지 다양한 영역에서 확인할 수 있으며, 이분법적 관계의 호혜성은 각 생명체가 사는 사회적·생태학적 환경에 따라 발현된다. 인간의 경우 의례, 규범, 문화라는 모호한 틀 아래에서 다양한 모습으로 나타난다.

아이러니하게도 인간 문화의 다양한 역사는 그 중심이 되었던 협력의 보편적 원칙에 의존한다. 하지만 사회에는 호혜성, 증여, 협력에 관한 규범이 공통으로 존재하고, 그러한 규범이 없어지면 신뢰가 무너지고 문화도 생존할 수 없게 된다. 규범은 인간이 타인을 어떻게 대해야 하는지 규정한다. 만약 규범이 세대를 거쳐 전달·발전되지 않는다면 인간은 자연 세계의 다른 존재들과 구분되는 사회적 특성을 잃게 될 것이다.

협력에 있어 규범이 얼마나 중요한지는 다음의 간단한 문장으로 확인할 수 있다.

당신이 대접받고 싶은 대로 타인을 대하라.[2]

이는 흔히 '황금률'이라 불리는 법칙으로, 영국의 철학자 데릭 파핏Derek Parfit은 전 세계 주요 문화에서 이 같은 법칙이 적힌 문헌들을 찾을 수 있다고 말했다. 그 문화 중 일부는 상호 교류나 접촉이 없을 수도 있는 문화들이다. 황금률은 사회의 여러 윤리적 틀의 근본적인 개념이다. 따라서 호혜성이 협력의 토대를 형성한다는 진화론적 관점과도 거의 일치하는 것은 결코 우연이 아니다.[3]

사람들이 황금률을 자신의 언어로 어떻게 해석하는지는 인간의 다양한 역사 속에서 결정되는데, 그 결정에는 인간의 문화가 반영되며 그 문화를 통해 규범도 발전했다. 2세기도 훨씬 전에 철학자 데이비드 흄은 지역적 윤리 규범을 두 갈래의 강에 비유했다. 흄은 론강과 라인강이 발원지인 산이 아니라 강물이 흐르는 땅의 영향을 받아 각 특징을 형성했다고 말했다.[4]

좀 더 넓게 보면 윤리와 관련된 인간 규범 중 다수가 그러하듯 황금률 역시 론강과 라인강 비유와 비슷하다. 황금률의 발원지가 되는 산은 찰스 다윈과 그의 제자들이 발견한 불변의 원칙이고, 그 근원을 뿌리로 한 여러 다른 형태의 규칙이 나타났다. 인간의 규범은 바로 그 근원에서 출발한다.[5]

증여를 둘러싼 의례, 신념, 규범 등은 전 세계 어디에서나 그 불변의 원칙이 지역마다 발현된 결과에 불과하다. 일상을 지배하는 규칙을 낳은 것은 바로 인간의 문화와 그 문화의 진화 과정이다. 그리고 모든 생물에게 중요한 것, 즉 자본을 극대화하는 방법을 제공한 것도 역시 문화다.

가장 높은 곳에서부터

정치적 조직이 경제 활동을 지배한다는 주장에 관심 있는 사람들에게 '자본'이라는 단어는 익숙할 것이다. 라틴어로 '머리'를 뜻하는 'caput'에서 유래한 'capital(자본)'이라는 단어는 2000여 년이라는 오랜 역사 속에서 다른 부위보다 위에 있는 신체 부위, 권력을 부여하거나 권력을 담고 있는 무언가를 통제하는 것을 의미하는 데 사용되었다. 특히 중세 영어에서 'capital'은 '가장 높은 곳'을 의미하며, 소의 마릿수를 셀 때도 사용되었다. 당시 소는 부의 또 다른 중요한 형태였기 때문이다.

'경제학의 아버지'라고 불리는 18세기의 경제학자 애덤 스미스는 '인간의 자산 중 수익을 가져다줄 것으로 기대하는 부분'이라며 자본을 좀 더 폭넓게 정의해 말했다.[6] 오늘날 많은 사람이 자본이라는 단어를 한 개인이 통제하는 자원을 지칭하는 용도로 사용한다. 이때 자원에는 집, 주식, 그림, 현금 등 다양한 형태의 자산이 해당된다. 자본주의를 좀 더 넓게 보면 자원을 극대화하려는 목적에 의해 정의되는 체제다. 이러한 체제에서 모든 사람이 자신의 이익을 위해 부를 극대화하려는 한, 평균적으로 모든 사람은 더 잘살게 될 가능성이 높다.

전통적으로 자본주의는 사회주의의 대안적 경제 체제, 혹은 사회주의와 정반대되는 체제로 여겨져 왔다. 사회주의는 한 사회의 구성원들 간에 자원을 창출하고 배분하는 방식에 초점을 맞춘 체제로, 마르크스적 사고의 핵심이다. 하지만 여기서 흥미로운 점은 겉으로 사회주의를 주창하는 그 어느 국가에서도 사실상 자원의 재분배가 일어나지 않는다는 점이다. 나아가 16세기 네덜란드의 사상가 데시데리우스 에라스무스Desiderius Erasmus는 이미 『우신예찬』에서 어떤 정치 체제도 인간의 탐욕, 즉 어리석음의 신神인 플루투스를 극복할 수 없다고 주장했다.[7]

인류학에서 자본의 개념은 경제학에서보다 넓다. 일반적으로 자본은 주로 경제적 부의 형태를 지칭하는 데 사용되고는 하지만, 민족지학자들은 문화마다 자본의 형태가 그 중요도와 측정 방식에서 어떻게 다른지 자주 보여준다. 인류학자들에게 자본이 세대를 거쳐 전승되는지 여부와 그 방식은 불평등과 착취를 이해하는 핵심이다. 앞서 언급한 내용들과 인간의 다양한 역사를 고려해 보면 에라스무스의 주장을 이해할 수 있을지 모른다. 그리고 보이지 않는 경쟁을 통해 일부 사람들이 사회 시스템을 착취해 자본의 극대화를 추구한 방식도 이해할 수 있을 것이다.

자원 자본

자본이라고 하면 대부분은 '자원 자본'을 떠올린다. 한 개인이 소유하거나 통제하는 부, 혹은 부를 가져올 잠재적 가치가 있는 것이 바로 자원 자본이다. 보통 대다수 서구 민주주의 국가에서 자원 자본은 당신이 가진 돈과 통제하는 자산을 의미하며, 이에 대해서는 일반적으로 이견이 없다. 반면 마르크스주의자들은 부의 축적을 가능하게 하는 돈을 지칭할 때만 자본이라는 단어를 사용한다. 이때 부를 축적하려면 '잉여'가 필요하다. 즉 사람이 생존하는 데 필요한 것보다 더 많은 부와 자원이 순환되어야 하며, 이에 따라 생산 수단에 대한 통제도 허용된다. 자원 자본을 가진 사람들은 일할 수 있는 신체 외에 아무것도 팔 것이 없는 사람들을 지배하게 된다.

이렇게 자원을 통제하는 종은 비단 인간뿐만이 아니다. 갈색지빠귀 등 고운 소리로 우는 명금류를 포함해 일부 조류는 짝짓기 철이 되면 자신의 영역을 맹렬하게 통제한다.[8] 수컷의 아름다운 울음소리는 암컷을 유혹할 수도, 영역을 침범하는 다른 수컷에게 자신의 공격성을 전달할 수도 있다. 수컷은 자신의 영역을 방어하기 위해 다른 수컷이 가지지 못한 자원에 대해 통제권을 가진다. 또한 도토리딱따구리와 같은 새들은 부모에게서 영역을 물려받음으로써 불평등을 가중한다. 도토리딱따구리 수컷 한 마리가 소유한 영역의 4분의 1은 부모에게서 물려받은 영역이다.[9]

이러한 자원의 통제는 수컷의 짝짓기 및 성공적인 번식과 연결될 뿐만 아니라 넓게는 그 수컷이 속한 집단의 짝짓기 패턴에도 영향을 미친다. 예를 들어 수컷 한 마리가 넓은 영역, 혹은 자원이 풍부한 영역을 공격적으로 통제한다면 그 수컷은 여러 마리의 암컷과 교미한 후 각 암컷에게서 얻은 새끼들에게 해당 영역의 먹이를 제공할 수 있다. 이미 교미를 마쳤지만 넓은 영역을 소유한 수컷1과 아직 짝을 찾지 못했지만 수컷1만큼 충분한 먹이를 제공해 주지는 못하는 수컷2가 있다면 암컷들은 수컷1을 택한다. 이것을 생태학에서는 '일부다처 임계점'이라고 부른다. 즉 자원 공급 측면에서 후손에게 더 나은 결과를 제공할 수 있다면 암컷은 교미를 마친 수컷일지라도 다시 선택하는 것이다.[10]

　　일부다처 임계점이 처음 공식화되었을 때는 조류에만 적용되었지만, 지금은 암수를 구별해 번식하며 자원 자본이 중요하게 작용하는 모든 종에게로 확장되었다. 사실상 자원 자본은 항상 종의 생존에 필수적인 문제인 것이다. 2006년 할리우드 배우 스칼릿 조핸슨Scarlett Johansson이 "인간이 본성적으로는 일부일처제에 적합하다고 생각하지 않는다"라고 발언했을 때 아마 자원의 통제라는 요인은 고려하지 않았을 것이다.[11] 자원이 비교적 평등하다면 일부일처제는 적합한 시스템이다. 이미 짝이 있는 파트너를 만나 관계를 맺는다고 해서 얻을 수 있는 것이 아무것도 없으니 말이다. 일부다처제나 (양성 모두에게 해당하는) 다자결혼제는 부의 불평등이 심화되어 많은 자원을 가진 사람들에게만 생식 기회가 쏠리는 수준에 도달했을 때만 유효한 시스템이다.

　　오늘날 미국 등의 국가에서 이러한 만남과 연애의 패턴이 관찰된다. 특히 상속받은 자본 자원에 극단적으로 의존하는 현실을 고려하면 일부 사람들은 이미 일부다처 임계점에 도달했다고 거의 확신한다(이 경우에 일부다처는 혼인이 아니라 만남과 연애를 의미한다. 물론 결혼한 사람들이 배우자가 아닌 다른 사람을 만나는 경우도 포함한다).

현대 사회에서 억만장자들의 등장과 그들의 표면적 이타주의는 그들이 일부다처 임계점에 도달했음을 보여주는 좋은 예다. 또한 이러한 현실이 보이지 않는 경쟁이 활발히 이루어지고 있음을 보여준다고 생각한다. 지난 수년간 세계 최고의 부유층 중 일부는 자신의 자본 중 상당한 액수를 자선 사업을 위해 쓰겠다고 약속해 왔다. 2022년 세계 최대 전자상거래 기업인 아마존의 창업주 제프 베이조스Jeff Bezos는 죽기 전에 자신의 재산 대부분을 기부하겠다고 말한 바 있다. 암호화폐 파생상품 거래소인 FTX의 전 CEO(그는 여러 혐의로 유죄 판결을 받았다) 샘 뱅크먼프리드Sam Bankman-Fried나 일론 머스크 등 다른 부자들도 '효율적 이타주의' 같은 뉴에이지 성격의 자선 운동을 지지한다고 선언했다.[12]

그러나 진화론적 관점에서 이러한 선언은 유의미한 비용을 수반하지 않는다. 앞서 나왔던 신호 이론에서는 비용이 반드시 경제적 비용만을 지칭할 필요는 없으며, 오히려 개인의 유전적 성공에 미치는 영향을 의미한다고 말한다. 이는 심지어 오늘날 인간생물학에서도 통용되는 개념이다.

생물학자들은 어떤 행동이 비용을 감수하는지를 기준으로 이타주의를 정의한다.[13] 진화생물학에 따르면 만약 내가 많은 돈을 기부해서 정작 자녀들을 돌볼 돈이 없는 지경에 이른다면 나는 이타적인 사람이다. 하지만 길거리 노숙자에게 주머니 속 남은 잔

돈을 주고, 그 금액이 무시해도 될 만할 정도로 적다면 '이타적'이라는 표현은 적절하지 않다.

현대 사회에서 부는 다음과 같은 영향을 미친다. 중산층은 스스로 재정적으로 안정되었다고 느낄 때까지 아이를 갖지 않는다. 찰스 다윈은 『인간의 유래』에서 합리적 인간이라면 경제적 안정을 이루고 난 뒤 아이를 가져야 한다고 주장했다.[14] 지난 수십 년간의 진화론 연구들도 이를 지지하고 있으며, 일부 사람들은 집값과 육아 비용의 상승이 출산율에 영향을 미친다고 주장했다. 영국에 기반을 둔 자선 단체인 프레그넌트 덴 스크루드의 데이터에 따르면 첫 아이를 갖게 된 영국의 부모 중 거의 3분의 1은 육아 비용이 너무 많이 드는 데다 점점 더 상승하고 있기 때문에 둘째를 가질 수 없다고 말했다.[15]

따라서 무언가를 주는 행위가 이타적인지는 상대적이다. 기업 변호사가 느끼는 100파운드와 인도 뭄바이의 슬럼가에 사는 사람이 느끼는 100파운드의 가치는 다르다. 당연히 억만장자가 느끼는 100파운드의 가치도 다르다.

이러한 거짓된 이타주의의 어두운 면은 부유층이 고소득 사회에서 더 많은 자녀를 낳을 수 있는 여력이 바로 자원 자본 덕분이라는 것이다. 몇몇 유명 억만장자의 경우 자녀의 수가 아홉 명이 넘는 경우도 있다. 심지어 머스크 등 일부 인물들은 자신의 '뛰어난 유전자'를 전 세계에 퍼뜨리는 것이 자신의 의무라고 믿고 있음이 분명해 보인다.[16]

과거 사회적 권력을 쥐었던 군 지도자가 생식적 성공률이 높았던 것처럼 머스크는 자신이 가진 자원 자본을 바탕으로 여러 여성을 통해 유전자를 퍼뜨리고자 한다. 인구 유전자 데이터에 따르면 오늘날 전 세계 남성의 무려 0.5퍼센트 정도가 13세기 정복자 칭기즈 칸의 직계 후손일 가능성이 있다고 한다. 물론 현대의 억만장자들은 몽골의 전사들을 거느리는 대신 자원 자본을 보유하고 있다.[17] 현대 억만장자들의 자녀 수는 800년 전 군사 지도자가 뽐내던 자녀 수보다 덜 극단적인 수준일 테지만, 높은 비율로 미래 세대에는 지금의 억만장자들이 자신의 조상이었다고 말할 수 있는 사람들이 많을 가능성이 커 보인다.

세계 최고의 부유층 다수가 죽기 전에 대부분의 재산을 기부하겠다는 '기빙 플레지Giving Pledge' 운동에 동참했음에도 그중 생물학적 이타주의의 대가를 치른 사람은 거의 없다. 자원 자본과 세대 간 자원 자본의 전달은 생식적 불평등이라고 해석할 수 있다. 그럼에도 부유층과 그들을 위해 일하는 사람들은 효과적인 언어 사용으로 자신의 이득을 위해서 사회를 착취하면서도 여전히 좋은 이미지를 유지하고 있다. 다시 말해 다른 구성원들에게 '보이지 않는 상태'로 남아 있다.

사회적 자본

흔히 이타주의, 때로는 '심리적 이타주의'라고 불리는 개념에는 또 다른 기능이 있다. 심리적 이타주의는 선한 의도가 특징이지만, 자원 자본을 가진 사람 중 다수는 자신의 이득을 위해 심리적 이타주의를 악용한다. 잘만 이용하면 부와 함께 사회적 지위의 상승도 교환할 수 있기 때문이다. 인류학과 생물학에서 논하는 모든 것과 마찬가지로 이러한 교환의 결과는 맥락적이다. 미국 HBO의 대표 코미디 드라마 〈커브 유어 엔수지애즘Curb Your Enthusiasm〉의 명장면을 예로 들어보자. 주인공인 래리 데이비드는 한 자선 행사에 참석한다. 비영리 단체에 기부한 덕분에 건물 일정 구역에 '래리 데이비드 기부'라는 현수막이 붙어 있었고, 이를 본 래리는 상당히 만족해한다. 건물의 다른 구역에 '익명 기부'라는 현수막이 붙은 것을 보기 전까지는.

"내가 마치 인정받기 위해서 기부한 것처럼 보이잖아."

이 드라마의 팬들이라면 극 중 그의 전성기를 떠올리게 할 만한 특유의 말투로 래리가 말한다.

"훌륭한 익명의 기부자와는 다르게 말이야."

극 중 익명의 기부를 했던 인물은 배우 테드 댄슨이었다. 테드는 공개적으로 드러내지 않고도 자신의 이타심으로 사람들의 주목을 받으면서 자신의 기부를 더 효과적으로 활용했다. 물론 래리의 기부도 칭찬받아 마땅하지만, 테드와 비교하면 초라해 보였다. 애초에 래리가 기부를 하며 기대했던 사회적 지위의 상승도 이루지 못했다.

경제적·인류학적 관점에서 보면 래리와 테드는 '사회적 자본'을 두고 경쟁하고 있다. 사회적 자본은 토지나 가축 등 가시적인 자산을 일컫는 자원 자본보다 더 모호한 개념이다. 그러나 인간 행동의 많은 부분을 이끄는 원동력으로, 자원 자본보다 한 개인의 생계와 수명을 결정하는 데 더 중요한 역할을 하기도 한다.

생물학적 시장에서 사회적 자본은 사회적 도태를 결정짓는 요인이다. 수학 및 컴퓨터 모델뿐만 아니라 실험실의 연구 결과들에서도 일관적으로 보이듯 사회적 지위가 높은 개체가 과제를 수행할 협력적 파트너로 선택될 가능성이 높다.[18] 인간은 파트너십을 맺을 상대를 고를 때 거의 항상 상대의 평판을 고려한다. 누군가의 평판이 나빠지면 관계가 파국을 맞는 경우도 많다.

2023년 아디다스는 미국의 래퍼 예Ye(칸예 웨스트Kanye West)와 맺었던 파트너십 계약을 철회했다. 그 이유로 예가 소셜 미디어에 남긴 반유대주의적 댓글과 비유 때문이었다는 추측이 있는데, 아디다스는 아마도 잠재적 자원 자본을 (적어도) 일시적으로 포기하더라도 기업의 사회적 자본을 유지하고자 이 같은 계산된 결정을 내렸을 것이다.[19]

사회적 평판은 유명인뿐만 아니라 모두에게 중요하다. 인간의 사회적 자본은 넓은 의미에서 보면 타인이 나에 대해 어떻게 생각하는지를 포함한 내가 가진 관계적 부에 해당한다. 이때 관계적 부는 나의 영향력, 자원, 나와 연결된 사람들의 지위를 의미한다. 자원의 저장과 상속이 지금처럼 흔하지 않았던 산업화 이전 사회에서 사회적 자본의 전달은 자녀의 성공을 보장하기 위한 핵심 요인이었다.

문화인류학자 폴리 위스너Polly Wiessner는 보츠와나의 !쿵족 중부시맨 부족 어린이들이 부모에게 토지 소유권뿐만 아니라 재화의 교환을 위한 협력적 파트너도 같이 물려받는다고 말했다.[20] 인도네시아 라말레라 마을의 수렵 채집 집단에서는 어린이들이 아버지에게 재산과 지위를 함께 물려받는다는 증거도 있다.[21] 마사이족 사회의 오소투아는 전반적으로 구성원들의 이익을 위해 작동되지만, 자원을 공동으로 활용하는 모든 관계가 마사이족의 오소투아처럼 모두에게 유익하다고 가정하는 것은 타당하지 않다. 분명 집단 내에서 다른 사람들에 비해 기여도가 낮은 사람이 존재할 것이다. 그럼에도 처벌을 피할 수 있다고 생각하는 그 사람들은 항상 무임승차를 하려 할 것이다.

친족이 지닌 사회적 지위 역시 이익을 가져다줄 수 있다. 중국 서부에서는 불교 신자들이 아들을 절에 보내는 경우가 많다. 승려는 성관계나 결혼이 허용되지 않기에 절에 보내진 아들은 사실상 성공적인 번식이 차단된 것이나 다름없다. 하지만 연구 결과에 따르면 아들을 절로 보내는 관습이 부모의 유전적 성공에는 해를 입히지 않는다고 한다. 승려를 아들로 둔 부모는 평균적으로 다른 부모에 비해 손주의 수가 더 많았다. 생물학적으로 아들을 승려로 만드는 행동은 '적응적'이라고 할 수 있다.[22]

진화론자 리처드 알렉산더는 사회의 규모나 고도화 수준과는 관계없이 여러 사회에 걸쳐 유사한 패턴이 존재한다고 주장했다. 예를 들어 전우를 위해 목숨을 바쳤다는 전쟁 영웅과 친척 관계라는 것을 증명하기 위해 많은 시간과 (흥미롭게도) 많은 돈을 쓰는 사람이 여러 사회에서 발견되었다. 돈이든, 목숨이든 무언가 포기한다는 것은 사회적 자본을 위한 투자로 해석할 수 있으며, 이는 자기 가족에게 더 큰 관계적 부를 남겨주는 행동이다.[23]

사회적 자본은 관계망이나 평판일 수도 있고, 작위처럼 세습

되는 지위, 혹은 카스트 제도처럼 문화적으로 정의된 집단일 수
도 있다. 인간은 모르는 사람을 만나면 의도적이든 아니든 이러한
특성들에 대한 신호를 감지해 사회적 결정을 내리기 위한 정보
를 획득하고자 한다. 예를 들어 누군가의 억양을 들으면 그 사람
의 사회적 정체성을 알 수 있다. 영국에서 실시된 한 연구에 따르
면 억양은 직업적 성공에 핵심 원동력이라는 결과가 반복적으로
드러났다. 영국 상류층 억양을 지닌 사람들이 특권층 출신이 아님
을 유추할 수 있는 음성 패턴을 지닌 사람보다 경쟁력 있는 직업
을 구할 확률이 높은 것으로 조사되었다.[24] 심지어 억양은 범죄 사
건 수사에도 활용되며, 나의 동료 프랜시스 놀란Francis Nolan 같은
음성학자들이 과학수사에 참여하기도 한다. 예를 들어 누군가 전
화로 범죄를 저지르겠다는 협박을 받은 경우, 수화기 너머 전화를
건 사람이 누구인지 밝히는 데 음성학자들이 기여한다.[25]

오늘날 사회 전반에 걸쳐서도 사회적 자본의 존재를 확인할
수 있다. 미국의 대통령 도널드 트럼프Donald Trump는 정치 경험이
전혀 없는 사위 재러드 쿠슈너Jared Kushner를 위해 백악관에 자리
를 하나 마련해 주었다. 트럼프는 대통령이라는 지위가 지니는 사
회적 자본을 활용해 이득을 취한 것이다. 2022년쯤부터 주요 매
체들은 부모의 사회적 자본으로 이득을 취하는 유명인들을 지칭
해 '네포 베이비nepo baby'라고 부르기 시작했다. 금수저를 가지고
태어났다는 사람들의 명단은 아주 길고, 때로는 놀랍기까지 하다.
그리고 이제 부모의 연줄 없이는 성공할 수 없겠다는 기분까지
들게 한다.[26]

이러한 문제는 예전부터 존재했다. 족벌주의를 의미하는 '네포티즘nepotism'은 누군가에게는 혜택이지만, 누군가에게는 장애물이다. 또한 인간 진화의 역사에서 사회적 자본이 얼마나 중요한지를 엿볼 수 있는 개념이다. 인간은 가족, 혹은 다른 연줄을 활용해 자신의 생계를 나아지게 하고, 이를 통해 얻거나 물려받은 사회적 자본을 자원 자본으로 변환한다. 겉으로 익명의 기부를 하든 아니든, 부유층이 얼마나 많이 기부하든 관계없이 사회적 자본의 상속과 네포티즘 문제는 사라지지 않을 것으로 보인다.

체화 자본

인류학자들과 생태학자들이 집중하는 자본의 마지막 유형은 '체화 자본'이다. 이는 신체에 국한된 개념이지만, 실제로는 신체가 주변 환경과 어떻게 상호 작용을 할지 결정하는 기준이 된다. 이 자본은 유기체가 유성 생식을 하든, 통제할 수 있는 자원에 의존하든 관계없이 모든 종에 걸쳐 발견되는 유일한 자본이다. 유기체가 번식할 수 있을 만큼 충분히 오래 생존할 수 있는지는 유기체의 신체가 주변 환경과 얼마나 잘 상호 작용을 하는지에 따라 결정된다.

이는 인간, 침팬지, 트리케라톱스, 균류 등 모두에 적용된다. 체화 자본은 유기체가 생존하고 천적을 피하는 데 필요한 자원을 얻도록 한다. 그에 더해 사자같이 유성 생식을 하는 포유류는 체화 자본이 개별 개체의 성공적인 번식 여부를 결정하기도 한다.

다윈은 『인간의 유래』에서 사회적 도태의 특수한 하위 유형인 '성적 도태'에 많은 페이지를 할애해 가며 논의했다. 인간을 포함한 모든 동물은 번식을 위해 상대를 유혹할 필요가 있고, 이성이 호감을 느낄 만한 자질을 겉으로 드러내야 한다. 이는 종마다 다르고, 인간 간에도 다르며, 문화 간에도 차이가 있지만, 패턴은 항상 '번식하지 않는다면 생존만으로는 아무 의미가 없다'는 근본적 규칙을 따른다.[27]

여기서 한 가지 문제는 유기체들이 자신의 숨겨진 자질을 어떻게 가장 잘 알릴 수 있는지다. 근육은 눈으로 확인할 수 있지만, 기생충에 대한 저항력은 어떻게 보여줄 수 있을까? 일부 조류를 포함해 비인간 동물종들은 동종 개체들이 읽을 수 있는 신호를 진화시켰다. 일부 연구자들의 견해에 따르면 수컷의 밝은 깃털은 암컷에게 기생충에 대한 높은 저항력을 보여주는 신호라고 한다. 밝은 깃털은 천적의 공격을 받을 위험을 높일 수도 있다. 게다가 밝은 깃을 기르는 일부터가 많은 에너지를 소모한다. 그러니 밝은 깃털은 대가가 큰 자질이다. 기생충에 대한 강력한 저항력이 없는 개체는 이러한 자질을 키울 수 없다. 암컷들은 이 신호를 통해 누구와 짝짓기할지 결정한다.[28]

곤충 역시 상대를 유혹하는 방법으로서 신호에 의존하지만, 모두 믿을 만한 신호인 것은 아니다. 일부 파리나 거미는 짝이 될 가능성이 있는 암컷에게 '결혼 선물'을 선사함으로써 자신의 뛰어난 수렵 채집 기량을 보여준다. 암컷은 그 선물을 받아들이고 선물을 준 수컷과 교미한다. 선물은 특이하게 포장된 경우가 많은데, 문제는 그 포장 안에 든 선물의 정체를 알 수 없다는 점을 이

미국 캘리포니아주 보디 인근에서 산쑥들꿩이 구애하는 모습. (출처: Jeannie Stafford/USFS)

용해 일부 수컷들이 먹을 수 있든 없든 자기가 찾을 수 있는 것은 무엇이든 포장한다는 것이다. 이러한 방법으로 수컷은 자신이 보내는 신호를 조작해 암컷이 먹이를 찾거나 공유할 필요 없이 자신과 교미하도록 설득한다.[29]

　일부 종의 수컷들은 짝짓기 철이 되면 함께 무리를 이루어 자신의 상대적으로 우월한 체화 자본을 보여주며 '구애'라는 과정으로 암컷을 유혹한다. 인도영양과 산쑥들꿩이 대표적인 예다. 수컷들은 넓은 공터 같은 곳에 모여 동상처럼 서서 암컷이 자신을 선택해 주기를 기다린다.[30] 인간 역시 집단 구애를 닮은 짝짓기 의례를 가지고 있다. 아프리카대륙 중서부에 위치한 니제르의 워다베족은 매년 '게레월Guérewol'이라고 부르는 구애 의식을 치른다. 남성들은 서서 춤추고 노래하며 때때로 오랜 시간 여성이 자신을

워다베족의 게레월 의식. (출처: Dan Lundberg)

선택해 주기를 기다린다.[31] 의식이 진행되는 동안 여성들은 자신이 가장 매력적이라고 생각하는 남성을 선택한다.

　다윈은 인간 진화에서 짝의 선택이 지닌 근본적 중요성을 인정했다. 그는 인간의 짝짓기 관습이 동물 세계에서 볼 수 있는 짝짓기와도 닮았다고 말했다. 체화 자본은 짝짓기에서 예나 지금이나 중요한 자질로 여겨진다. 예를 들어 서구 문화권에서 이성애자 여성은 잠재적 파트너를 고를 때 상대방의 키를 중요한 자질로 꼽는 경우가 많다.[32]

　그러나 잠재적 파트너가 될 이성, 더 나아가 자손의 생존과 양육에 중요한 체화 자본은 인간의 문화가 다양한 만큼 지역마다 중요하게 여겨지는 자질이 각기 다르다.[33] 수렵 채집 사회에서 중요한 자질은 사냥 기술이다. 이는 개인의 성공적인 번식을 주로 결정짓는 요인이다. 2003년 인류학자들은 호주 토레스해협의 섬에 거주하는 메리엄족에 대한 연구 결과를 발표했다. 메리엄족은 거북 사냥에 능한 것으로 알려져 있으며, 거북을 잡기 위해 1년 내내 보트를 제작하고 사냥단을 꾸린다.[34]

메리엄족에게 사냥은 중요한 일이다. 보트를 조종하는 사람과 사냥감 거북에 올라타는 사람에 따라 사냥의 성공이 좌우되지만, 사냥꾼을 일컫는 '아리머 레arimer le'라는 호칭은 부족을 이끄는 나이 많은 지도자 격 인물에게만 부여된다. 이러한 지도자들이 보트를 지휘하고, 나이 어린 수습생들은 거북 위에 뛰어오르는 '아르페어 레arpeir le'라는 역할을 맡는다. 사냥에 성공한 남성들이 다른 구성원들보다 더 많은 식량을 가지는 것은 아니지만, 그들은 자신이 속한 공동체를 위한 연회를 성대하게 조직한다.

2003년 발표된 연구에 따르면 메리엄족에게 사냥 기술은 성공적인 번식과 연관된다. 특히 뛰어난 사냥꾼일수록 생식 활동을 더 일찍 시작하고, 파트너의 수도 더 많았으며, 집단 내 좋은 자질을 가졌다고 여겨지는 파트너들과 관계를 맺는 경향도 더 많았다. 연구자들은 이를 두고 '대가가 큰 신호 전달 가설'을 뒷받침하는 증거라고 해석했다. 다시 말해 메리엄족에게 사냥 기술은 속일 수 없는 신호이며, 여성들은 잠재적 파트너로 뛰어난 사냥꾼이라고 알려진 이성을 더 선호했다.

체화 자본이 신체를 사용한 기술만 지칭하는 것은 아니다. 농사, 소 몰기, 심지어는 종교나 기술에 관한 지식 역시 체화 자본의 일부이다. 특히 문화적 정보는 반드시 습득되어야 하는데, 수년에서 수십 년의 시간을 들여 문화적 정보 습득을 완수해야 마침내 소속된 사회에서도 생산적인 구성원이 될 수 있다.

이는 '인구학적 천이遷移(생물학이나 생태학에서 시간의 흐름에 따라 생물 군집의 구조가 변하는 과정)'라 불리는 인류학의 미스터리와도 관련이 있다. 식량이 더 널리 보급되면 출산율이 높아질 것이라는 기대가 있었지만 18~19세기 산업혁명 이후 현대화 사회에서 사람들이 낳는 자녀의 수는 오히려 평균적으로 더 줄었다.[35]

이러한 결과에 대해 여러 가설이 제기되었는데, 그중 하나가 바로 체화 자본이다. 한 사회가 충분히 커지고 기술적으로도 고도화되면 부모는 자녀 교육에 더 많은 시간과 자원을 투자한다. 다윈의 진화론적 관점에서 순수하게 이론적으로만 보면 자녀는 많을수록 유리하지만 자녀를 한 사회의 일원이 되도록, 나아가 바람직한 파트너라고 할 수 있는 존재가 되도록 가르치는 데 드는 비용을 고려하면 자녀는 적게 낳고 더 많은 체화 자본을 투자하는 편이 나을 수 있다.

심지어 일부 연구자들은 열네 살에서 열다섯 살이면 성체가 되는 침팬지에 비해 인간은 유소년기가 열여덟 살에서 스물한 살에 이르는 이유로 인간이 성공적으로 가정을 꾸리기 전에 익혀야 할 정보량이 엄청나기 때문이라고 말했다.[36]

알에서 깨어나자마자 군락을 방어하고 자원을 획득하는 등 유전적으로 프로그래밍 된 작업을 즉시 시작하는 흰개미와 비교해 보자. 인간의 문화는 흰개미와 유사한 프로그래밍을 적용하기에는 너무 복잡하고 다양하다. 따라서 인간은 엄청난 양의 훈련, 사회화, 놀이가 있어야만 주변 환경과 상호 작용을 할 수 있다. 여러 가설 중 하나일 뿐이지만, 이러한 가설이 서구 문화의 많은 사람들에게 한 명 이상의 자녀를 키울 여력이 부족하다는 현대 연구 결과와 부합하는 것도 사실이다.

맥락 속에서의 자본

인간의 문화적 역사는 인간이 사는 환경을 만들어냈지만, 넓은 의미에서 보면 환경 역시 인간의 문화적 역사에 영향을 미쳤다. 2021년 토만 바르샤이Toman Barshai, 디터 루카스Dieter Lukas, 안드레아스 폰도르퍼Andreas Pondorfer가 진행한 공동 연구에서는 여러 수렵 채집 사회, 포유류, 조류를 포함해 300여 종의 채집, 번식, 사회적 행동을 비교하고, 그 규모가 어느 정도인지 규정했다. 연구 결과에 따르면 문화를 발전시킨 인간이라고 해서 적어도 역사적으로는 비인간 생물 집단과 생각하는 것만큼 크게 다르지 않다는 사실이 밝혀졌다. 예를 들어 인간이 생선을 먹는 지역에서는 동물들도 생선을 잡아먹었다.[37]

연구 결과는 더 예상하지 못한 결과도 보여주었다. 식량을 비축하는 인간들이 사는 곳에서는 동물들도 비슷하게 행동한 것이다. 생태학적으로 비슷한 환경에 사는 수컷 중 다수가 암컷과의 짝짓기를 독점하는 경향도 발견되었다. 가장 이상한 점은 바로 인간이 계급 사회를 이루는 경향이 있는 곳에서는 포유류나 조류 역시 지배 계급을 형성했다는 사실이다. 집단 내 소수 개체만이 번식에 성공할 수 있었고, 나머지는 종속된 신분으로 강등되어 지배층의 번식을 돕는 임무를 수행했다.

　다른 동물들과 마찬가지로 인간도 물리적 환경의 산물이다. 물론 인간은 사는 환경이 너무도 다르고, 인간의 문화 또한 그 어떤 생물학적 대상보다 매우 빠르게 진화하고 있기 때문에 인간이 자본을 형성하고 경쟁하는 방식은 극적이라고 할 만큼 세계 곳곳의 모습이 다르다. 자본은 이러한 문화적·물리적 맥락에 따라 정의된다.

　최근 연구들을 보면 자본 축적과 경쟁 방식이 얼마나 강력하게 얽혀 있는지 점점 더 분명해지고 있다. 2010년 불평등 형성 과정에 관심을 가졌던 인류학자들이 수렵 채집·원예·목축·농업 사회 집단을 대상으로 자본의 맥락적 특성을 탐구했다.[38] 여러 사회에서 40여 가지 부의 형태가 발견되었는데, 사냥의 성과, 땅 파는 기술, 체중, 파트너, 토지, 가축 등으로 다양했으나 모든 부의 형태는 앞서 다룬 세 가지 자본(자원 자본, 사회적 자본, 체화 자본) 범주 중 하나로 분류할 수 있었다.

　각 문화에서 나타나는 부의 형태를 보면 그 사회의 생산 방식이 무엇인지 알 수 있다. 이는 서로 다른 역사를 만드는 데 환경이 핵심적 역할을 했다는 주장을 뒷받침한다. 즉 인간이 어떤 환경에서 먹고 사는지가 곧 그 사회의 부를 정의했다는 것이다. 하지만 이러한 부의 형태가 개인 간이나 세대 간에 어떻게 전파되는지 역시 결코 간과해서는 안 된다. 문화, 환경, 권력을 향한 개인 간 다툼의 산물로 부가 만들어졌다는 사실도 잊어서는 안 된다.

　일부 사회에서는 신부의 아버지가 신랑에게 지참금을 주는 제도가 있다. 신랑이나 신랑의 가족이 신부에게 '신붓값'이라는 명목으로 돈을 주는 사회도 있다(전자는 현대 인도에서 벌어지는 지참금 관련 살인 사건들과 연관되고, 후자는 최근 연구에 따르면 아프리카대륙 전역의 여성 억압과 관련된 것으로 나타났다).[39] 또한 자원 자본이나 사회적 자본의 상속이 아버지를 통해 이루어지는 사회도 있고, 어머니를 통해 이루어지는 사회도 있다. 이때 전자의 사회를 '부계 사회', 후자의 사회를 '모계 사회'라고 부른다.[40]

연구자들은 부의 상속을 하나의 통계적 변인으로 보고, 여러 문화를 비교 조사했다. 그 결과 사회적 자본이나 체화 자본보다 자원 자본의 상속이 더 많이 이루어지고 있었다. 또한 전 사회에 걸쳐 자원 자본과 관련된 불평등이 가장 큰 것으로 조사되었다. 더불어 농업·목축 사회에서는 다른 사회에 비해 자원 자본에 대한 의존도가 더 높았는데, 인간 집단의 규모가 커질수록 사회적 관계나 체화 자본보다 자원 소유권에 더 많이 의존할 경우, 그에 따른 불평등이 심화하는 양상을 보였다. 즉 더 많이 물려받을수록 인간은 더 큰 비율로 사회의 부를 자기 자신을 위해 축적한다. 평등은 줄고, 계급이 형성되며, 빈곤층은 부유층에 기대기 시작한다. 더 많은 부의 상속은 더 많은 착취를 허용한다. 만약 그 사회의 시스템에 착취의 가능성이 존재한다면 사람들은 여지없이 타인을 착취할 것이다.

이타주의는 존재하는가

부의 소유가 단순히 많은 돈을 가졌다는 것 이상의 의미라는 사실은 우리를 불편한 결론으로 이끈다. 바로 인류학적으로 보면 인간은 모두 '자본주의자'라는 것이다. 물론 그렇다고 해서 산업을 통제하는 주체가 영리를 추구하는 기업이 되어야 한다는 정치적 주장에 모두 동의한다는 의미는 아니다. 하지만 인간이 모두 자본주의자라는 말은 곧 모든 사람이 하나, 혹은 그 이상의 자본을 극대화하기 위해 노력하며 평생을 보내는 경우가 대부분이라는 뜻이다. 이때의 자본에는 자원 자본, 사회적 자본, 체화 자본 등 인간과 관련된 모든 자본이 포함된다. 인간은 이렇게 되도록 진화한 존재다. 자본이 없는 인간은 성공적으로 번식할 가능성도 낮고, 번식에 실패하면 미래 세대에 자신과 비슷한 후손을 남길 가능성도 낮아지기 때문이다.

자본 극대화 경향은 보이지 않는 경쟁이 왜 그렇게 비도덕적일 수밖에 없는지 설명하는 이유가 된다. 인간 사회에서 자본이 눈으로 관찰할 수 있는 것에 국한되지 않는다는 사실은 인간이 자본을 희생하고, 이타적인 척 행동하도록 만든다. 이면에서는 다른 형태로 자본을 취하려고 하면서 말이다. 또한 타인의 이타심도 쉽게 부정하게 한다. 누군가의 기부가 자신의 평판을 높이기 위해서 하는 일일 뿐이라고 뒷담화하는 경우를 떠올려 보라. 자신의 의도를 숨길 수 있는 인간의 능력은 하나의 무기이자 약점이다.

한 가지 극단적인 예를 들어보자. 제프 베이조스, 일론 머스크, 마크 저커버그Mark Zuckerberg 같은 억만장자들은 사실상 자원 자본을 무한으로 가지고 있고, 그 자본을 통해 기술의 진보, 미디어 서사, 정책, 심지어는 문화(현대 사회에서는 디지털 문화)에 영향을 미친다. 러시아의 대통령 블라디미르 푸틴Vladimir Putin, 중국의 주석 시진핑 등 강력한 지도자들은 자기만의 자원을 가지고 있거나 (그렇지 않을 수도 있지만) 사실상 자국 내 사회적 자본을 무한으로 가지고 있고, 그 자본들을 이용해 원하는 만큼 문화 영역을 정의하거나 영향을 미칠 수 있다.[41]

이 예들은 모두 사회적 권력의 형태에 해당한다. 사회적 권력이 다른 형태의 자본으로 이어지고, 종종 번식에서도 이익을 얻을 수 있으니 억만장자들이나 지도자들은 찰스 다윈의 전통적인 진화론적 추론을 믿게 되는 것이다.

체화 자본은 자원 자본이나 관계적 부의 성장을 촉진하고, 궁극적으로는 권력까지 얻게 한다. 사이코패스들은 높은 수준의 체화 자본을 가지고 있다. 그들 중 다수가 타인을 속이고 조종하는 데 능하며 자신이 원하는 단기적 목표가 무엇이든 그것을 달성하기 위해 타인을 수단으로 삼는다. 기업 내 위계질서 사다리의 꼭대기에 오르는 것이든, 사이비 집단의 지도자가 자신의 추종 세력을 황량한 중서부 지역의 집단 거주지로 이주시키는 것이든 그들은 자신의 자본을 극대화하기 위해 교활한 꾀와 겉치레뿐인 매력을 이용한다.[42]

우리도 어느 정도는 이와 유사한 방식으로 행동한다. 사회적 연줄과 학위라는 사회적 자본, 지식과 사회화라는 체화 자본을 얻을 수 있는 교육에 엄청난 시간과 돈을 쓴다. 소셜 미디어에서는 자신의 사회적 자본이나 자원 자본을 늘릴 수 있도록 자신을 홍보하기도 한다. 우리는 더 많은 돈을 벌기 위해서, 혹은 타인에게 명망을 얻기 위해서 일한다. 힘들고 치명적으로 어려운 환경을 헤쳐나가며 나와 가장 가까운 사람들을 정치·기업·사회 권력층 자리에 올려놓으려 한다.

아리스토텔레스의 말을 빌리자면 인간은 정치적인 동물이다. 그 어떤 유기체보다도 더 복잡한 형태의 자본을 극대화하도록 진화했다. 그러한 인간의 모습에 잘못된 것은 없다. 하지만 다른 유기체와 마찬가지로 자본을 지나치게 많이 취하거나 직접 취득 또는 상속 유산을 이용해 타인을 억압하고 착취하게 되면 사회에 해를 입힐 수 있다. 마치 암세포가 숙주의 자원을 너무 많이 빼앗으면 결국 암세포가 자라던 숙주의 신체가 망가져 버리는 것처럼 말이다. 보이지 않는 경쟁의 위협이 지속적이라는 사실을 고려하면 이러한 위협은 특히 위험하다. 진화 과정에서 자본을 극대화하려는 인간의 동기를 숨기거나 무시하면 가장 이기적인 인간의 일부가 결국 가장 성공하게 되는 결과가 초래된다.

흥미롭게도 이는 우리에게 이러한 인간 진화의 측면을 직시하게 하고, 이타주의라는 난제도 해결할 수 있게 한다. 일부는 인간이 이타주의적으로 진화했다고 믿으며, 적어도 나와 가족이 속한 사회 집단의 구성원들은 이타적이라고 생각한다. 오랜 진화의 세월을 거치며 이타적이고 협력적인 집단이 이기적 집단을 이겨 왔기 때문이다. 일부 회의론자들은 이타주의는 존재할 수 없다는 다른 극단의 주장을 지지한다. 누군가를 도우려 할 때마다 스스로 자신의 의도를 속이기 때문이다. 인간은 자신이 이타적 의도를 지녔다고 타인을 설득하기 위해서 자기기만적으로 진화했다. 이타적 의도를 지닌 것처럼 보이는 사람이 타인에게 더 나은 대접을 받기 때문이다.[43]

인간의 다른 자질과 마찬가지로 이타주의는 심리학, 생물학 그리고 사람들이 어떻게 행동하는지에 관한 관점을 통해 분석할 필요가 있다. 일부는 타인을 돕는 행위 이면에 의식적이든 아니든 또 다른 동기를 가지고 있다. 어떤 사람들은 그 어떤 가치보다도 친절을 중시하는 사회 집단이나 문화의 일부와 같으며, 이러한 경우 베풀지 않으면 사회적 자본을 잃게 된다.

현실 세계에서 보면 많은 부를 가져다주는 직업보다 간호나 교육의 삶을 선택한다거나, 타인을 돕거나, 타인을 위해 기부한다거나 할 때 하나가 아닌 여러 동기를 마음속에 품는 경우가 대부분이다. 이타주의는 분명 드물지만, 아주 흔하거나 불가능한 개념인 것은 아니다. 경제적·심리적으로 복합된 이타주의의 요인들을 고려하면 이타주의에 필요한 것은 어떤 종류든 단지 자본을 희생하고, 그에 대한 보답으로 어떤 형태의 자본도 받지 않는다는 명백한 동기뿐이다.

〈커브 유어 엔수지애즘〉에 등장한 기부 장면이 적어도 내게는 왜 그리 기억할 만한 명장면이었는지도 이러한 관점에서 설명

할 수 있다. 테드의 기부가 실제로는 그렇지 않아도 어쨌든 익명
으로 이루어졌다는 사실을 알게 되자 래리는 정작 자신의 기부는
사적인 의도가 있었던 것처럼 보인다는 사실에 기분이 좋지 않았
다. 하지만 래리와 테드 모두 적어도 자신이 가진 자원 자본을 어
느 정도 사회적 자본과 맞교환했다. 다만 테드가 실제와 다르게
보이도록 하는 데 더 능숙했을 뿐이다. 그렇다고 해서 자기 정체
성을 숨긴 진정한 익명의 기부자들까지 사회적 자본을 취하기 위
해 기부한 것이라고 말할 수는 없다. 그들의 행동은 진정한 희생
이다. 자신의 선행을 타인에게 말하고 싶은 충동을 참아야 하기에
더욱 어려운 희생이다.

　자본의 극대화가 살아 있는 동물이 지닌 본성이라는 사실을
아는 한, 이제 우리는 타인의 이익을 위해 나의 자본을 희생하는
것이 진정한 이타주의임을 이해할 수 있다. 희생은 분명 힘든 일
이기에 이를 감수한다는 것은 쉽지 않다. 어떤 한 형태의 자본을
다른 형태로 바꾸는 것은 너무도 흔한 일이기에 많은 사람이 이
타주의의 존재 자체를 회의적으로 바라보기도 한다. 하지만 이타
주의는 실재한다. 다만 타인의 이타주의를 의심하는 일이 너무 쉽
기에 이타주의 자체에 관해 이야기하기가 어려울 뿐이다. 베풂의
원천이 아니라 그 결과를 바라보라. 그러면 이타주의를 발견할 수
있을 것이다.

침입자를 가려내라

자연 세계 전반에서 자본을 극대화하려는 각 개체의 근본적 욕구와 맞서기 위해 유기체들은 착취를 억누르는 정교한 메커니즘을 진화시켰다. 인간 신체와 같은 하나의 유기체가 암세포 같은 이기적 세포에 대항해 방어 기제를 진화시킨 것처럼 그 메커니즘은 주로 생물학적 기능으로 발전했다.[44]

포유류 같은 복잡한 유기체들은 세포 복제 과정에서 DNA의 복제 오류로 가끔 등장하는 문제 세포들과 지속적으로 싸워야 했다. 그래서 인간은 면역 체계를 유지하는 다양한 전략과 자원을 보유했다. 예를 들어 인간에게는 일부 학자들이 '게놈의 수호자'라 부르는 'TP53' 유전자가 두 개 있다. 참고로 스무 개의 TP53 유전자가 있는 코끼리는 거의 암에 걸리지 않는다. 또한 인간은 침입자를 공격하는 면역 세포도 가지고 있으며, 세포 변이가 발생했을 때 안전 장치 역할을 하는 '세포예정사細胞豫定死'라는 기능도 있다. 이러한 것들이 함께 작용하며 신체 세포 중 가장 변이가 많이 일어난 세포를 물리치는 데 도움을 준다. 이것이 자연 도태를 통해 완벽에 가까운 수준이 될 때까지 수백만 년에 걸친 진화가 필요했다.[45]

이와 유사한 메커니즘을 자연 세계 전반에서 찾을 수 있다. 흔히 보이는 소나무를 예로 들어보자. 소나무는 일부 소나무좀들을 포함한 천적 곤충들에게서 스스로를 방어하기 위해 올레오레진oleoresin 같은 화학 물질을 진화시켰다. 곤경에 처했을 때 소나무는 이러한 화학 물질들을 사용해 서로 소통하며 소나무와 유전적으로 가까운 나무들도 공격에 대비한 방어를 준비하도록 시간을 벌어준다.[46]

소나무는 오랫동안 이러한 복잡한 방어 전략을 사용해 자기 자신을 보호했다. 하지만 최근 캐나다나 다른 지역에서 급속히 퍼진 소나무좀은 이에 대한 대응책을 만들어 소나무의 화학적 장벽을 무너뜨리고 있다. 여기에 기후 변화까지 더해져 북미에서는 소나무 피해가 폭발적으로 발생했다. 소나무좀은 지구 온난화로 예전보다 훨씬 더 심각한 수준으로 번지고 있다.[47]

이것이 바로 '공진화供進化 군비 경쟁(두 종이 상대의 전략에 대응해 자신의 형질을 계속해서 발전시키는 과정)'이라 불리는 개념이다. 과거 냉전 시대 미국과 소련이 핵무기를 비축했듯 두 생물 종, 심지어 동일한 종 내 다른 두 유형의 개체 간에는 실제 군비 경쟁이 발생한다. 두 군비 경쟁의 차이가 있다면 공진화 군비 경쟁은 진화를 거듭하며 이루어진다는 점이다.

검정우럭과 같은 일부 종에서는 덩치가 크고 지배적인 수컷들이 영역을 방어해 암컷에 대한 접근을 독점하는 경향이 있다. 수컷들은 자신의 영역으로 암컷들이 들어오도록 해서 교미 기회를 극대화하고, 덩치가 작은 다른 수컷들의 출입을 막는다. 한 영역을 방어해 낼 만큼 덩치가 크고 공격적이라면 이것은 좋은 전략이다. 하지만 그렇게 덩치가 크지 않은 수컷들은 이러한 전략에 대해 해결책을 고안해 냈다. 바로 스스로 암컷처럼 보이게 하는 것이다. 이같은 교활한 수컷들이 해당 영역에 다가오면 덩치 큰 수컷들이 알아차리지 못해 결국 덩치가 작은 수컷들도 암컷에 접근할 수 있다.[48] 이러한 상황에서 암컷을 닮은 수컷들과 영역을 지배하는 수컷들 사이에 공진화 군비 경쟁이 발생한다. 전자는 영역에 출입할 수 있을 정도로 암컷을 닮아야 하고, 후자는 진짜 암컷을 쫓아내지 않으면서도 가짜 암컷들을 식별해 내야 한다.

기만과 식별 사이의 경쟁은 자연 세계에서 흔하게 발생한다. 예를 들어 뻐꾸기는 다른 새의 둥지에 알을 낳는다. 뻐꾸기가 아닌 새가 자신의 소중한 자원과 에너지를 낭비하지 않으려면 외부에서 들어온 알을 제거해야 한다. 하지만 진화는 상황을 복잡하게 만들었다. 뻐꾸기의 알과 새끼는 둥지 주인의 알과 새끼를 닮았고, 때때로 진짜 새끼의 울음소리를 따라 하기까지 했다. 침입자를 인식하지 못한 둥지 주인은 결국 탁란 기생 종의 새끼를 키우게 되는데, 이때 침입한 뻐꾸기가 원래 있던 알을 둥지 밖으로 밀어버리면 둥지 주인은 자기 자식을 잃고도 남의 새끼를 키워주는 꼴이 된다. 여기서도 그 결과는 공진화 군비 경쟁으로 이어진다. 둥지 주인 중 일부는 다른 알을 식별해 밀어내는 법을 배우거나 기생 종을 공격하는 법을 배운다. 생선, 곤충, 혹은 어떤 강(綱)에 속한 유기체라도 탁란 기생 종이 있는 유기체라면 이러한 현상이 발생한다.[49]

둥지 주인에게 압박을 받은 탁란 기생 종은 점점 더 특정 숙주 종(둥지 주인)을 닮아간다. 이때 한 숙주 종의 번식을 완전히 막아

일반적인 뻐꾸기의 알. 숙주 종의 알과 생김새가 닮았다. (출처: Tomas Grim)

서 멸종에 이르게 하면 탁란 기생 종이 이용할 숙주가 사라질 위험이 발생하기에 선택에 있어 균형 또한 매우 중요하다. 지금 우리가 논의하는 것처럼 어떤 자원이든 과도한 착취는 미래에 해가 될 수 있다.

인간 역시 침입자가 사회 집단에 들어와 자원을 빼앗는 것을 방지하는 메커니즘을 가지고 있다. 이와 관련해 성경에서는 '쉽볼렛Shibboleth'이라는 극단적 사례를 소개한다. 전쟁에서 승리한 부족이 요단강 나루터를 막은 채 누군가 강을 건너려고 하면 쉽볼렛을 발음해 보라고 한다. 승리한 부족민들만이 '쉬sh' 발음을 낼 수 있다는 사실을 알고 있었기에 패배한 부족민 중 도망치려는 사람을 붙잡으려는 시도였다. 믿기 어렵겠지만, 적어도 이 방식은 효과적이었다. 『판관기』에는 패배한 부족인 에브라임족에 대해 이러한 말이 나온다.

> '쉽볼렛'이라 말하지 못하고, '십볼렛'이라고 하면 잡아서 요르단강 나루턱에서 죽였다. 그때 죽은 에브라임인의 수는 4만 2000명이나 되었다.

집단의 구성원을 분류하는 이러한 전략은 현대 사회에도 이어져 오고 있다. 쉽볼렛이라는 단어 자체가 문화적 집단의 구성원을 구분 짓는 관습이나 행동을 지칭하는 데 사용될 정도다. 무성 마찰음을 제대로 발음하지 못한다고 사람을 죽이지는 않겠지만, 실제로 상대의 출신을 판단하기 위해 음성학을 적용한 방식이 사용되고 있다. 영국을 포함해 유럽의 일부 이민 국가에서는 망명 신청을 허가할 때 'LADO Language Assessment for Determination of Origin' 라는 출신지 판별을 위한 언어 평가를 실시한다. 시리아같이 전쟁을 겪는 국가에서 망명을 신청한 사람이 있다면 LADO 평가를 치르고, 언어학자들이 망명 신청자의 구술 패턴을 분석해 신청자의 진짜 출신지를 판별한다. 목숨을 잃는 쉽볼렛과는 수위가 다르다고 생각할 수도 있겠지만, LADO 평가 결과로 누군가는 안전하지 않은 국가로 추방당하기도 한다.[50]

흥미로운 것은 일부 동물들 역시 자신의 사회 집단에 다른 집단의 구성원들이 들어오는 것을 막기 위해 유사한 전략을 쓴다는

사실이다. 브라운대학교 앨리슨 바커Alison Barker 연구팀이 진행
한 연구에 따르면 벌거숭이두더지쥐도 우리가 흔히 말하는 '외국
인 혐오증'을 지녀서 자기 집단만의 방언으로 찍찍대지 않는 개체
에게는 적대감을 표출한다고 한다. 이는 두더지쥐 집단의 생존에
필수적인 행동이다. 가용 자원이 부족한 상태에서 번식 기회까지
한정되어 있기 때문에 집단 구성원과의 유전자 공유 비율이 높지
않은 외부 침입자에게는 상당한 적대감을 보일 수밖에 없다.[51]

문화적 면역 시스템, 규범

일반적으로 인간의 문화는 자본의 극대화를 목적으로 기만
적·착취적 전략을 억압하기 위해 유사한 메커니즘을 발전시킨 것
으로 보인다. 이 메커니즘은 다른 동물종, 심지어 세포 수준에서
도 발견된다. 이는 아마도 현대의 많은 연구자가 생물학적·문화
적 전략 비교에 주목하는 이유일 것이다. 인간의 경우 개인적 이
익을 위해 규칙이나 규범을 깨는 것이 단순히 한 세포가 숙주의
신체에서 자기 몫보다 더 많은 자원을 가져가는 것 이상으로 복
잡한 의미를 지닌다. 사냥을 마친 후 정해진 몫보다 더 많은 양을
가져갈 수도 있겠지만, 수렵 채집 사회에서 전쟁이 발생했을 때
비겁하게 행동한다거나 서구 사회에서 세금을 피한다거나 하는
식으로 사회적 계약을 배신할 수도 있다. 규모가 크고 계층화된

사회일수록 보이지 않는 경쟁자가 더 쉽게 군중 속으로 숨을 수 있다. 이러한 익명성으로 인해 사기꾼 감지가 더 어려워지고, 그로 인해 사람들에게 타인을 속일 기회가 부여된다는 것이 문제다.

소규모 사회거나 문화 집단, 다시 말해 인간 진화의 역사가 거의 대부분 이루어진 상황들에서는 규범을 강제하기가 더 쉬웠다. 예를 들어 간통은 많은 문화에서 심각한 범죄다. 이에 대한 생물학적 설명은 분명하다. 많은 사회에서 남성은 아내의 아이가 자신의 아이임을 확인하고 싶어 한다. 그렇지 않으면 타인의 아이에게 헛된 투자를 하게 될 위험이 있기 때문이다. 휘파람새가 뻐꾸기의 새끼를 키우는 데 자본을 투자하면 자신의 자원을 낭비하게 되는 경우와 매우 유사하다.[52]

일부 집단에서는 친자 확실성을 극대화하기 위해서나 (정당하든 아니든) 아버지가 자신의 아이가 친자라는 것을 어떻게든 확인하기 위해서 복잡하고도 불쾌한 전략들을 고안했다. 서아프리카의 도곤족 여성들은 마을 외곽에 '푸눌루punulu'라 부르는 '월경의 집'을 만들어서 월경 기간 동안 그곳에서 지낸다. 이는 월경하는 여성은 깨끗하지 않다는 인식과 관련된 의식이지만, 실제로는 남편이나 그들의 가족들이 가임기 여성을 한 곳에 몰아두고 그들이 임신하기 전까지 다른 남성이 접근하지 못하도록 막고자 하는 취지이기도 하다.[53]

정통 유대교에도 월경이 깨끗하지 못하다는 인식과 관련해 '미크바mikvah'라는 관습이 존재한다. 미크바는 샘물로 만든 작은 수영장 같은 곳으로, 여성은 월경 전 반드시 이곳을 방문해서 몸을 담근 뒤에야 깨끗해졌다고 인정받을 수 있었다. 다시 말하지만 이러한 관습의 상징적 중요성이 무엇이든 여기에는 진화적 결과가 따른다. 만약 아내의 월경일을 알고 있다면 남편은 자신의 아내가 임신했을 때 아내의 정절을 더 잘 판단할 수 있다는 것이다.[54] 여러 문화에서 관찰된 바에 따르면 일반적으로 아버지가 자녀에게 투자하는 자본의 양은 생김새, 체취에 따라 달라지는 듯하다. 이 두 유사성은 인간이 자신의 친족을 감지할 수 있다고 생각하는 메커니즘에 해당한다.

혼인이나 짝짓기를 둘러싼 규범 역시 해당 지역의 사회경제학적 환경을 따르는 경향이 있다. 일부 티베트 지역이나 네팔에서 티베트어를 쓰는 닌바족 같은 일처다부제 사회에서는 두 형제가 한 명의 여성과 결혼하는 일이 일반적이다. 형제 사이에서도 여성을 두고 크게 질투하지 않는다. 이러한 경우 여성이 누구의 아이를 낳든 형제가 그 아이를 키우는 것이 합리적이다. 형제 중 한 명이 아이의 아버지라면 나머지 한 명의 유전자 중 25퍼센트가 그 아이에게 가 있는 것이기 때문이다. 자녀가 여러 명일 경우 한 명, 혹은 자녀 모두의 아버지 또는 삼촌이 된다는 것은 두 형제 사이에 투자 유인을 분산시킨다.

남아메리카대륙의 카리브어, 파노어, 투피어, 확대 제어制御를 사용하는 부족 같은 경우 한 명의 여성이 만난 여러 성적 파트너의 관계가 형제일 경우는 흔치 않다. 많은 서구 문화에서는 이러한 관계가 폭력적인 질투로 이어질 가능성이 높지만, 이러한 집단에 속한 사람들은 '분할 부성'이라는 개념을 믿고 있다. 즉 가임기

쯤에 그 여성과 성관계를 가진 모든 남성이 아이의 아버지가 될 수 있다는 것이다. 이러한 집단에서 부성은 여러 사람이 공유할 수 있는 자질인 셈이다.[55]

다시 말하지만 표면적으로 이러한 이야기들은 진화론적 관점에서 그다지 말이 되지 않는다. 그러나 유전학적으로는 설명이 가능하다. 만약 한 명의 여성이 만나는 네 명의 성적 파트너 중 한 명이 당신이고, 그 여성에게 네 명의 아이가 있다면 그 네 아이 중 적어도 하나는 당신의 아이일 가능성이 높다. 네 명의 아버지는 각각 자신의 아이를 보호하고 자본을 투자할 의무가 있다. 전쟁이 흔한 인간 집단에서는 이러한 관계의 가치가 더 크다. 여러 명의 아버지를 가진 아이는 아버지 중 한 명이 사망하더라도 아버지 없이 자랄 가능성이 낮기에 어머니, 자녀들 그리고 아버지의 유전적 유산 보전에도 도움이 된다.

고대 서구 문화에서도 분할 부성과 관련된 역사적 사례가 있다. 율리우스 카이사르는 『갈리아 원정기』에 이러한 글을 남겼다.

모든 브리튼인은 자기 몸에 푸른빛 염료를 칠해 전투에서 더욱 위협적인 인상을 준다. 그들은 머리를 길게 기르고, 머리와 윗입술을 제외한 모든 몸의 털을 제거한다. 열 명에서 열두 명까지 아내들을 공유하는데, 특히 형제끼리나 부모, 자식끼리도 공유한다. 그러나 그 아내들 사이에서 아이가 태어나면 각각의 아내가 처녀였을 때 처음 관계했던 남성의 아이로 여긴다.[56]

일처다부제는 인간 문화 전반에서 가장 희귀한 혼인 제도다. 일부 추정에 따르면 약 500곳의 사회 중 네 곳 정도에서만 나타나는 것으로 보이는데, 인류학 문헌에서는 여전히 이에 대한 논쟁이 분분하다.[57] 일처다부제는 척박한 환경과도 관련된다. 만약 여성이 소유한 넓은 토지가 한 가족을 먹여 살릴 정도의 자원을 제공할 수 있으나 땅을 나누면 그러기 어려운 경우 아들이나 남성 형제에게 상속하지 않는 것이 더 합리적일 수 있다. 일처다부제는 인간 역사의 다양한 이야기 중 하나일 뿐이고, 다른 관습들이 생태학적 이유로 제 역할을 못 할 때 문화적 적응을 통해 번성한 인간 역사의 한 예다.

문화적 적응의 또 다른 예로 처벌 역시 전 세계 어디에서든 찾을 수 있다. 유전적 유산 측면에서 혼인과 짝짓기 규범이 지닌 위치를 고려하면 그 규범을 깨는 것은 위험하다. 재커리 가필드Zachary Garfield 연구팀에 따르면 전 세계 131곳의 사회 중 약 60퍼센트의 사회에서 간통이 발생하는 것으로 조사되었으며, 물리적 공격이나 사형이 간통에 대한 가장 흔한 처벌인 것으로 밝혀졌다.[58]

그렇다면 혼인이나 정절을 둘러싼 규범이 사회 결합을 유지하는 데 도움이 된다는 말은 일리가 있다. 인류학자 조지프 헨릭은 이것이 바로 일부일처제가 흔한 이유라고 주장한다. 일부일처제는 모두에게 높은 가능성으로 짝을 확보할 수 있게 하며, 결혼하지 못한 남성이 보일 수 있는 폭력 위험성을 줄여준다. 오늘날 자신을 독신으로 간주하고 성생활을 하는 사람들에게 적대적인 사람을 일컫는 '인셀incel(비자발적 독신)' 남성들을 중심으로 형성된 커뮤니티에서 보듯 결혼하지 못한 남성들의 잠재적 위험성은 상당하다. 이성에게 접근할 가능성이 부족하다는 인식은 성적인 측면에서 스스로 성공적이지 않다고 생각하는 사람들 사이에서 크나큰 분노 유발 요인이다.

대부분의 규범은 유사한 기능을 가지고 있다.[59] 이면의 목적이 무엇이든 금기, 식이 제한, 종교 의식, 전쟁 등으로 행동을 규제해서 사회를 유지하고 작동하는 데 도움을 준다. 그러나 이미 예상했듯 규범을 파괴하면 가해지는 처벌의 형태는 특정 사회에서 발견되는 자본 형태와 일치한다. 즉 물리적 위해를 가하거나(체화 자본에 해를 입히는 행위), 타인 또는 종교 단체 등 기관에 돈을 내도록 강요하거나(자원 자본을 줄이는 행위), 누군가의 평판(사회적 자본)을 해하는 양상을 띤다. 사형은 겉보기에는 명백한 신체적 훼손이지만(물론 어느 정도 논쟁의 여지가 있겠으나), 물리적·신체적이면서 동시에 앞서 언급한 세 가지 자본의 유형을 모두 해하는 행위다(영어로 사형이 자본을 뜻하는 'capital'을 활용해 'capital punishment'라는 점이 의미심장하다).

그래서 사회에는 문화적 면역 시스템이 있다. 인간의 다양한 역사, 즉 살아온 환경은 인간의 규범이 취하는 형태를 결정한다. 이는 아마도 주어진 환경에서 이전에 착취자들이 사용했던 전략들의 결과일 것이다. 이러한 관행들은 자기 자신 그리고 타인에게서 나를 보호하는 데 도움을 주며, 신체의 면역 시스템이 적대적 세균과 암세포를 제거하기 위해 존재하는 것과도 매우 흡사하다.

질병을 물리치는 데 도움이 되는 생물학적·문화적 적응의 크로스오버를 보면 이를 설명할 수 있다. '역겨움'은 인간을 아프게 하는 물질을 피하고자 진화했다. 또한 질병의 전파를 막는 데 도움이 되는 집단 수준의 행동을 취하게 하는 능력도 있다. 예를 들어 검역은 질병 확산을 막는 데 도움이 되는 메커니즘이지만, 성공적인 실행을 위해서는 문화적 수용이나 위력 사용이 필요하다. 이렇게 생각해 보면 공중위생 분야 전체가 사실상 하나의 문화적 적응 세트로, 인간이 질병의 부담을 집합적으로 덜 수 있도록 도움을 준다. 역사적으로도 이러한 조치들은 필수적이었다. 의료인류학자들에 따르면 전염병에 걸려 사망한 사람이 인간의 역사에서 발발했던 모든 전쟁과 자연재해로 사망한 사람을 더한 것보다 더 많을 수도 있다고 한다.[60]

이는 여러 사회와 인간 역사 전반에 걸쳐 나타난 진실이다. 수렵 채집인 사이의 자원 공유 규범을 통해 당시 인간은 자원의 불평등을 줄이고, 모두의 생존 가능성을 극대화할 수 있었다. 실력이 더 뛰어난 사냥꾼들이 더 많은 번식 기회를 가졌다고 해도 말이다. 바빌로니아인과 같은 고대 메소포타미아 문명 속 인간 집단에는 글로 적힌 법률 체계가 존재했다. 기원전 1755년 만들어진 함무라비법전은 범죄와 처벌의 평등성을 규정했다. 우리가 흔히 '눈에는 눈'이라고 하는 표현이 이 법전에서 유래했다. 오늘날 대규모 산업화 경제 체제에서 사는 우리는 공공 재화를 위해 세금을 낸다. 이는 적어도 이론적으로는 자원 자본의 불평등을 줄이는 데 도움이 된다.

모두가 자본주의자인 세상

선물을 주고받는 것을 둘러싼 마오리족의 믿음은 인간이 처벌 같은 단순한 집행 메커니즘을 넘어 문화적 면역력을 어떻게 확보했는지 보여준다. 하나의 문화에서 성장한다는 것은 많은 사람이 규칙을 따르게 하고, 그것이 더 큰 세상을 이해하는 행동이라고 믿게 하는 일이다. 다시 말하지만 이러한 믿음은 질병이라는 숨겨진 세계와도 맞닿아 있다. 마오리족은 선물을 받고 보답하지 않으면 질병으로 이어진다고 믿었다.

황금률처럼 전 세계적으로 호혜성을 촉진하는 유사 규범들은 타인을 어떻게 대하는 것이 가장 바람직한지에 대한 믿음을 심어준다. 나아가 타인을 잘 대해주면 언젠가 시간이 지나고 내게도 그것이 이익으로 돌아올 가능성이 있다는 믿음도 가지게 했다. 학계 문헌에서 '내면화'라 부르는 이러한 현상은 문화적 규범이 단순히 인간이 하는 행동 그 이상의 것일 때 나타난다. 규범은 무엇이 옳다고 믿어야 할지, 우리가 어떤 부류의 사람인지 결정하는 데 도움이 된다.

종교는 민족지학에서도 보편적인, 아주 좋은 사례다. 전 세계에는 유대교, 이슬람교, 기독교, 불교, 마니교, 조로아스터교, 시크교를 비롯해 (예측건대) 4000여 개의 종교가 존재한다. 이렇게 종교를 키워나가는 동안 인간은 무엇을 해야 할지뿐만 아니라 무엇이 중요한지도 배웠다. 즉 인간은 단순히 순종적이 아니라 도덕적이 되도록 배웠다. 아리스토텔레스에게는 이것이 바로 핵심적인 차이였다. 그의 『니코마코스 윤리학』에서는 어떤 규칙을 따르는지 이해하는 것뿐만 아니라 왜 그 규칙을 따르는 것이 중요한지 이해하는지까지 중요하다고 강조한다. 규범의 진화를 자세히 살펴보는 연구들 또한 이러한 그림을 분명히 이해하는 데 도움이 된다. 규범은 우리가 의지하는 일종의 사회적 접착제이며, 인간이 끊임없이 자본을 추구하는 일을 멈추게 하고 장기적으로는 모두에게 가장 좋은 것에 초점을 맞추도록 한다.

하지만 이러한 규범들에서 얻을 수 있는 이익의 핵심은 이것들이 어떻게 진화하는지다. 모든 규범이 다 좋은 것은 아니다. 사람들은 전쟁 중 발생하는 강간, 폭력이 난무하는 혈연 간 복수, 심지어 초부유층의 조세 회피까지 정당화하는 규범에도 의존한다. 사람들에게 그러한 규범은 그저 정상일 뿐이다. 어느 경제학적 관점에서는 사회 전반의 사람들이 자신에게 가장 이익이 되는 자본 관련 규칙을 만들기 위해 경쟁한다고 본다. 그로 인해 종종 계급 간 충돌도 발생한다. 부유한 상류층은 가난한 사람들을 희생시키면서 자신들에게 유리한 규칙을 만들려 하고, 가난한 노동층은 더 높은 수준의 평등을 실현하고자 한다.

진화생물학자 만비르 싱은 이를 '주관적인 문화적 진화'라고 불렀다. 인간은 가장 이익이 되는 규칙을 설계하고, 그 규칙이 경쟁 관계의 사람들이 세우고자 하는 규칙과 상충할 경우 한쪽이 이기거나 두 규칙이 합쳐진다.[61] 황금률은 이렇게 절충된 규칙 중에서 가장 오래되면서도 일반적이고 근본적인 규칙이다. 역사가 오래되고, 널리 퍼져 있는 규범들은 수많은 세월 동안 인간이 사리사욕을 채우기 위해 설계한 규칙의 산물이다. 지금까지 살아남은 것들은 인간이 공통으로 공유하는 과거의 신호이며, 제대로 기능하는 사회를 유지하기 위해 무엇이 최선인지를 알려준다.

하지만 모든 인간의 제도가 그러하듯 규범은 사람들이 그 규범을 따를 의지가 있을 때만 비로소 끊임없이 자본을 극대화하려는 사람들의 행동을 적절하게 막을 수 있다. 생물학적 면역력과 마찬가지로 문화적 면역력에도 기만적 착취 행위를 용인하고, 보이지 않는 경쟁을 허용하는 허점이 있다. 수백만 년의 유전적 진화에도 인간은 여전히 암에 걸리고, 사회적 상호 작용 속에서 상대를 속이고자 하는 유혹 역시 어디에나 존재한다. 이는 마오리족의 선물 주고받기에 관한 믿음으로도 증명된다. 사람들은 때때로 선물받는 상대가 되돌려줄 수 없을 정도로 가치 있는 것을 선물한다. 하지만 선물은 꼭 보답해야 한다는 믿음 때문에 그러한 선물은 오히려 상대에게 피해가 된다.

생물학적 면역 시스템을 주도했던 군비 경쟁과 동일한 경쟁이 문화적 면역 시스템에도 일어난다. 그리고 문화적 면역 시스템 속 경쟁 역시 현재 진행형이다. 보이지 않는 경쟁은 수십만 년, 아니 어쩌면 수백만 년에 걸쳐 진행된 문화적 진화의 산물이다. 착취자를 제지하고, 찾아내고, 처벌하기 위해 인간이 만든 모든 전략은 그에 상응하거나 더 교묘하게 숨으려는 착취자들의 전략을 맞닥뜨리고 있다. 성공적으로 문화적 적응을 마친 사람들은 자기만의 문화적 규범을 세우는 전문가이고, 새로운 착취 방식을 발전시키는 데도 특화되어 있기 때문이다.

종류가 무엇이든 자본은 인간의 행동에 동기를 부여한다. 인간은 모두 근본적으로 자본주의자다. 그러나 보이지 않는 경쟁이 대규모 계층화 사회에서 사실상의 착취를 허용하고 있는 한, 이를 막기 위해 문화적 규범과 처벌에 의존하는 것은 미래 세대에게도 도움이 되지 않을 듯하다. 지금까지 인간의 진화 양상을 고려할 때 보이지 않는 경쟁은 언제나 인간 집단에서 숨어 지낼 방법을 찾아냈고, 규칙을 지켰을 때 이익을 얻을 수 있다고 해야 규칙을 따랐기 때문이다.

5장

어둠의 힘

공정과 도덕이라는 이름으로

문학, 영화, TV 프로그램 등의 주제로 착한 사람들의 타락, 더 단
순하게는 '선善'의 타락을 다루는 것을 흔히 볼 수 있다. 여기에서
선이란 일부 주요 종교에서 말하는 '순수한 도덕성'과 일치한다.
뱀은 이브를 유혹하고, 이브는 아담을 유혹해 결국 두 사람 모두
천국에서 쫓겨난다.

　월리엄 셰익스피어의 희곡 『맥베스』에 나오는 맥베스 부인은
선을 타락시키는 역할을 하는 인물이다. 주인공 맥베스가 점점 더
심각한 도덕적 범죄를 저지르게 하며 피할 수 없는 죽음을 맞이
하게 한다. 러시아의 작가 니콜라이 레스코프Nikolai Leskov가 쓴 『러
시아의 맥베스 부인』은 셰익스피어의 『맥베스』를 토대로 한다.
주인공 카테리나는 점점 더 잔인한 결정을 내리며 주변인들이 자
신과 똑같이 행동하도록 영향을 미치는데, 겉보기에는 무료함 때
문에 그렇게 행동하는 것처럼 보인다.

최근 제작된 작품들에서도 이와 유사한 주제가 발견된다. 미국 AMC의 유명 TV 시리즈 〈브레이킹 배드〉에서 주인공 월터 화이트는 선한(혹은 나약한) 사람에서 사람을 죽이는 범죄자로 타락한다. 2022년 영화감독 플로리앙 젤레르Florian Zeller가 쓴 연극 〈더 포레스트The Forest〉는 비록 상연 기간은 짧았지만, 극 중 타인에게 전혀 해를 입히지 않을 법한 주인공이 단 한 번의 잘못된 결정으로 어떻게 벗어날 수 없는 타락과 폭력의 소용돌이에 끌려 들어가는지 보여준다.

아마 이러한 작품 중에서 가장 어두운 이야기는 레프 톨스토이의 잘 알려지지 않은 희곡 (그 제목마저도 극적인)『어둠의 힘』일 것이다. 출간 초기 러시아에서 금지당하기도 했던 이 작품은 한 평범한 남성이 맥베스 부인처럼 기회가 주어질 때마다 점점 더 끔찍한 행동을 저지르게 하는 인물을 만나 어떻게 유혹당하는지 그려냈다. 이 작품은 주인공이 영아 살해를 저지르는 장면을 잔인하게 묘사하며 마무리된다.

인간은 호르몬 변화에 따라, 혹은 상상으로 만든 악령 때문에 괴로움을 겪다가 결국 도덕적 성향을 무시한 채 이기적으로 행동하는데, 이때 종종 타인이 희생되고는 한다. 게다가 일단 한 번 유혹에 굴복하면 상황을 되돌리기도 쉽지 않다. 톨스토이의 작품은 노벨문학상 수상자였던 아이작 바셰비스 싱어Isaac Bashevis Singer에게 영감을 주었고, 싱어는 좀 더 섬세하게 다듬어 톨스토이의 작품과 같은 제목의 단편을 완성했다. 싱어의 장·단편 작품 중 다수는 현실적·신화적 유혹을 주제로 한다.

앞에서 말한 작품들에는 다른 많은 장점도 있지만, 공통적으로 잘못된 선택만 하는 사람들의 내적 심리 상태를 깊이 분석했다는 특징이 있다. 우리가 앞서 언급한 작품 속 인물들에게 병적인 환상을 가지는 것은 이러한 인물들을 이해하고 공감하기 때문이다. 기회가 허용된다면, 예를 들어 시험에서 부정행위를 저지르거나, 껌 한 통을 훔치거나, AI 모델을 사용해 어려운 에세이를 쓰는 일 등은 그다지 어렵지 않다. 유혹을 느끼지 못한다고 말하는 사람 대부분은 거짓말이거나 자신을 속이고 있다. 특히 아무도 보고 있지 않을 때 자신에게 좀 더 유리하도록 이익을 취하고자 시도하는 것은 인간 진화의 당연한 일부다.

이러한 이야기를 들으면 어떻게 사이코패스, 소시오패스, 혹은 나르시시스트와 같은 사람들이 현대 사회에서 범죄를 저지르는지 이해하는 데도 도움이 된다. 1990년대 후반 시사 잡지 《뉴 리퍼블릭The New Republic》은 당시 인기 있던 기자 스티븐 글라스Stephen Glass를 해고했다. 해고되기 전까지 글라스는 글쓰기라는 세계에서 떠오르는 스타였다. 아이비리그의 유수 대학을 졸업한 그는 학부 시절 학생 신문의 주필을 담당했다. 졸업 후에는 소속 근무지를 옮겨가며 명망 있는 기자로 일하다가 《뉴 리퍼블릭》에 자리를 잡았다. 그곳에서 글라스는 세간의 이목을 끌어 훗날 논쟁의 쟁점이 될 만한 특집 기사들을 써나갔다.

《뉴 리퍼블릭》에서 글라스가 다룬 특집 기사들은 그가 기사에서 비판했던 다수의 기관에 반박당했고, 기사 출처의 신뢰성에 대해서 이의가 제기되었다. 특히 1998년 해킹에 관한 특집 기사가 나온 이후에는 글라스의 상사들 또한 무언가 잘못되었음을 감지했다. 글라스는 존재하지 않는 가상의 10대 해커를 창조하고, 그 해커를 고용했다고 보도한 가짜 기업의 웹사이트도 만들었다. 당시 《뉴 리퍼블릭》의 편집장이었던 찰스 레인Charles Lane은 글라스의 기사에 일관성이 없음을 알아차렸고, 10대 해커가 글라스의 형제임을 밝혀냈다.[1]

이 명백한 증거는 결국 글라스의 경력이 통째로 날조된 것이라는 반전으로 이어졌다. 《워싱턴 포스트》는 《뉴 리퍼블릭》에서 글라스가 쓴 기사 마흔한 건 중 3분의 2가 적어도 '부분적으로 날조된' 것이라고 밝혔다.[2] 그중에는 '조지 허버트 워커 그리스도 제일교회'라는 가짜 단체가 언급된 기사도 있었는데, 글라스는 이 단체가 전 미국 대통령인 조지 허버트 워커 부시George Herbert Walker Bush에 집착하는 사이비 집단이라고 주장했다. 또한 논란이 많은 미국의 유명 범죄 예방 교육 프로그램인 'DARE Drug Abuse Resistance Education'를 공격하는 기사에는 출처가 존재하지 않는 내용도 있었다.

글라스가 해고된 뒤 레인은 한 기자에게 이렇게 말했다.

"기본적으로 양심이 부족한 사람이었는데, 저희가 그런 사람에게 보통 인간에게 줄 수 있는 신뢰를 줘버렸던 겁니다. (……) 저희는 그저 그가 직원들의 개인사나 업무 애로사항에 관심이 많다고 생각했어요. 타인을 생각하고 배려하는 게 스티븐 글라스란 사람이라고 믿었습니다. 하지만 실제론 저희가 어느 정도의 능력이 되는지 평가하고, 저희의 취약점을 찾으려 했던 거였더군요."[3]

이러한 사례를 찾는 것은 어렵지 않다. 실제로 나열해 보자면 너무 많을 정도다. 물론 대부분 극단적인 사례들이다. 그리고 죄를 저지른 사이코패스들은 언제나 죗값을 치른다. 문제는 얼마나 많은 사람이 사소한 부정행위를 저지르고도 발각되지 않는지 알 수 없다는 것이다. 말할 수 없는 것에 대해서는 침묵해야 한다고 했던 철학자 루트비히 비트겐슈타인Ludwig Wittgenstein의 말을 살짝 비틀어 인용하자면 "우리는 모르는 것에 관해서는 함부로 이야기할 수 없다".

진정한 이타주의적 행동과 마찬가지로 익명성, 특히 지금과 같은 대규모 사회에서의 익명성은 이러한 기만을 적발하기 어렵거나 불가능하게 만든다. 인간이 전적으로 선하다거나 전적으로 악하다는 극단적 주장과 달리 인간은 혼합적 특성을 보인다. 때로는 도움을 주고, 때로는 타인을 속인다. 하지만 우리는 글라스와 같은 극단적 사례에 집착한다. 그 안에서 자기 모습을 볼 수 있기 때문이다. '진정한' 인간 본성을 파악하려는 연구가 진행되고 있는 와중에 현대 학계에서는 주로 인간 본성의 더 나은 면에 집중하고 있다. 프란스 드 발Frans de Waal의 저서 『선한 본성 Good Na-tured』이 적절한 예다. 하지만 우리가 애써 무시하려 했던 진짜 인간 본성을 이해하려면 겉으로 보이는 모습 이면에 무엇이 숨겨져 있는지 살펴보아야 한다.

규범이 만드는 이타적 인간

최근 연구나 유명 논문들을 살펴보면 겉보기에 인간이 역사상 그 어느 때보다도 현대에 들어서 더 친절하고 협력적이라는 인상을 준다. 《뉴욕 타임스》의 한 칼럼니스트는 사람들이 추측하는 것보다 인간은 더 이타적이라고 주장하기도 했다. 그는 2023년 발표된 한 논문을 인용했는데, 해당 논문의 연구에서는 여러 국가의 참가자를 대상으로 조건 없이 주어진 돈을 어떻게 사용하는지에 관한 실험을 진행했다.[4] 인도네시아, 브라질, 케냐 등 세 곳의 저소득 국가와 호주, 캐나다, 영국, 미국 등 네 곳의 고소득 국가에 거주하는 200명에게 각 1만 달러씩 주고 원하는 대로 쓰도록 했다. 실험 참가자들은 오로지 국가와 또 다른 변수로만 분류되었는데, 절반은 트위터에 자신이 돈을 어떻게 썼는지 기록한 뒤 '#MysteryExperiment'라는 해시태그를 남기고, 나머지 절반은 돈을 어떻게 썼는지 개인적으로만 알고 있으라고 했다(연구 내용을 자세히 보면 참가자의 친구나 가족에게까지 비밀을 지키지 않아도 되었던 것으로 나온다).

실험 결과 참가자들은 평균적으로 절반 정도의 돈(4780달러)을 자기 자신에게, 3239달러는 자신의 가구 내 가족에게, 910달러는 친구에게, 약 1800달러는 기부금으로, 466달러는 낯선 사람이나 지인에게 사용한 것으로 나타났다. 각각 사용된 금액에는 평균적

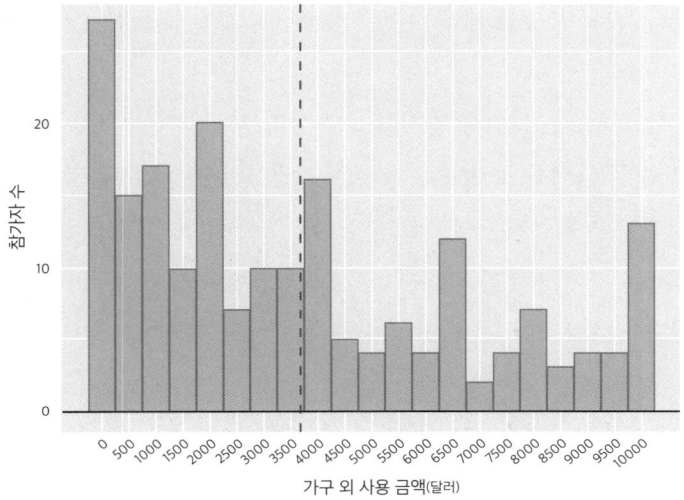

표 2 인간의 이타심 측정 실험 결과를 그린 히스토그램. 가로축은 실험 참가자들이 받은 1만 달러 중 자신의 가구 외에 사용한 금액을 나타낸다. 세로축은 사용한 금액이 가로축 상에서 각 500달러 단위에 속하는 참가자 수를 보여준다. 그래프상 점선은 평균값 중 한 형태인 산술평균을 나타낸다. (출처: Ryan Dwyer)

으로 저소득 국가나 고소득 국가 사이에 차이가 없었다. 트윗으로 공공연하게 돈의 사용처를 기록한 그룹이라고 해서 전반적으로 크게 다른 씀씀이를 보이지도 않았다. 자신의 가구 내 가족들에게 돈을 조금 덜 썼다고 말할 수 있을 정도의 수준이었다.

하지만 해당 논문에서 데이터를 읽어내는 일은 쉽지 않았다. 산술평균과 표준편차 같은 개괄적이고 기본적인 통계 수치만 제공되었기 때문에 사람들이 돈을 얼마나 다르게 썼는지 파악하기가 어려웠다. 나는 논문의 주 저자였던 라이언 드와이어Ryan Dwyer에게 연락을 취했다. 그는 친절하게도 한 그래프 자료를 보내주었고, 그 그래프에는 내가 궁금해하던 수치의 변화가 표현되어 있었다(표 2 참조).

그 그래프는 실험 참가자들이 자신의 가구 외의 사람과 물건에 지출한 금액을 보여주는 히스토그램이었다. 가로축은 500달러 단위로 반올림된 금액으로 추정되고, 세로축은 각 금액 구간에 해당하는 참가자 수를 나타냈다. 그래프상에서 보이는 점선은 산술평균을 나타내며, 전체 연구 참가자의 평균 지출액은 3678달러였다.

이 히스토그램을 보면 통계 용어로 '최빈값'이라 부르는, 가장 많이 나타난 값이 0달러임을 알 수 있다. 200명 중 25퍼센트 이상이 자신의 가구 외의 사람과 물건에 한 푼도 쓰지 않았는데, 이는 자신의 가구 외부에 1만 달러를 모두 사용한 참가자의 약 두 배에 해당한다. 통계적 평균인 산술평균은 고무적인 결과를 보여주지만, 또 다른 평균인 최빈값은 상당히 덜 고무적인 셈이다. 그러니 《뉴욕 타임스》 칼럼니스트가 「평균적으로 인간은 자기 집안 외의 사람 그 누구에게도 돈을 쓰지 않는다」라는 제목으로는 클릭을 유도하기 어렵고, 칼럼 자체도 형편없어질 것 같다고 판단해 자기 입맛대로 해당 논문을 인용했던 것이 아닐까 하고 생각한다. 산술평균과 최빈값 모두 평균값인 것은 맞지만 하나는 우리가 원하는 이상적인 틀에 잘 맞고, 다른 하나는 그렇지 않다.

이 연구 결과는 다음 질문에 대한 답을 찾고자 하는 학계의 방대한 노력과 의지를 반영한다. '인간은 이타적인가? 인간은 표트르 크로포트킨이 예상했던 모습과 같을까, 아니면 토머스 홉스가 생각했던 모습과 같을까?' 이 분야에서 이루어지는 연구 수만 해도 정말 많아서 일부 사람들은 최근 '코퍼레이션 데이터뱅크Cooperation Databank(줄여서 '코다CoDa'라고 부른다)'라는 웹사이트를 구축해 실시간으로 해당 분야 연구 결과를 분석해 볼 수 있도록 하고 있다. 현재 이 글을 쓰는 시점을 기준으로, 약 1809건의 학술 논문이 웹사이트에 등재되어 있고, 2636건의 관련 연구가 있으며, 35만 명 이상의 연구자들이 참여하고 있다.[5]

코다에서 진행되는 연구들은 다양하고, 연구 설계 또한 기발한 것들이 많다. 그리고 아마도 매우 많은 연구에서 다음과 같은 애덤 스미스의 말을 인용하며 서문을 열고 있을 것이다.

> 우리가 우리의 저녁 식사를 기대할 수 있는 것은 정육점 주인, 양조업자, 제빵업자의 호의 덕분이 아니라 그들이 자신의 이익에 관심을 가진 덕분이다.

이 구절은 학계에서 즐겨 인용된다. 인간의 친사회성 및 반사회성에 관심 있는 연구자들의 연구 목표, 심지어 그들의 선입견까지 고스란히 드러낸다.

일부 연구자들은 설계가 단순한 실험을 진행한다. 한 사람에게 일정 금액의 돈을 주고 선택권을 준다. 그 돈을 자기가 갖거나, 일부를 타인에게 주거나, 혹은 전부를 타인에게 줄 수 있다. 때때로 실험 참가자들은 여러 사람과 함께 복잡한 게임을 한다. 친사회적으로 행동하지 않은 사람을 벌할 수 있는 권한이 주어지기도 한다. 학계가 스미스의 말에 집착하지 않는다는 점에서 짐작할 수 있겠지만, 설계가 어떻게 되었든 모든 실험은 가능한 한 많은 돈을 남기는 것이 실험 참가자가 할 수 있는 이성적인 행동이라는 기본적 가정에서 시작한다.

하지만 현실 속 사람들은 끊임없이 이 독트린을 배신한다. 친사회성 수준도 사람마다 다르다. 학계 전반에 걸쳐 표면적으로는 인간이 항상 이기적일 것이라는 데 대한 증거가 거의 없다. 1956~2017년 사이 미국에서 진행된 650여 건의 연구를 분석한 결과 인간은 60년 주기로 더 관대해지는 것처럼 보인다는 흥미로운 경향이 발견되었다. 대중적 신뢰도는 점점 더 낮아진 것으로 나타났고, 자원의 불평등 또한 1950년대 대비 2017년에 명백히 심화되었다는 점을 고려하면 인간이 주기적으로 더 관대해졌다는 사실은 놀라운 결과였다.[6]

인류학자 조지프 헨릭은 위의 연구들이 진행된 방식에 대해 반대했다. 종종 '경제학 게임'이라 불리는 이러한 연구들에 참여한 사람들은 아주 높은 확률로 서구의 부유한 국가에 사는 사람이었다. 이에 헨릭은 'WEIRDWestern, Educated, Industrialized, Rich and Democratic(서구, 고학력, 산업화, 부유, 민주주의 체제를 갖춘 집단)'라는 용어를 고안했는데, 그는 이렇게 주로 한쪽으로 편향된 참가자 표본이 인간 본성에 관한 주장을 뒷받침하는 근거로 사용되었다고 주장했다.[7]

헨릭의 연구팀은 경제학 게임을 다른 장소에서 진행해야 한다고 주장했다. 인류가 진화해 온 조건과 좀 더 유사한 환경에서 사는 사람들이 있는 그러한 장소 말이다. 호모 사피엔스가 약 30만 년 전 등장했다면 산업화가 진행된 지난 150년은 인류 역사에 튄 작은 얼룩 하나에 불과할 뿐이다.

이러한 이유로 인류학자들은 세계 전역에서 여러 인간 집단을 대상으로 경제학 게임을 실험하고 있다. 2001년 하드자족, 아체족 등 수렵 채집 사회를 포함한 열다섯 곳의 소규모 사회를 대상으로 진행한 경제학 게임 실험에서 그들의 친사회적 행동 정도를 측정했을 때 이기심은 거의 찾을 수 없었다. 여러 차례 다양한 경제학 게임을 시행했음에도 그들은 연구자들이 건네준 자원을 타인과 나누고자 했다.[8] 참가자 집단 간 어느 정도 차이는 있었지만, 평균적으로는 누구도 공공연히 이기적인 모습을 드러내지 않았다. 이 연구뿐만 아니라 뒤이어 진행된 유사 연구들도 인간 존재에게는 친사회성이 보편적으로 나타난다는 주장이 사실임을 증명해 주는 듯했다. 다만 친사회성의 발달 원인은 문화적 맥락에 따라 달라질 가능성이 크다.

2001년 연구에 참여했던 에른스트 페어 Ernest Fehr 는 취리히대학교 경제학 교수로 재직하며 세계 곳곳의 사람들을 대상으로 다수의 경제학 실험을 진행했다. 페어는 실험에서 얻은 결과들로 자신이 '불평등 회피'라 명명했던 개념과 그 믿음에 정당성을 찾고자 했는데, 그는 모든 사람은 겉보기에 자원의 공정한 분배를 선호한다고 주장했다.

그러나 정작 부유한 국가 출신 연구자들의 행동을 실험 참가자들이 어떻게 받아들였는지 들어보면 반드시 위의 주장과 일치하지는 않는다. 칼라하리사막의 !쿵족과 함께 실험을 진행했던 폴리 위스너는 2009년 발표한 논문에서 다음과 같이 썼다.

> 나는 취리히대학교 에른스트 페어 교수와 논의한 끝에 !쿵족과 경제학 게임 실험을 진행하기로 했다. 나는 자원이 있으면 생겨나는 수많은 요청을 방지하기 위해 !쿵족 사람들에게 그들이 어떻게 그 실험에 참여하는지 보고 싶어 하는 스위스인 남성이 있다고 말하며 연구에 관해 설명해 주었다. 그리고 그들에게 이번 실험은 그 남성의 관심사이지, 당신들이 어떤 결정을 내리든 나는 전혀 관심이 없다고 분명히 말했다. 그리고 어떤 선택을 하든 그에 따른 불이익이나 보상도 없다고 설명했다. !쿵족을 대상으로 한 특이한 연구들이 정말 많이 진행되었기 때문에 이러한 설명은 그들에게도 전혀 이상한 것이 아니었다. 그리고 !쿵족 또한 실험에 참여하는 데 관심이 매우 높았다. 오늘날까지도 그들은 그 스위스인 남성이 자신들에게 언제 또 다른 '머니게임'을 보내주는지 묻는다.[9]

!쿵족과 여러 차례 경제학 게임 실험을 시행한 위스너는 실험 후 !쿵족 사람들이 실험을 통해 받은 돈을 어떻게 사용하는지도 추적했다. 위스너는 익명으로 진행된 실험에서의 행동 양식과 일단 돈이 생기고 난 뒤의 행동 양식에 차이가 있다는 사실을 발견했다. 그들은 실험 중에는 다소 인색했지만, 실험이 끝난 뒤 대가를 받고 나면 더 관대해졌다. 특히 위스너는 실험에서 주어지는 평판적 요소에 관한 !쿵족의 관심에 대해서도 다음과 같이 썼다.

몇몇 참가자들이 **진짜** 자신의 신원이 드러나지 않는지 내게 한 번 더 물었다. 확답을 듣고 나서야 그들은 동전을 하나씩 자기들 쪽으로 옮겼다. 가끔은 실험 참가자가 망설이며 정말 자신을 속이는 것이 아닌지 내게 또 묻기도 했다.

위스너는 '실험'과 '현실'에서의 행동이 다른 이유로 실험에서는 베풂이라는 일반적인 문화적 맥락이 제거되기 때문이라고 주장했다. 인간은 자신이 이끄는 문화적 규범에서 분리되면 더 쉽게 이기적으로 행동했다. 그에 비해 자신이 번 돈을 쓸 때는 이타심에 관한 문화적 요구가 압박감으로 작용했다. 위스너가 실험 참가자들과 이야기해 본 결과 모든 참가자는 자신이 어떻게 행동하는지에 따라 앞으로 더 많은 '머니 게임'에 초대받을 가능성이 높아지는지에 대해 진심으로 신경 쓰고 있었다.

독재자의 선택

여러 연구에서 관찰되었듯 인간이 단순히 냉정하고, 경제적으로 합리적인 이기심만을 따르지는 않는다는 이 표면적인 결과를 자세히 들여다보면 친사회성은 문화적 맥락성을 가진다는 사실이 드러난다. 이 특성은 인간이 사회적 자본에서 자원 자본을 분리할 수 없다는, 인간의 집합적·직관적 무능을 여실히 보여준다. 앞서 소개한 애덤 스미스의 인용구에서처럼 인간은 기회가 있을 때 최대한 많은 돈을 가져야겠다는 데만 집중하지 않는다. 특히 스스로 관찰당하거나 연구 대상이 되었다는 생각이 들 때면 타인에게 어떤 메시지를 전달하고자 한다.

연구자들은 이러한 사실을 인지했고, 실험을 설계할 때도 이를 고려했으나 실험 참가자로 등록된 순간, 그 사람에게서 누군가에게 관찰당한다는 느낌을 제거하기란 거의 불가능했다. 하지만 여전히 많은 연구가 영리하고 기발한 설계를 통해 경제학 게임에서 인간의 협력 가능성이 어느 정도인지 파악해 나가고 있다.

앞서 소개한 2001년의 연구에서 볼 수 있듯 우리가 정상적으로 교류하는 사회적 맥락에서 실험 참가자들을 분리할 수 있다고 해도 그들이 경제학 게임에 임하는 방식에는 문화적 차이가 존재한다. 만약 연구자가 모든 실험 참가자를 관찰하고 있을 경우, 해당 실험에서 수렵 채집 집단의 구성원들이 다른 참가자들보다 더 이타적인 이유를 그들이 관찰당하고 있기 때문이라고 설명하기는 어렵다. 이 경우는 지역별 사회적 규범 같은 다른 이유가 있어야 설명이 가능하다. 연구가 진행되지 않을 때는 사회적 규범들의 영향력이 더 낮아진다고 해도 말이다.

1980년대 일본의 사회학자 야마기시 도시오가 시행한 일련의 연구들을 보면 그러한 점들이 사실로 드러난다.[10] 야마기시의 실험들은 이후 진행된 경제학 게임들에 상당한 영향을 미쳤다. 감시가 심한 국가에 사는 사람일수록 실험이라는 설정 아래 그가 타인에게 신뢰를 보일 가능성이 더 낮았다. 특히 야마기시는 실제로 사회적 딜레마를 반영한 두 실험에서 미국과 일본의 실험 참가자들이 얼마나 높은 수준으로 신뢰를 보여주고 협력하는지 관심을 가졌다. 예를 들어 동네 공원 등 공공재 프로젝트에 참여할지 선택할 때 사회적 딜레마가 있다면 어떤 결정을 내릴지 참가자들에게 묻는 방식의 실험이었다. 첫 번째 실험에서 참가자들은 공익에 부합하는 협력을 하지 않을 경우 제재(벌)를 받았다. 두 번째 실험에서는 협력하지 않은 참가자들에게 어떤 제재도 가하지 않았다.

실험이 진행되었던 당시만 해도 감시와 관찰 수준이 높지 않았던 사회에서 살았던 미국인들은 제재 시스템이 제거된 상태에서 더 높은 수준의 신뢰와 협력적 태도를 보였다. 그러나 일본인들은 제재 시스템이 제거되자 타인을 믿지 않았고, 덜 협력적인 모습을 보였다. 이는 기회의 문제 이론에서 예측했던 것과 일치하며 그보다 한 단계 더 나아가 설명한다. 즉 높은 수준의 감시가 이루어지는 사회에서는 관찰당한다는 걱정, 혹은 협조하지 않을 시 처벌받을 수 있다는 걱정으로 사람들이 협력하는 것이라 예측할 수 있다. 감시 시스템이 없으면 사람들은 자신의 신뢰도와 친사회성의 바탕이 되는 개별적 규범에 더 의존하게 된다. 그러나 안면 인식 기술이 발달하고, 스마트폰같이 기술적 도구들이 우리를 감시한다는, '감시 자본주의'에 대한 우려가 증가하는 상황에서 야마기시의 연구 결과들이 과연 현대 미국 사회에서도 여전히 그대로 작용할지는 흥미롭게 살펴보아야 할 부분이다.

창의적으로 설계된 또 다른 연구에서는 다른 협력 관련 연구에서 도출된 피상적 분석보다 더 어두운 경향성이 발견되었다. 한 연구에 따르면 일부 사람들은 자신과 함께 게임에 참여한 사람들이 자신의 선택을 알 수 없다고 판단하면 더 이상 친사회적으로 행동하지 않았다.[11] 이러한 경향은 '독재자 게임'이라는, 두 명이 참가하는 경제학 게임으로 확인할 수 있다. 연구자에게 (보통) 10달러 정도의 돈을 받은 독재자 역할의 참가자1은 참가자2에게 얼마를 나누어줄지 선택할 수 있다. 참가자2는 아무런 선택권 없이 무엇이든 주어지는 대로 받아들여야 한다.

협력의 진화를 연구하는 연구자들은 종종 독재자 게임을 두고 공정함에 대한 인간의 선호도를 보여주는 증거라고 말한다. 독재자는 게임 구조 내에서 상대에게 돈을 주지 않는다고 해서 문제 될 것이 없다고 해도 종종 돈을 나누어준다. 하지만 한 연구에서는 독재자들에게 다른 선택권을 주었다. 자신이 받은 10달러 중 1달러를 내면 상대 몰래 게임에서 나갈 수 있으며, 나머지 9달러를 자신이 모두 가질 수 있다는 선택권이었다. 그러자 독재자로 참가한 사람들의 3분의 1이 이 선택권을 골랐다. 게임에서 나갈 경우 10달러보다 1달러 더 적은 돈을 가지게 되어도 말이다. 물론 10달러를 다 가질 경우 상대에게 자신이 돈을 다 가졌다는 사실이 알려지는 것을 피할 수 없다.

그러자 연구자들은 이번에는 '비밀이 보장된' 상황을 만들었다. 참가자1은 독재자 게임에 대해 알지만, 참가자2는 이 게임을 전혀 모르게 한 것이다. 이렇게 설정이 바뀌자 단 한 명의 독재자도 '조용히 중단'하기를 선택하지 않았다. 독재자가 자신의 익명성을 위해 비용을 지불할 필요가 없었던 것이다.[12]

또 다른 연구 중에는 F. 스콧 피츠제럴드F. Scott Fitzgerald의 소설 『위대한 개츠비』를 떠오르게 하는 것도 있다. 특히 소설 속 광고판에 그려진 T. J. 에클버그 박사의 게슴츠레한 눈과 그 눈에서 느껴지는 신적 전지全知에 대한 두려움마저 연상시킨다.[13] 2005년부터 시작된 이 연구에서 실험 참가자들은 좁은 방에 앉아 컴퓨터로 경제학 게임에 참여한다. 이 게임에서 참가자들은 모의의 공공재에 기부하거나 안 할 수 있다. 이러한 게임 대부분에서 경제학적으로 이성적인 결정은 기부하지 않는 것이다. 돈을 내지 않아도 다른 사람들이 기부한 돈으로 생긴 이익을 나도 같이 나누어 받을 수 있기 때문이다.

하지만 여기에 약간의 변수가 추가된다. 연구자들은 일부 참가자들이 좁은 방에서 게임에 참여할 때 누군가가 그들을 감시하도록 했으며, 나머지 참가자들에게는 감시자를 붙이지 않았다. 그러자 누군가가 자신을 지켜보았던 참가자들은 다른 참가자들에 비해 공공재에 더 많이 기부한 것으로 드러났다.[14] 실험에 참여했다는 데 더해 누군가가 지켜보고 있다는 사실이 사람들의 친사회성을 고무시키는 데 더 도움이 된 것이다.

정말 영리하게 고안된 연구들이 너무 많아서 그중 100분의 1만을 사례로 들어 이야기하기도 벅차다. 하지만 스미스가 했던 말과 사람들의 행동이 계속 동일할지 확인하고자 했던, 한 차원 이상 깊이 파고들었던 연구들을 보면 인간은 공정을 선호하고 불평등을 회피하려는 그 이상의 무언가를 지니고 있다. 즉 '인간은 본래 이타적이다'라는 학문적 표현만으로는 설명할 수 없는 무언가가 존재한다. 맑은 날 뉴욕 센트럴파크나 런던 리전트파크에서 마주치는 사람들의 행복한 표정이 뉴욕이나 런던 시민들 기분의 평균이라고 생각할 사람은 거의 없을 것이다. 행복한 표정은 진실을 보여주지 않는다. 우리는 여전히 연구자들의 감시가 있든 없든 무엇이 인간 행동의 동기가 되는지 더 깊이 연구할 필요가 있다.

합리화하는 인간

적어도 내게는 인간에게 불평등 회피보다 공정이 선호 대상이 아니라 하나의 잣대라는 주장이 더 설득력 있다. 인간은 선천적으로 평등을 선호하지 않는다. 오히려 평등하다고 믿는 것을 기준으로 나와 타인의 행동을 재며 판단한다. 이러한 방식으로 바라보면 우리가 인식하는 공정이란 모든 사람이 궁극적으로 바라는 목적이라기보다는 보이지 않는 경쟁자들이 어떻게든 우회하려고 애쓰는 착취에 대한 장벽이라고 할 수 있다.

이는 인간에 관한 오래되고도 흔한 묘사인 '합리적 인간'이라는 개념을 확장한 것으로, 호모 에코노미쿠스와도 연관된다. 애덤 스미스를 비롯한 다른 여러 경제학자가 예측했듯 합리적 인간이라는 이상향은 인간이 자신에게 이익이 되는 방법을 계산해 행동하는 방향으로 진화했음을 시사한다. 하지만 지금까지 진행된 수천 건의 경제학 게임 실험을 보면 이는 틀린 주장이며, 인간이 온전히 친사회적이기만 한 것도 아님을 알 수 있다.

적어도 공정에 있어서 인간은 '합리적'이 아니라 '합리화하고 있다'. 즉 인간은 자신을 포함해 사람들이 상황에 따라 어떤 대우를 받을 자격이 있는지 복잡한 판단을 내린다. 이때 단순히 이기적이거나 친사회적 욕구만을 고려하지 않고, 그 이상의 요소들까지 고려한다. 여러 연구에서 관찰된 '도덕적 면허' 또는 '자격 부여'라는 효과가 이를 설명하는 데 도움이 된다.[15]

예를 들어 2001년에 진행된 한 연구를 보면 누군가에게 자신의 도덕적 관점을 표현할 기회가 생기면 그 사람은 편향되게 행동할 확률이 증가했다.[16] 이 연구에서는 고용 시장의 성차별에 대해 평가하는 실험을 진행했는데, A그룹의 남성들에게는 성차별적 발언에 대해 공개적으로 반대할 기회를 주고, B그룹의 남성들에게는 그러한 기회를 주지 않았다. A그룹에 속한 사람들은 B그룹에 비해 전형적으로 남성이 많은 직무에 남성 지원자들을 선택하는 확률이 높았다. 평등주의에 대한 견해를 공개적으로 발언했음에도 오히려 그에 반대되는 편향으로 행동한 것이다.

또 다른 연구에 따르면 실험 참가자가 자선 단체에 기부하는 상상만 해도 명품 제품을 구매할 확률이 높아질 수 있었다.[17] 또한 부정행위가 왜 받아들여질 수 있는지를 합리화할 수 있다면 실험 참가자들이 수학 시험에서 부정행위를 저지를 확률이 더 높다고 밝힌 연구도 있었다.[18]

나와 타인에게 우리가 공정을 믿고 있다는 인상을 주면 오히려 공정하지 않게 행동하는 데 필요한 인지적 도구를 부여받는 듯하다. 마치 상상의 법정에서 자신을 변호하기라도 하는 듯 나의 행동을 어느 정도 합리화할 수 있다면 공정에 대한 기준은 무시할 수 있다는 의미다.

공정을 하나의 잣대로서 보는 관점은 여러 가지로 변형된 형태의 경제학 게임들에서 발견된 주목할 만한 일부 연구 결과들과도 일치한다. 실험 참가자 한 명의 행동에 따라 결과가 달라지는 독재자 게임과 달리 '2인 게임'에서는 참가자 두 명의 행동이 결과에 영향을 미친다. 2인 게임에서 참가자들은 자신과 다른 사람이 가진 소유권 정도에 따라 분배된 돈을 받아들인다.[19] 공정에 대한 영장류의 반응을 살펴본 연구도 있다. 갈색꼬리감기원숭이는 다른 원숭이와 똑같은 과제를 수행하고도 다른 원숭이가 더 많이 보상받으면 자신에게 불평등하게 분배된 음식을 거부했다.[20]

합리화는 인간이 자신의 이익을 위해 공정을 피하거나 왜곡하려 사용하는 도구다. 심지어 합리화는 때때로 공정하다고 믿는 것들에 대한 이해도 흐려지게 한다. '동일 노동 동일 임금'이라는 슬로건은 '유럽연합의 기능에 관한 조약Treaty on the Funcioning of the European Union'에도 등장한다. 하지만 이를 조금만 자세히 들여다보면 동일 노동에 동일 임금을 지급하는 일이 어렵다는 것을 알 수 있다. 노동자 중 한 명이 물가가 더 비싼 도시에 살아야 한다면 어떻게 해야 하는가? 누군가는 돌보아야 할 자녀가 세 명이지만, 누군가는 미혼이라면? 어느 기업 직원들의 나이와 경력의 범위가 굉장히 넓어서 아주 다양하다면?

이러한 질문들이 규칙의 힘을 약화시키는 것은 아니지만 규

칙을 어떻게 적용해야 할지에 관해 결정하는 데는 영향을 미친
다.[21] 이 문제는 단순히 이론적인 문제 그 이상이다. 공정에 관
한 인식은 영국이나 미국의 현대 정치에서 조세 같은 논쟁적인
주제를 두고 여러 상반되는 주장이 등장하게 된 원인이 되었다.
2022년 엘리자베스 트러스Elizabeth Truss가 영국 총리에서 사임한
뒤 영국 재무장관은 국민보험 세금을 인상했고, 근로자 대부분에
게 동일한 금액이 더 부과되었다.[22]

　일부 중도파와 노동당의 거의 모든 좌파 당원은 이러한 세금
인상이 공정하지 못하다고 주장했다. 돈을 적게 버는 사람이 돈을
더 많이 버는 사람과 동일한 세금 인상률을 적용받아서는 안 된
다는 주장이었다. 누가 옳은지를 가리기 위해 이상화된 공정성 개
념에 호소하면 될까? 아니면 한쪽, 혹은 양쪽 모두의 편에서 평등
을 지지하거나 반대하는 정치적 목적을 추구하기 위해 공정성이
라는 개념을 이용하는 것일까?

　현대 사회의 정치적 힘과 시장은 게으름, 무시, 무관심을 통해
공정에 관한 믿음을 지속적으로 왜곡하며 타인을 착취하거나 타
인에게 착취당할 위험으로 우리를 내몰고 있다. 2013년에 두 연
구자가 정치적 힘과 시장이 어떻게 도덕적 의사결정을 왜곡할 수
있는지 연구했다. 그들은 이 연구를 통해 시장이 얼마나 나쁜 영
향을 미치는지 밝혔다.[23] 그들은 '잉여 생쥐surplus mice'라고 알려
진 실제 생쥐들을 사용했는데, 이 생쥐들은 유전학 연구 같은 실
험을 위해 사육되었지만 어떤 이유로 인해 원래 목적대로 사용할
수 없게 된 생쥐들을 말한다(두 연구자는 생쥐를 이용한 해당 연구에 대한

윤리적 방어로서 이 잉여 생쥐들이 기본적으로는 안락사된다는 사실을 언급했다. 이 사실이 왜 중요한지는 곧 이야기할 예정이다).

　　해당 연구에서는 실험 참가자들을 '개인', '2인 시장', '다자 시장', 세 개의 그룹으로 나누었다. 각 그룹에 속한 참가자들에게 생쥐들을 살릴지 죽일지 선택하도록 했다. 물론 실험이 끝나기 전까지 잉여 생쥐에게 (보통) 어떤 일이 일어나는지 이야기하지 않았다. 대신 참가자들에게 이 실험실의 생쥐들이 어떻게 죽임을 당하는지 생생한 장면이 담긴 영상을 보여주었다. 그리고 각 참가자에게 생쥐의 목숨은 당신의 선택에 달렸다고 이야기했다. 개인 그룹에 속한 참가자들은 돈을 받지 않고 생쥐를 살리거나 10유로를 받고 생쥐를 죽여야 했다. 이 그룹에 속한 124명의 참가자 중 45.9퍼센트가 10유로를 선택했다.

　　여기까지만 해도 이미 조짐이 좋지 않지만, 여기에 시장 변수를 더하면 또 다른 결과가 나타난다. 2인 시장 그룹에 속한 참가자들은 다시 '판매자'와 '구매자'로 나뉘었다. 참가자들은 모두 20유로씩 받고 잉여 생쥐의 값을 흥정했다. 서로 합의가 이루어지면 판매자는 판매가를 받고, 구매자는 판매가를 낸 나머지 돈을 모두 가지고, 생쥐는 죽임을 당했다. 이러한 설정에서 2인 시장 그룹에 속한 판매자의 72.2퍼센트가 10유로, 혹은 그보다 낮은 판매가를 받아들였다. 다자 시장 그룹 역시 2인 시장 그룹과 동일한 설정이었지만, 대신 판매자와 구매자의 수가 더 많았다. 그럼에도 실험 결과는 유사했다. 다자 시장 그룹에 속한 판매자의 75.9퍼센트가 10유로, 혹은 그보다 적은 돈을 받고 생쥐를 죽이고자 했다.

　이 연구의 논문을 쓴 연구자들은 2인 시장, 혹은 다자 시장 그룹에 속한 사람들과 개인 그룹에 속한 참가자들 행동 사이에 차이점을 설명해 줄 수 있는 것은 시장이라고 제시했다. 시장 변수를 더한 경제학적 설정에서는 여러 사람이 개입되기 때문에 한 사람의 결정으로 인해 느낄 수 있는 죄책감을 타인과 나눌 수 있다. 둘, 혹은 그 이상의 사람이 생쥐의 죽음에 연루되는 것이다. 다시 말해 시장 논리는 어떤 사회에서든 비윤리적 행동도 용인될 수 있게 한다. 만약 모두가 생쥐의 목숨을 두고 거래한다면 그 행동은 덜 잘못된 것처럼 보일 것이다. 결과적으로 흥정, 언쟁, 사회화 등 시장 체제에 내재한 상호 작용이 판매자와 구매자의 관점이 될 것이고, 정작 한 동물의 목숨이 나의 손에 달렸다는 사실은 등한시될 것이다.[24] 달리 말하면 시장은 평소라면 비윤리적이라 할 행동들을 쉽게 하도록 우리를 유혹할 수 있다.

　미국, 영국 등과 같은 국가에서 기분 전환을 위한 마약으로 널리 애용하고 있는 코카인도 예로 들 수 있다. 2005년 《가디언》에 따르면 코카인 1그램을 흡입할 때마다 콜롬비아에서는 한 명이 목숨을 잃는다고 한다. 역사적으로 콜롬비아는 서구 사회에 유통되는 마약의 상당량을 불법으로 공급하는 국가로 잘 알려져 있는데,[25] 단순히 마약 밀매에 연루된 사람들만 살해당하는 것이 아니라 그들의 부모, 자녀, 심지어는 영아들도 희생양이 된다.

　결과적으로 인간의 윤리는 상황에 따라 달라진다고 말할 수 있다. 혹은 인간의 도덕성이 다르게 발현된다고 말하는 것이 맞을지도 모르겠다. 노동력을 착취하는 작업장에서 생산된 팜유나 옷을 구매하는 것이 잘못되었다고 말하기는 쉽다. 그러나 실제로도 그렇게 행동하지 않는 것은 다른 문제다. 우리는 편의와 생계를 위해 시장에 의존한다. 우리가 가진 윤리 개념에 반해 시장이 지닌 의미가 다소 불편하다 해도 그것을 무시하며 사는 삶이 21세기를 사는 우리의 모습이다. 그리고 그렇게 어느 정도 무시할 수 있어야 우리의 정신도 온전하게 보전할 수 있다.

이는 대부분의 사람이 알고 있는 불편한 진실이며, 우리를 둘러싼 불평등을 합리화해 잊어버리는 인간의 놀라운 능력이기도 하다. 하지만 이미 이와 관련한 논의들은 어두운 방향으로 급속히 흐르고 있다. 앞서 언급한 !쿵족이 참여했던 경제학 게임을 고안한 에른스트 페르는 스위스 취리히대학교에서 근무하고 있다. 제2차 세계대전 당시 표면적으로 중립국이었던 스위스는 나치 독일의 홀로코스트Holocaust로 살해당한 유대인들의 수십억 달러에 달하는 재산 소유권을 가지고 있었다. 1998년 스위스는 해당 재산 중 10억 달러 이상을 홀로코스트 희생자들에게 반환하기로 합의했지만, 스위스가 압류한 희생자들의 재산 총액은 여전히 알려지지 않았다. 들리는 정보에 따르면 당시 적어도 200만 개의 은행 계좌가 사라졌다고 한다.

2004년 미국의 판사였던 에드워드 R. 코먼Edward R. Korman은 자신이 수년간 담당해 온 스위스 은행들과 관련된 소송에 대해 놀라운 내용의 판결문을 작성했다.[26] 코먼은 판결문에서 "스위스 은행들은 나치 독일 시대와 그 여파에도 자신들은 중대한 불법 행위를 저지르지 않았다는 새빨간 거짓말을 퍼뜨리고 있다"라고 말했다. 그는 1998년 역사적 합의가 이루어진 후에도 스위스 은행들이 지속적으로 보상을 피했고, 유실 서류에 관해 거짓말했으며, 전쟁 중 취득했거나 독일제국은행으로 이체한 자금에 관해서도 지속적으로 거짓 진술을 해왔다는 사실에 주목했다.

또한 코먼은 스위스 정부의 정책이 (현재는 인수 합병으로 사라진) 크레디트스위스 같은 스위스 은행들의 계좌 접근을 피하고, 계좌 증거를 없애도록 허용해 은행들이 그 계좌에 있던 보유금을 취득할 수 있도록 눈감아 준 사실도 강조했다. 희생자들의 친척들이 계좌 정보를 요구하자 은행들은 20세기 후반으로 가며 점점 더 높은 금액의 '조사비'를 요구했다. 1950년대 25프랑이던 조사비는 1980년대에는 750프랑까지 올랐다. 코먼은 판결문에서 "스위스 은행들의 비밀 유지 집착과 반복적인 비협조적 행위는 원칙을 따른 것이 아니라 그들의 이윤 추구를 위한 것이었음을 다시 한 번 강조할 필요가 있다"라고 말했다.

하지만 아이러니하게도 스위스가 교육에 적합한 국가임을 홍보하고 있는 한 디지털 마케팅 에이전시는 웹사이트에 역사적으로 성공한 스위스의 경제를 언급하며 금융 서비스 산업을 그 성공 요인으로 꼽고 있다. 해당 웹사이트에는 이렇게 적혀 있다.

> 전후戰後 스위스 은행 시스템의 또 다른 변화는 은행의 법적 비밀 유지 정책 제정이었다. 이를 통해 스위스 은행들은 나치 독일의 박해를 피해 도망친 유럽의 유대인들을 포함해 많은 유럽 부유층이 선호하는 금융 기관이 되었다. (······) 오늘날 금융 부문은 스위스 경제의 중

요한 산업으로 자리 잡았으며, 스위스 GDP(국내총생산)의 10퍼센트 이상이 금융 부문에서 발생한다.[27]

이를 두고 보면 '스위스' 최고의 대학교에서 진행했던 머니 게임이 누군가에게는 평등에 관한 인간의 선천적 선호도 관련 실험이라고 불린다는 사실이 상당히 흥미롭게 느껴진다. 아마도 시장 경제에 깊이 빠진 '합리화하는 인간'만이 받아들일 수 있는 터무니 없는 생각일 것이다.

명성이 착취를 가리는 방식

인간이 만든 모든 제도는 착취를 허용한다는 결함을 지니고 있다. 몇 달 전 한 친구가 자극적인 예를 들며 종교는 사이비 집단과 같다는 생각을 털어놓았다. 그 친구의 말처럼 조직적으로 형성된 주요 종교들은 열거하기 어려울 정도로 많은 추문을 낳고 있다. 역사적으로 보면 종교적 지위를 이용해 신자들을 속이고 착취한 사례부터 현대 기독교에서 발생한 아동 성 학대 사례까지 다양하다. 이념적으로는 아무리 매력적인 종교일지라도 그 지도자들이 교리를 이용해 부를 축적하거나, 신자들을 착취하거나, 자기 리더십에 저항하는 세력을 억누르는 사례가 없었던 종교를 찾는 것은 거의 불가능하다.

　　하지만 사이코패스 성향을 지닌 한 명의 중심인물을 두고 운영되는 사이비 집단이 아닌 종교, 더 넓게 보자면 '독실함'은 잘 작용하기만 한다면 인간의 이기적 본능을 극복하는 데 도움을 주는 강력한 통합 수단이다. 아마도 이러한 이유로 17~18세기 성직자이자 유명한 풍자 작가였던 조너선 스위프트가 "종교가 가장 훌륭한 것이므로 그 부패 또한 아마 최악일 것이다"라고 썼는지 모른다.[28]

　　수 세기 동안 종교의 부패를 목격해 온 많은 사람이 조직적으로 형성된 종교의 존재 이유가 이미 하찮은 존재로 전락한 사람들을 억압하고 착취하는 데 있다고 주장해 왔다. '휴머니스트 UK Humanists UK', '미국인본주의자협회 American Humanist Association', '신新무신론' 같은 움직임들은 서구 민주주의 국가 내 종교 단체들이 지니는 영향력을 지속적으로 공격한다. 예를 들어 휴머니스트 UK의 웹사이트에는 "문화와 믿음은 가정에서 전파되어야 한다"라는 글이 있기도 하다.[29]

　　종교적 신념이라는 이름으로 타인에게 수많은 억압적 행위와 관습이 강요되는 현실에서 어떤 무신론적 움직임이 더 나은 대안이 될 수 있을지는 불분명하다. 무신론자들은 종종 유대교와 이슬람교를 노골적으로 성차별적인 종교의 예로 든다. 특히 무슬림 여성들이 자신을 가리기 위해 착용하는 '부르카 burka'를 반대한다. 또한 머리카락을 가리기 위해 유대교 여성에게 강요되는 유대교식 가발을 반대하는 사람들도 있다. 많은 사람이 종교 교리가 성차별적이라는 이유로 종교를 공격한다. 일부에서는 교리를 통해 강간이나 강제 혼인이 정당화된다고 말하기도 한다.

2000년대 중반의 신무신론은 리처드 도킨스, 크리스토퍼 히친스Christopher Hitchens, 샘 해리스Sam Harris를 포함한 유명 학계·문화계 인물들의 주도로 시작되었다. 많은 기성학자가 신무신론에 동참해 미신이나 종교에 대한 비판적 탐구와 합리주의를 옹호했다. 신무신론자들은 노골적으로 종교를 반대했으며, 자신들의 신념을 널리 알리기 위해 인터넷을 활용했다. 신무신론이라는 새로운 신념은 비이성을 향한 공격으로 점철되어 신의 존재를 정면으로 부정했다. 신무신론자들과 인본주의자들은 종교성을 본질적으로 비이성적이라고 보았다.

이 움직임들이 자유롭고 비판적인 사고와 합리주의에 초점을 맞추고 있다는 점에서 페미니즘 운동과 잘 들어맞는다고 생각할 수도 있겠다. 페미니즘은 여성의 권리와 남녀평등을 옹호하는 운동이기 때문이다. 세계 주요 종교들에서 이루어지는 여성 박해는 신무신론자들이 종교를 비판할 때 사용하는 무기 중 하나이기에 페미니즘은 신무신론 같은 움직임에도 필수적이다.

그러나 신무신론 이후 10년도 채 되지 않아 신무신론의 다른 면을 암시하는 움직임들이 나타났다. 2014년 미국의 기자 마크 오펜하이머Mark Oppenheimer는 신무신론자들에게 존경받는 인물들 사이에서 이루어진 여성 착취와 여성 혐오에 대해 상세하게 폭로하는 기사를 냈다.[30] 기사는 과학 잡지 《스켑틱》의 창립자이자 과학자인 마이클 셔머Michael Shermer에 초점이 맞추어져 있었다. 셔머는 신무신론자들 사이에서 중요한 인물이었다. 그는 위험하고도 착취적인 종교의 관행과 합리주의에 관한 글로 명성을 얻은 자유사상가였다. 오펜하이머는 스물여섯 살이었던 무신론자 앨리슨 스미스Alison Smith가 당시 50대 중반이던 셔머의 초청을 받아서 갔던 파티에 대해 구체적으로 밝혔다.

셔머는 스미스에게 둘이 함께 쓸 글에 관해 이야기하자며 술을 마시게 했다. 정작 자신은 탁자 아래에 술을 숨기면서 마시지 않았고, 성관계를 위해 스미스를 호텔 객실로 데려갔다. 미국의 생물학자 P. Z. 마이어스P. Z. Myers는 이 일을 두고 블로그에 "학회에서 셔머가 나를 동의할 수 없는 상황으로 몰아넣은 뒤 성관계를 가졌다"라고 한 스미스의 말을 인용하기도 했다.[31] 셔머는 그날 밤 일에 대해 다른 사람들에게 거짓말했다. 심지어 스미스가 자신의 호텔로 돌아가는 방법을 찾기 위해 전화를 걸었던 스미스의 친구에게도 접촉을 시도했다.

이처럼 신무신론자들 사이에서도 성차별은 흔한 일이었다. 여성들은 학회에서 성희롱당한 사실을 신고하기도 했다. 한편 도킨스는 페미니스트들을 조롱하는 동영상을 소셜 미디어에 올렸고,[32] 2007년 히친스는 「여성은 왜 재미없는 존재인가」라는 글을 통해 남성이 여성보다 더 재미있어야 할 진화론적 필요가 있었다고 주장했다. 히친스는 "여성은 이러한 방법으로 남성에게 매력을 호소할 필요가 없다. 무슨 뜻인지 아는 사람들은 알겠지만, 여성은 이미 남성들에게 매력적이다"라고 표현하기도 했다.[33] 자신이 믿는 것이 무엇인지에 따라 죽임을 당할 수도 있다고 했던 해리스는 "나 자신이 취하는 비판적 태도는 어느 정도 본질적으로

남성적이며, 이는 여성보다는 남성에게 더 매력적으로 들린다"라고 주장했다.[34]

다시 말해 종교는 단순히 여성을 억압하는 하나의 수단에 지나지 않는다. 신무신론 역시 예외는 아니며 그 교리 깊은 곳에 박힌 자유사상과 합리주의는 셔머 같은 일부 인물들에게 여성을 혐오하는 여느 광신도와 전혀 다를 바 없는 수준으로 행동하게 하는 도덕적 자격을 부여했다.

종교 단체가 때로 억압과 착취를 둘러싼 논의의 중심이 되는 것은 사실이지만 이러한 문제가 종교 단체에만 국한되지는 않는다. 미국 대선에서 민주당이 참패했던 2016년 뉴욕 사교계의 유명 인사이자 당시 민주당 대선 후보였던 힐러리 클린턴Hillary Clinton의 전 보좌관이었던 오드리 겔먼Audrey Gelman은 더 윙이라는 신생 회사를 창립했다. 여성 중심의 소셜 클럽이자 공유 오피스인 회사 창업 동기에는 '모든 여성과 논바이너리non-binary의 발전을 위해 안전하고 포용적인 공간을 만들겠다'는 정신이 깔려 있었다.[35]

성별, 인종, 계급 등 다양한 정체성이 교차하며 발생하는 차별을 해결하고자 상호교차성 페미니즘intersectional feminism, 평등, 인종, 정의를 기반으로 설립된 더 윙은 뜻을 같이하는 여성들이 함께 일하고 협력할 수 있도록 힘을 실어주는 것을 목표로 했다. 그러나 2020년 코로나19 팬데믹의 영향을 받으며 더 윙에서는 중요도가 낮은 업무를 하는 직원들을 제대로 살피지 않았던 것으로 드러났다. 더 윙 내 다양한 보직에서 근무했던 여성 유색 인종 직원들은 불평등한 처우를 받으며 제대로 보수를 받지 못했고, 결국

해고당했다. 이후 겔먼은 사임했고, 회사는 매각되었다.[36]

이타주의적 목적으로 설립된 많은 조직에서 결국은 착취 관행이 형성되고, 누구나 그 관행의 피해자가 될 수 있다. 1930년대 경제적 어려움을 겪던 미국 배우 대니 토머스Danny Thomas는 '절망한 사람들의 수호성인'이라 불리는 유다 타대오에 도움을 청하며 기도했다. 이후 〈대니 토머스 쇼The Danny Thomas Show〉로 성공을 거둔 토머스는 성 유다의 이름을 딴 1962년 세인트 주드 어린이 연구 병원을 세우고, 소아암 환자들의 무료 치료를 약속했다.

세인트 주드 어린이 연구 병원은 현재도 미국 전역에서 도움이 간절하게 필요한 환자들이 찾아오고 있으며, 매년 빠짐없이 미국 내 10대 소아암 센터로 선정되고 있다. 그러나 병원의 광범위한 홍보나 모금 활동에도 모든 환자가 경제적 도움을 받을 수 있는 것은 아니다. 병원의 의사들은 무료로 어린이 환자들을 치료하지만, 자녀의 병을 걱정하며 병원을 함께 찾은 부모가 감당해야 할 교통비, 숙박비를 비롯해 휴직 후 병원 방문으로 늘어나는 개인적인 여러 비용을 보전받지는 못한다.

2021년《프로퍼블리카》는 병원에서 치료를 받은 환자들의 가족 중 100여 가족이 영리 크라우드펀딩 플랫폼인 고펀드미에서 펀딩을 시작했다고 보도했다.[37] 세인트 주드 어린이 연구 병원은 병원까지의 이동 거리가 800킬로미터 미만일 경우 숙박비를 지원하지 않는다. 병원 측은 소아암 자녀를 둔 한 어머니를 두고 이동 거리가 790킬로미터밖에 되지 않았다고 주장했다. 하지만《프로퍼블리카》에서는 그 어머니의 이동 거리가 852킬로미터였다고 확인했다. 이후 병원에서는 이동 거리가 약 640킬로미터가 넘는 환자의 가족들에게는 숙박비를 제공하겠다고 밝혔다.

　　이러한 규칙들은 병원의 영리 추구와는 전혀 관계가 없다. 이미 병원은 매년 10억 달러 이상의 기금을 받고 있다. 2021년에는 20억 달러가 모이기도 했는데, 기부자에는 할리우드 배우 제니퍼 애니스턴Jennifer Aniston 같은 유명인들도 포함되어 있었다. 병원 운영비는 매년 4억 달러 이상의 흑자가 나고, 병원이 보유한 현금도 50억 달러를 넘는다. 절망에 빠진 소아암 환자 가족들이 겪는 고통과 달리 병원장인 제임스 R. 다우닝James R. Downing을 포함한 고위 임원진들의 연봉은 150만 달러가 넘는다. 미국의 비영리 단체 감시·평가 기관인 채러티 워치에서 밝힌 병원 고위 임원진들의 연봉 수준은 절망한 사람들의 수호성인으로 일하는 사람들에 대한 보상치고는 꽤 높은 수준이다.[38]

　　이러한 사례들을 보면 실제로는 명성에 걸맞지 않게 행동해도 여전히 좋은 평판을 유지하는 기관이나 개인이 더 많을 것이라는 사실을 짐작할 수 있다. '위장'이라 불리는 과정을 통해 주변 환경에 잘 녹아들어 감으로써 자신을 감추는 일부 유기체들과 마찬가지로 인간 역시 명성 뒤에 숨을 수 있다. 이를 두고 '사회적 위장'이라고 한다. 더 윙이나 세인트 주드 어린이 연구 병원은 이도 저도 아닌 경계선에 걸쳐 있는 사례다. 심지어 후자는 도움이 필요한 사람들을 위해 많은 선행을 하는 기관이다. 어느 기관이든 대부분의 직원에게는 타인을 착취할 의도가 없을 수 있다. 우리가 두려워해야 하는 것은 실제로는 사람들을 착취하면서 그 사실을 아무도 모르게 위장하는 기관이다. 그러한 기관들이 바로 현대 사회의 보이지 않는 경쟁자들이다.

물론 평판 좋은 기관을 운영하는 모든 인물이 대중을 속여 이익을 취하고자 하는 의도를 지녔다는 뜻은 아니다. 하지만 좋은 평판이 그들에게 착취의 기회를 제공하는 것은 사실이다. 이 문제는 개별 기관에 국한하지 않는다. 더 광범위하게 퍼지며 평판 좋은 기관들의 사고방식이나 운영 방식 그 자체가 착취의 기회로 이어지게 한다.

더 고도화된 기술이 인간의 삶을 개선한다는 가설(혹은 근거 없는 믿음)을 예로 들어보자. 암호화폐는 많은 사람이 인간의 삶을 개선해 줄 도구라고 주장하는 대표적인 예다. 심지어 일부 인류학자들조차 조작 불가능한 기술적 플랫폼을 통해 돈거래를 추적할 수 있다면 사기 범죄를 예방하고, 금융권에서 발생하는 많은 범죄를 해결할 수 있을 것이라는 주장에 동의한다.

하지만 이는 불가능한 이야기다. 예측건대 암호화폐는 우리에게 또 다른 착취 기회를 제공할 뿐이다.《블룸버그》의 탐사보도 기자 지크 포Zeke Faux는 비트코인과 유사한 기술로 운영되는 암호화폐인 '테더'에 관한 기사를 통해 테더가 캄보디아의 노예 인신매매 조직을 운영하는 데 사용되고 있다고 보도했다. 기사에 따르면 해당 조직은 사람들에게 일자리를 약속하고 그들을 모처의 대규모 단지로 데리고 간 뒤 휴대전화와 여권을 빼앗아 도망가지 못하게 한다. 그다음 아무에게나 전화를 걸어 투자 사기에 끌어들이는 일을 하도록 강요한다. 이 과정에서 고통스러운 고문, 심지어 죽음에까지 이를 수 있는 폭력 행위가 자행된다. 테더를 사용하기 위해 신분 인증을 할 필요가 없어서 경찰이 테더를 사용한 범죄자를 추적하는 것도 불가능하다. 포는 기사에서 다음과 같이 말했다.

> 이러한 암호화폐 없이 노예 산업이 존재할 수 있을 것 같지 않았다. 암호화폐 옹호자들은 자신들이 어떤 방식으로든 가난한 사람들을 돕는다고 주장하겠지만, 그들 중 누구도 추적 불가능한 익명의 화폐 사용 기술이 가져올 어두운 결과를 굳이 알아보려고 하지는 않는 것 같다.[39]

우리 안의 사이코패스

위의 사례들뿐만 아니라 다른 여러 사례를 보면 인간이 만든 기관이나 제도는 그것들이 낳은 현대 사회에 만연한 착취에 대해 비난받아 마땅하다는 착각이 든다. 하지만 비난받아야 하는 것은 인간이라는 존재다. 인간이 만든 기관이나 제도는 현대 사회 착취의 한 수단일 뿐이다.

종교, 기업, 자선 단체, 산업, 학문적 기관, 혹은 인간으로 구성된 다른 어떤 조직을 이야기하든 마찬가지다. 조직 자체로만 보면 애초부터 인간을 착취하도록 하는 특성이 없고, 있을 수도 없다.

문제는 그 조직을 구성하는 인간이다. 인간에게는 여러 가지 특성이 있지만, 기본적으로 인간은 창의적이다. 인지 진화의 오랜 역사를 거치며 인간은 문제 해결 방법을 상상하는 능력을 발전시켜왔다.[40] 이러한 능력으로 인간은 세계 어디에서든 새로운 환경에서 생존을 가능하게 해주는 도구와 행동도 발전시켰다. 동시에 인간이 처한 사회적 환경을 정치적으로 헤쳐나가는 능력 또한 갖추게 되었다. 자신의 의도를 드러내는 것만큼 숨기는 것에도 능숙해졌고, 그렇게 우리는 보이지 않는 경쟁자가 되었다.

진화 과정에서 자본 추구를 선호하게 되면서 인간은 아이러니하게도 수만 년 동안 사회적 삶을 살며 지능을 발전시켰다. 이러한 지능은 타인을 착취하는 데 완벽한 도구가 된다. 오늘날 우리가 두려움을 느끼면서도 관심 있게 지켜보며 연구되고 있는 정신질환은 자본 추구를 선호하는 성향과 인간 지능의 차가운 결합이 극단적으로 나타난 형태다. 사이코패스들은 인간 사회의 기반 구조를 누구보다 잘 활용해서 어떤 도덕적 대가를 치르더라도 자신의 목적을 달성한다.

하지만 사이코패스적 기질을 가진 사람들이 사회, 특히 기업에서 불균형적으로 많은 권력을 가진 위치에 있다고 해도 우리역시 어느 정도는 그들과 같은 기질을 가지고 있다는 사실을 잊어서는 안 된다. 이기적 목적을 위해 타인을 이용하는 마키아벨리적 지능 말이다. 자본의 극대화는 사회에 작용하는 중력과 같다. 그것은 진화적 성공을 위한 필수적 요소이기에 인간을 끌어당긴다. 인간은 자원 자본, 사회적 자본, 체화 자본의 조합 없이는 번식할 수 없다. 그렇기에 지능을 사용해 그것을 얻고자 한다.

　자본 극대화의 흔적은 우리 주변 어디에서든 존재한다. 그 본질에는 인간 제도에 의한 그리고 그 내부에서 일어나는 모든 착취에 대한 근본적인 설명이 담겨 있다. 2018년 금융 서비스 기업인 골드만삭스가 발표한 의료 서비스의 미래에 관한 보고서는 다음과 같은 질문을 던졌다. '환자를 완치시키는 일이 과연 지속 가능한 사업 모델일까?'[41] 일상 대화에서 이러한 질문을 던지는 사람은 아마 사이코패스로 낙인찍힐 것이다. 백혈병 같은 만성 질환은 완전히 낫게 하는 것보다 고가의 약을 계속 쓰게 만드는 쪽이 사업적 이익 측면에서 낫다는 의미이기 때문이다. 그리고 이 질문에는 대기업이 질병 예방보다 사람들을 장기 치료에 중독되도록 하는 것에 더 관심 있다는 진실이 내포되어 있다.

　보고서를 쓴 사람들이 사이코패스가 아니라고 해도 그 보고서는 현대인의 삶에 뿌리 깊게 박힌 사이코패스적 사고방식을 보여준다. 앞서 보고서에서 던졌다는 질문이 바로 그 흔적이다. 생쥐의 목숨을 두고 10유로를 선택하게 했던 시장의 힘이 골드만삭스의 애널리스트들에게도 작용해 의료 서비스의 미래에 관한 그 같은 보고서를 쓰게 만들었다. 인간을 자본 증식을 위해서는 가축처럼 다루어지고, 인생 후반부에는 정맥에 약을 주입당하며 살아야 하는 존재처럼 바라본 것이다.

　이러한 보고서를 쓴 사람, 혹은 타인을 착취하는 기관의 일부로서 일하는 사람이 나쁜 사람이라고 가정해야 할 이유는 역시나 없다. 시장 경제에 속한 우리의 상황, 합리화와 자기기만을 통해

스스로를 속이는 능력, 나의 행동이 타인에게 끼치는 손해 그리
고 기업·산업·정치 구조 속에서 느끼는 죄책감을 녹여 우리는 사
이코패스적으로 보이는 언행을 하는 능력을 얻었다. 적어도 탐사
보도 기자의 관점에서 보면 말이다. 이는 인간이 악행을 보더라도
참는다는 의미이며, 암癌적인 존재 같은 일부 사람들이 더 이기적
으로 행동해도 눈을 감는다는 뜻이다. 암세포가 그러는 것처럼 유
기체 전체 기능을 방해하기 위해서는 단 하나의 세포만 장악해도
충분하다.

그럼에도 나의 동료 중 다수는 성공적인 사회는 친사회적인
사람들로 구성된다고 주장한다. 또한 타인과의 상호 작용에서 협
력하는 것이 인간의 기본값이라고 생각한다. 비록 타인을 도우며
행복을 느낀다고 해도 타인을 돕는 대가가 내가 중시하는 목적을
달성하는 데 방해가 된다면 결국에는 타인을 돕지 않을 가능성이
크다. 노숙자에게 돈을 주며 행복감을 느낄 수는 있지만, 그 노숙
자를 자기 집 남는 방이나 여분의 집에 살도록 초대하지는 않는
다. 평등한 교육 기회가 중요하다고 말하면서도 여력이 된다면 개
인 교습이나 비싼 사교육을 받기 위해 기꺼이 지갑을 열 것이다.
인간에게는 타인보다 앞서 나가는 것이 중요하고, 베푸는 것은 그
이후의 일이다.

이익을 향한 끝없는 이끌림은 레프 톨스토이의 희곡에서도
언급된 힘이다. 인간을 둘러싼 사회적 힘은 목적 달성을 위해서
라면 더 나은 판단도 무시해 버리는 방법을 알려준다. 그리고 더
나은 선택과 판단을 외면하는 데 능한 사람들은 타인에게 자신의

의도를 숨길 것이고, 심지어는 자기 자신도 속일 것이다.

　이것이 바로 우리가 채택해야 할 인간 본성을 바라보는 관점이다. 우리가 마주한 무수한 위협과 어떻게 하면 잘 싸울 수 있는지 알려준 관점이다. 인간이 선천적으로 협력적이라고 믿는 만큼 우리는 안일해지고, 타인과 세상이 제도적이든 아니든 계속 착취당하는 상황을 묵과할 것이다. '어둠의 힘'과 싸우기 위해서는 먼저 인정하는 자세가 필요하다. 그리고 현대 사회에 만연한, 종종 비윤리적 성질의 규범을 깨겠다는 의지가 필요하다.

6장

가짜 신호의 시대

규범을 깨는 존재, 인간

빛이야말로 좋은 것이기는 하지, 형제들이여.

하지만 그 빛과 함께 산다는 것은 쉽지 않아.

— 미하일 조셴코Mikhail Zoshchenko, 「전기가 들어오다Electrification」

1945년 9월 독일 뉘른베르크 감옥에서 알베르트 괴링Albert Göring
은 다음과 같은 글을 미국 정보부에 보냈다.

　　대령님, 저는 신에 대한 제 믿음, 당신의 인간성 그리고 미국의 정의
　　를 믿습니다. 그리고 그 정의는 아마도 불의를 피하려 할 것입니다.

　　만약 당신이 그의 이름에서 '괴링'이라는 성을 알아보았다면
그가 '헤르만Hermann'이라는 이름을 가진 사람과 가족 관계임을
짐작했을 것이다. 모르는 사람들을 위해 설명하자면 알베르트는

제2차 세계대전 당시 독일 공군의 총사령관이자 비밀경찰 조직 '게슈타포'를 창설한 헤르만 괴링의 동생이다. 헤르만은 아돌프 히틀러Adolf Hitler의 오른팔로 알려져 있으며, 히틀러 사망 시에는 스스로 총통(독일어로 'führer'다)을 이어받기로 내정된 인물이었다.

하지만 헤르만과 달리 알베르트는 국가사회주의자가 아니었다. 미국 정보부 문서에 따르면 그는 단 한 번도 나치당원이었던 적이 없다. 대신 그는 형의 영향력을 이용해 파시즘에 맞서고자 했다. 알베르트는 "하일 히틀러Heil Hitler"라고 말하며 인사하는 것을 거부했고, 독일 병사들에게서 나이 든 유대인 여성들을 보호했다. 아마 그에 관한 가장 중요한 사실은 그가 수십 명의 유대인들이 사형을 면할 수 있도록 도와주었다는 사실일 것이다. 유대인들을 도운 인물로 훨씬 더 유명한 오스카 쉰들러Oskar Schindler와 비슷한 행동을 했지만 그는 쉰들러만큼 찬사받지 못했다. 미국 정보부는 알베르트의 이야기를 믿지 않았다. 증거를 수집하면서 사람들이 알베르트의 도덕성과 나치당을 향한 그의 증오심, 사람들의 목숨을 구하려 했던 그의 행동 등에 대해 증언하고 나서야 알베르트는 전범 누명을 벗을 수 있었다.

쉰들러는 홀로코스트 당시 그가 구한 유대인들에게 지지를 받았고, 1993년 영화감독 스티븐 스필버그Steven Spielberg의 흥행 대작 〈쉰들러 리스트〉의 모티브가 되기도 했지만, 알베르트는 뮌헨의 어느 건설 회사에서 일하며 여생을 보내야 했다. 1966년 사망할 때까지 그는 조용한 삶을 살았으며 페루에 살던 외동딸과도 소원한 관계였다. 그의 딸은 10세가 되던 해 생일 때까지 아버지

1939년 알베르트 괴링의 여권 사진. (출처: Adam LeBor)

인 알베르트에게 편지를 썼지만 답장을 받지 못했다고 한다.[1]

많은 사람이 알베르트가 자신의 형과 나치당에 맞선 이유가 무엇인지 추측했다. 알베르트는 외적으로도 헤르만과 전혀 닮지 않았기 때문에 일부 사람들은 그가 반은 유대인이었던 자기 대부의 아들은 아니었을지 추측하기도 했다. 어쩌면 알베르트는 나치를 자극하며 전율을 즐겼을지도 모른다. 사실 어느 누가 감히 게슈타포 창설자의 동생을 건드리겠는가.

물론 진실은 아무도 모를 일이다. 하지만 괴링 형제 이야기는 한 인간의 도덕적 삶에는 단순히 타인에 대한 동조나 명성을 위한 욕구 그 이상의 무언가가 존재한다는 사실을 보여준다. 이타적으로 행동하는 것은 어렵다. 희생이 수반되기 때문이다. 누군가 이타적이라고 해서 그것이 반드시 그 사람의 본질이라고 단정할 수 있는 것도 아니다. 대신 이타성은 어떤 이익이 약속되지 않은 상태에서도 문화적으로 최악의 상황을 견뎌낼 수 있다는 증거가 된다. 한 인류학자의 말을 빌리자면 인간 성공의 비밀은 바로 '대가가 무엇이든 인간의 유전자와 문화에 맞서 저항하고자 하는 의지'에 있다.

1960년대 미국 캘리포니아주에 거주하던 전직 교사 론 존스Ron Jones 또한 다른 사람들과 마찬가지로 나치 독일에서 살던 사람들이 어떻게 나치당이 자행한 잔혹한 행위들을 견딜 수 있었는지 이해할 수 없었다. 존스는 그 답을 찾기 위해 자신이 근무하던 고등학교 수업 시간에 '제3의 물결'이라는 사회 운동 실험을 시행했다.

5일간 시행된 실험에서 존스는 학생들에게 다음의 슬로건을 채택할 것을 권장했다. '규율을 통한 힘, 공동체를 통한 힘, 행동을 통한 힘, 자부심을 통한 힘.' 제3의 물결은 빠른 속도로 퍼져나갔고, 3일째가 되자 200명의 학생이 동참했다. 그러자 집단주의적 행동이 나타났다. 학생들은 존스가 정한 처벌 규정을 어긴 학생이 있으면 서로 신고하기 시작했다.

5일째가 되자 존스는 제3의 물결을 따르는 학생들이 이제는 미국 대선 후보자를 지지하는 국가적 운동에 참여한 것으로 믿게 만들었다. 그 후 존스를 따라 학교 강당에 간 학생들은 가장 극적인 순간을 맞게 되었다. 존스가 제3의 물결이 사실은 자신이 진행한 실험이었다고 밝힌 것이다. 그의 실험으로 학생들은 파시즘이 어떻게 인간을 강력하게 사로잡는지 혹독한 교훈을 얻었다.

존스는 아직도 캘리포니아주에 거주하며 당시의 경험으로 얻은 가르침을 전 세계에 전하고 있다. 그는 나와 온라인으로 대화하며 제3의 물결에 관해 친절하게 이야기해 주었다. 존스는 이렇게 말했다.

"특별한 계획이 있었던 건 아닙니다. 그저 매일 어떤 일이 일어나는지 관찰했고, 다음에 뭘 해야 할지 즉흥적으로 결정했죠."

존스는 어떤 학생이 어려운 질문을 하고, 제3의 물결에 대한 저항 운동을 선동할지 은연중에 알았다고 말했다. 그러한 학생들은 제일 앞줄에 앉은 학생들이었다.

"앞줄의 학생들은 항상 눈에 띕니다. 그 학생들은 당신처럼 생각하고, 또 좋은 질문을 던지거든요."

존스가 말했다.

"수업에 지각하며 뒷줄에 앉는 학생들이 누군지도 알고 있습니다. 반항적이고 흥미를 끄는 녀석들이거든요. 하지만 중간에 앉은 학생들은 잘 기억나지 않습니다. 만약 앞줄에 앉은 학생들을 제외시키고 중간에 앉은 학생들을 앞으로 옮기면 다시 그 학생들이 가장 참여도와 집중도가 높은 학생들이 됩니다."

제3의 물결은 실험에 참여한 학생들 사이에서 하나의 정체성을 공유한다는 느낌을 선사했다. 베트남 전쟁 동안 함께 성장했던 학생들도 주변 환경 변화에 늘 긴장감을 느낀다. 존스의 사회 운동 실험은 최근 인류학계에서 진행된 연구들과 많이 닮았다. 인류학계에서는 아이들을 포함해 인간이 마치 춤추듯 조화롭게 움직일 때 서로 신뢰하며 협력적 과제를 더 효과적으로 수행한다는 결과가 도출된 바 있다.[2] 하지만 존스의 고등학교 주변에 '물결 운동 반대'라는 피켓이 나타나자 새롭게 형성된 집단적 연대감을 가진 학생들은 공동으로 맞서 싸울 적을 발견했고, 자신들을 이해해 줄 리더를 추대했다.

"독재자들은 학생들이 느꼈던 감정을 분명 의도적으로 만들고 있습니다."

존스가 말했다.

제3의 물결은 미디어 매체들의 엄청난 관심을 불러일으켰을 뿐만 아니라 관련 글, 예술, 영화 등에도 영향을 미쳤다. 정신질환을 향한 관심과 마찬가지로 인간은 자신의 내부에 어떤 두려움이 존재하는지 이해하고자 한다. 다시 말해 어떤 두려움이 있기에 정의와 도덕성을 무시하고, 스스로 방어할 수 없는 집단적 억압에 순응하며 동조할 수밖에 없었는지 알고 싶어 한다. 존스는 이 실험을 통해 누구나 가해자나 희생자가 될 수 있음을 시사했다. 둘 사이에 차이점이 있다면 단순히 기회의 문제 그리고 무엇이 옳은지에 대한 믿음의 차이였다.

문화가 어떻게 진화하는지에 관해 연구하는 학자들도 이러한 주제에 관심이 많다. 물론 그 이유는 좀 더 학문적일 수 있겠다. 이러한 연구들이 점점 늘어나면서 인간이 왜 그리고 어떻게 그러한 믿음을 갖게 되는지 설명하는 데 도움이 되고 있다. 또한 더 큰 문화적 틀에서 그러한 믿음이 어떻게 맞아들어 갈 수 있는지 이해할 수 있으며, 궁극적으로는 이를 통해 세상을 이해하는 데도 도움을 받을 수 있다.

문화적 진화 연구들에서는 지난 수십 년에 걸쳐 두 가지 패턴이 등장했다. 첫 번째는 인간은 동조에 대한 편향을 공유한다. 인간은 주변의 다수가 가진 믿음과 그들이 따르는 규범을 채택하는 경향이 있다. 만약 당신이 이슬람 사회에서 태어났다면 자신을 이슬람교도라고 말할 가능성이 크다. 두 번째는 명성에 대한 편향을 가진다. 인간은 성공했거나, 재미있거나, 매력적이라고 생각하는 사람을 모방하고 따르는 경향이 있다. 문화적 진화 연구자들에게 위 두 가지 편향에 대한 패턴은 인간이 진화하며 공유하는 기본 자질로 여겨진다.[3]

물론 우리가 어떤 관점을 채택할 것인지는 다른 방식으로도 가능하다. 하지만 성장 과정에서 반드시 한 가지 언어에 포함된 세계관을 채택하게 되므로 내가 속한 문화가 쏟아붓는 방대한 양의 정보를 흡수하기 위해서는 경험적 직관이나 직관적 판단인 '휴리스틱heuristic'에 의존하게 된다. 인간의 문화는 너무도 복잡해서 흡수하는 데 많은 시간이 필요하기에 인간의 유년기는 매우 길다. 문화적으로 이야기하면 인간은 백지상태로 태어나 최초 18년 정도는 자신이 태어난 지역의 사회적 규범을 배워 '전문가'가 되는 데 사용한다.

타인을 통한 배움에 거의 전적으로 의존하는 것, 즉 '문화적 전승'이라 불리는 인간의 특징으로 인해 비교심리학 연구에서는 몇 가지 이상한 결과가 도출되기도 한다. 한 연구에서는 실험을

통해 인간 아이들과 침팬지들이 상자에서 무언가를 꺼내 보상을
얻는 작업을 얼마나 잘 수행하는지 비교했다. 상자를 여는 것은
간단한 일이었다. 연구자들은 아이들과 침팬지들에게 상자를 어
떻게 여는지 보여주었다. 여기에 상자를 열기 전 어떤 의식을 시
행하는 모습도 보여주었다. 상자 속 보상을 꺼내는 일과는 아무
관계도 없는 복잡한 팔동작을 했다.[4]

상자를 열고 무엇이든 안에 든 보상을 꺼내는 일은 침팬지들
이 잘 수행해 냈다. 침팬지들은 상자를 여는 메커니즘을 이해해
상자를 열고 보상을 꺼냈다. 흥미롭게도 아이들은 작업 수행에 더
오랜 시간이 걸렸다. 아이들은 상자를 여는 일과 아무런 관련이
없음에도 연구자가 보여주었던 의식(팔동작)을 모방했다. 즉 어떤
작업 속에 담긴 문화적 요소가 인간에게는 상자를 여는 메커니즘
만큼이나 중요했고, 침팬지들은 오로지 가장 빠르게 보상을 얻는
데만 관심이 있었다.

보상을 기반으로 한 실험에서 이러한 차이는 문제가 되지 않
는다. 그러나 연구자들은 인간이 지구를 사회적으로 정복하는 데
성공적이었던 이유를 설명할 때 문화적 전승이라는 뚜렷한 성향
을 지니고 있었기 때문이라는 점을 반복해서 이야기했다. 그러
나 인간이 정보를 어떻게 습득하는지에 관한 편향에는 문제점이
있었다. 심리학자 니콜라스 험프리는 불행하게도 동조와 명성에
관한 편향에 문제가 있으며, 그 문제로 인해 인간이 독재에 취약
하다고 지적했다. 만약 사이코패스나 나르시스트처럼 사람들
을 끌어당기는 매력이 있으면서도 기만적인 유형의 사람들이 성

공을 위해 자신이 가진 사회적 능력을 사용한다면 우리는 그들의 명성에 끌리게 되고, 결국 위험한 리더를 추종하고 싶은 유혹에 쉽게 빠질 수 있는 내적 요소가 형성된다. 험프리는 2003년에 쓴 글에서 "우려되면서도 곤혹스러운 사실은 인간의 본성이 때로 단순히 '협력자'가 아닌, 침입자와 적극적으로 협력하는 '공모자'가 될 수 있다는 사실이다"라고 말하기도 했다.[5]

인간이 공모자가 되는 과정은 우리에게 많은 부분을 설명해 준다. 예를 들어 왜 그렇게 많은 사람이 사이비 집단 지도자들에게 끌리는지, 왜 인간의 문화에서는 사이코패스들이 권력층을 대표하는 인물로 자리 잡는지 등에 관한 설명이 가능한 것이다. 더 극단적인 예로 나치 독일에서의 히틀러는 단지 독재를 위해 정부를 전복한 대표적 인물에서 나아가 인간이 진화 과정에서 형성한 편향으로 인해 자기 광기에 사로잡혀 스스로 노예가 된 사회의 의지를 상징하기도 한다. 1933년 철학자 마르틴 하이데거Martin Heidegger는 히틀러를 두고 다음과 같이 말했다.

> 당신의 존재를 지배하는 법칙이 되어야 하는 것은 '정리定理'와 '규칙'이 아니다.[6] (……) 총통 그 자신이 오늘과 미래의 독일 현실이자 법을 구현하고 있다.

역사적으로 중요한 순간에 히틀러는 독일인들의 동조와 명성에 대한 편향을 조종해 자신이 독일인들의 의지를 구현했다는 인상을 심었다. 2016년 이후 미국에서 일어난 정치적 사건들에 대

해 잘 아는 사람들에게 도널드 트럼프의 부상浮上은 염려할 만한
일이다. 한 가지 예를 들자면 2020년 트럼프의 대선 패배 인정 거
부 사건은 상당히 우려할 만한 일이었다. 트럼프의 지지자 중 주
요 정치인들도 포함된 다수가 그를 믿고 따르며 트럼프가 대선에
서 패배하지 않았다고 주장할 만반의 태세를 갖추고 있었기 때문
이다.

개인의 자유를 옹호하는 열린 사회에 독재가 지속적 위협이
된다고 걱정하는 인물은 비단 험프리뿐만이 아니다. 경제학자 고
든 털럭Gordon Tullock은 살아생전 여러 모델을 고안했는데, 이를 바
탕으로 그는 열린 사회의 퇴보를 방지할 충분한 안전 장치가 없
다면 열린사회가 결국 독재를 향해 나아간다는 점을 시사했다.
2000년대 초 털럭은 승계 과정이 없는 절대 권력으로 대표되는
독재 체제가 전 세계에서 가장 흔한 정부 형태라고 말하며 점점
더 많은 민주주의 국가, 특히 남미 국가들이 독재 정권으로 퇴보
하고 있다고 말했다.[7]

진화 과정에 초점을 맞춘 험프리와 달리 털럭은 정치학 관점
에서 이를 바라보았다. 그는 수학적 모델을 구축해 사회가 문화
집단 내 저항에 부딪혔을 때 그 효율을 보전하기 위해서 자신의
안전에 투자하던 것이 더 중앙집권화된 권력으로 이어지다가 결
국에는 독재가 되는 과정을 보여주었다. 생물학계에서는 이를 두
고 진화적 변화가 향하는 최종 수렴 상태인 '흡인력吸引力'이라고
한다. 험프리와 털럭의 관점을 합치면 민주주의는 인간이 진화를
통해 발전시킨 편향과 아이러니하게도 그 편향을 보호하고자 하

는 인간의 노력 때문에 결국 독재를 향해 달려가고, 또 끌려가고 있다.

하지만 이렇게 끌려가는 것을 피할 수 있다. 인지적으로 보면 인간은 자신이 어떤 사회적 규범을 따를 것인지 선택하는 과정에 관여할 수 있다. 인간은 잔혹한 일들에 대해 감정적으로 반응하는데, 이때 우리가 생각하거나 느끼는 범위 이상의 반응이 나오기도 한다. 이것이 바로 정상적인 것을 변화시키는 힘, 우리에게 부여된 '인간다움'의 특징이다. 우리는 단순히 들은 바를 확인하는 차원을 넘어 우리가 생각하기에 옳은 관점을 대표하는 사회를 설계할 수 있다.

당연히 이를 행하는 방식에는 효과적인 방식과 그렇지 않은 방식, 옳은 방식과 그른 방식이 있을 수 있다. 예를 들어 AI의 등장 이후 많은 사람이 AI와 같은 도구들이 사회 전반에 걸쳐 직업을 대체하고 인간 존재를 위협하는 등 다양한 방법으로 인간의 복지를 해할 가능성이 있다고 주장한다. 로봇이 당신의 일자리를 빼앗을 것이라는 말은 그와 관련된 분야의 세계에 깊이 관여하고 있는 사람들이 되풀이하는 일종의 주문이다. 때때로 인간의 상호작용을 설득력 있는 수준으로까지 모방하는 챗GPT 같은 대규모 언어 모델의 등장으로 인간의 사회성을 표현하는 작가 같은 직업군에서는 자신의 생계가 위험에 처했다는 위기감이 팽배해졌다.

이 문제는 1만 1000명 이상의 극작가를 대표하는 미국작가조합WGA의 2023년 파업에도 어느 정도 영향을 미쳤다. 작가들은 챗GPT, 혹은 아직 공개되지 않은 그와 유사한 AI 도구들이 자신들을 대체할 수단으로 이용될 수 있다는 사실을 걱정했다. 대규모 언어 모델이 인간만큼이나 창의적이라는 미디어 매체들의 보도로 형성된 두려움이었다. 망설이던 미국영화·TV제작자연맹AMPTP은 결국 미국작가조합과 합의했다. 《파이낸셜 타임스》의 한 기자에 따르면 해당 합의는 상당히 중요한 시사점을 지닌다. 많은 연구자와 정치인이 내세우던 주장과 달리 AI를 규제하는 것이 가능하다는 사실을 보여주었기 때문이다.[8] 첫째, 이제 미국작가조합의 조합원들은 자신이 참여하는 프로젝트에 AI를 사용할지 규정할 수 있다. 둘째, 제작사는 작가와 공유할 자료가 AI를 사용해 만든 것인지 반드시 작가에게 알려야 한다. 이러한 합의를 통해 작가들은 AI의 사용을 반대할 힘과 자신들이 쓴 글에 대한 지식재산권을 보호할 힘을 가지게 되었다.

인류학적으로 보면 자기 직업의 미래에 대해 걱정하는 저소득 집단의 승리 그 이상의 의미도 지닌다. 자원 자본과 사회적 자본의 불평등이 만연한 미국과 같은 국가에서도 통합된 하나의 집단이 나서면 발전하는 기술에 규제가 가능하다는 사실을 보여준다. 이러한 상향식bottom-up 접근은 대규모 산업계의 정책을 수립할 때 일반적으로 잘 사용되지 않는다. 미국작가조합의 파업 이전만 해도 테크 기업들은 정치인들에게 새로운 기술들을 하향식top-down 방식으로 규제해 달라고 요청했었다.

《파이낸셜 타임스》 기자 라나 포루하Rana Foroohar는 1930년대 테네시강 유역 개발 공사에서 미국 남부 대부분의 지역에 전기를 도입했을 때 국제전기노동자형제단IBEW이 요구했던 전기 규제가 위와 비슷한 역할을 했다고 말했다. 현장 작업 시 필요한 기술이 무엇인지 잘 알던 전기 노동자들과의 협의는 이 공사를 성공적으로 마무리하는 데 필수였다. 이는 볼셰비키의 지도자였던 블라디미르 레닌Vladimir Lenin이 소련 전역에 전기를 보급하려 했던 방식과 대조된다. 1920년 레닌은 '공산주의는 소련의 권력과 국가 전체의 전기화가 결합한 것이다'라는 전기 보급 프로젝트의 목표를 천명한 바 있다.[9]

하향식 접근 방식을 채택했을 뿐만 아니라 볼셰비키 혁명 이후 소련의 다른 소소한 사회적 문제들을 인정하기 거부했던 레닌은 미하일 조센코의 단편 「전기가 들어오다」에 영감을 주었다.[10] 조센코에게는 전기를 보급하려는 레닌의 계획이 사람들이 얼마나 끔찍한 환경에서 살고 있는지 볼 수 있도록 조명하는 일에 지나지 않았다. 다시 말해 전기 보급은 사람들이 가난, 묵은 때, 자신이 처한 상황 등을 바꾸기에는 자신의 힘이 부족하다는 것을 깨닫게 해줄 뿐이었다. 조센코는 자신의 단편에서 "빛이야말로 좋은 것이기는 하지, 형제들이여. 하지만 그 빛과 함께 산다는 것은 쉽지 않아"라고 말하기도 했다.[11]

더 일반적으로는 노벨경제학상 최초의 여성 수상자인 엘리너 오스트롬Elinor Ostrom이 정부의 하향식 접근을 두고 목표 달성에 실패할 가능성이 높은 방식이라고 주장하기도 했다. 오스트롬은 정책이 영향을 미칠 가능성이 있는 사람들과의 협의야말로 정책의 성공과 그 정책의 영향을 받는 사람들의 복지를 위해 매우 중요하다고 보았다. 다시 말해 사회에 만연한 문제, 즉 '공유지의 비극'과 직면했을 때는 사람들과의 협의가 필수적이다. 1968년 생태학자 개릿 하딘Garrett Hardin이 처음 제시한 개념인 공유지의 비극은 공급이 제한된 자원을 여러 사람이 공통으로 과도하게 사용할 때 발생한다.[12]

흔한 사례로 어획량을 들 수 있다. 매년 전 세계적으로 인간은 식량 자원으로서 어류를 포획한다. 역사적으로도 어족 자원은 공급에 부족함이 없을 정도로 충분했다. 그러나 인구의 증가로 식량 수요가 늘어나면서 더 많은 어족 자원이 필요하게 되었고, 남획이 자행되었다. 남획은 번식으로 어족 자원이 보충되는 것을 방해했기 때문에 점점 더 심각한 문제로 번졌다. 가장 큰 문제는 한 어부가 어획량을 줄이면 다른 어부들이 그만큼 경제적으로 그 어부를 앞서게 된다는 점이었다. 그래서 하딘은 모든 어부가 자신의 어획량을 유지하고자 하는 합리적 공통의 이해관계에 있다고 보았다. 이를 장기적으로 방치하면 수년이 지난 후에는 어족 자원이 남지 않게 될 것이다.

이러한 공유지의 비극 같은 현상은 심리학이나 경제학에서 말하는 사회적 딜레마에 해당한다. 인간은 각자 자신의 자원 자본을 유지하거나 증가시키려는 개인적 이해관계에 있지만, 공급이 제한된 상황에서는 집단적 이해관계가 개인 모두의 순자본을 감소시키게 된다. 다르게 말하면 단기적으로 모두가 자본 획득량을 줄이면 개인들은 잘살게 되지만, 이성적으로 보면 그 누구도 자본을 줄일 생각이 없다.

공유지의 비극은 심각한 결과를 불러올 수 있다. 인간이 의존하는 모든 자원은 부족해지고 있고, 이는 식량, 물 등 우리가 직관적으로 떠올릴 수 있는 것들로만 국한되지 않는다. 경작지, 숲 등 자연 자원뿐만 아니라 관개조직灌漑組織, 혹은 놀랍게도 인터넷 같은 인공 자원에도 적용된다. 또한 인간의 탄소 배출로 지구 온난화가 지속되어 지구의 많은 지역이 몇 세대 내 인간이 살 수 없는 곳으로 변모하고 말 것이다. 인구는 급속도로 증가하는데, 인간이 살 수 있는 공간은 점점 줄어드는 것이다.

오스트롬은 '공유 자원'이라 불리는 이러한 자원들이 공통으로 가지는 두 가지 특징을 발견했다.[13] 첫째, 개인, 집단, 혹은 기관은 접근 제한에 비용이 들더라도 특정인의 접근을 배제하기 위해 행동한다. 농부들은 땅을 사서 자신만 경작하거나 가축을 방목할 수 있다고 표시한다. 마을에서는 마을의 식수에 접근할 수 있는 사람이 누구인지 지정해 규제할 수 있다. 현대 러시아와 중국을 비롯한 몇몇 국가에서는 인터넷 접근을 차단해 대중이 승인되지 않은 정보를 취득하는 것을 막는다. 2022년에 발표된 한 보고서에 따르면 여러 저소득·중소득 국가의 정부들은 시위, 군사 쿠데타, 선거, 폭력, 심지어 종교적 기념일에 대한 정보에까지 대중의 접근을 막기 위해 더 자주 인터넷 서비스를 고의로 중단하고 있다.[14] 지식이 곧 위협이 되는 사회에서 특정 집단을 정보 채널에서 제외하는 것은 효과적인 억압이다.

둘째, 공유 자원은 반드시 사용하면 줄어드는 것이어야 한다. 누군가 공유 자원을 사용하고 나면 어느 정도 시간이 흐른 뒤에는 적어도 다른 누군가가 사용할 수 있는 자원의 양이 줄어들어야 한다. 앞서 언급한 어족 자원도 좋은 예가 될 수 있지만 전기, 깨끗한 물, 월드와이드웹www 역시 사용하면 줄어든다. 월드와이드웹은 내가 사용한다고 해서 다른 사람에게 인터넷이 덜 제공되는 것은 아니지만, 온라인에 저장된 정보를 전달하는 데 필요한 에너지를 무한히 제공할 수 있는 것은 아니다. 현재 부유한 국가에서는 인터넷 사용에 필요한 에너지가 문제 되지 않지만, 인터넷 접근이 원활하지 못한 여러 저소득·중소득 국가에서는 이른바 '에너지 블랙아웃'으로 사람들이 질병 위기나 정치적 소요에 관한 중요한 정보를 얻지 못할 수도 있다.

공공 자원을 어떻게 관리하는지에 대한 문제는 인간의 역사에서 늘 존재했다. '배제'와 '경쟁'은 상호 연관되어 있다. 자원이 무한하다면 누군가를 배제하기가 훨씬 더 어렵지 않겠는가. 그러므로 사회적 규범의 진화는 이 같은 오랜 사회적 딜레마를 해소하는 데 핵심 요소였다. 이러한 규범들을 무시하거나 의도적으로 대체하려는 시도는 잘해보았자 헛된 노력이었으며, 최악의 경우 처참한 결과로 이어질 수 있다.

오스트롬은 네팔의 농업 시스템을 예로 들었다. 정부의 개입이 있기 전 네팔의 지역 농민들은 치트완지구의 관개조직인 '카사르kathar'를 공동으로 관리했다.[15] 농민들은 관개조직 관리에 관한 오랜 규칙과 규범을 지키고 있었다. 추측건대 그 규범은 여러 세대를 거치며 경작에 필요한 가용 용수의 양을 극대화하는 방향으로 진화해 왔을 것이다. 정부의 지원을 받은 엔지니어들이 관개조직 관리에 관해 농민들과 상의 없이 고도화된 기술적 대체 시설을 설치하자 가용 용수의 일관성이 낮아졌다. 콘크리트와 강철이 아닌 진흙, 돌, 나무를 사용하던 농민들의 예전 관개조직이 훨씬 더 효과적이었다. 기존의 관개조직을 탄탄히 뒷받침해 주던 것은 바로 진화를 통해 발전해 온 오랜 사회적 규범이었다.

브라질 아마존강 우림에 사는 어민들에게도 이와 유사한 문제가 발생했다. 2005년 브라질 정부는 일정 기간 어업 활동을 금지하는 대신 어민들에게 어업 활동 중단으로 발생한 손해를 보상해 주는 정책인 '데페소defeso'를 수립했다. 이론적으로 데페소는 물고기에게 번식할 시간을 주고, 어민들에게는 지원금을 제공해 하향식 접근 방식으로 사회적 딜레마를 해소하려던 정책이었다. 하지만 현실에서 데페소는 그리 엄격하게 시행되지 못했고, 금어기에도 어민들의 어획 활동이 계속되었다. 최근 발표된 연구 논문은 데페소를 통해 지급된 어업 금지 기간 보조금으로 인해 오히려 전체 어민 수가 증가했다고 주장했다. 논문은 데페소가 '완전히 재앙으로 가는 공식'이었다고 보았다. 데페소로 인해 단기간에 더 많은 어족 자원이 포획되었고, 결국 시간이 지날수록 어족 자원량이 줄어드는 결과로 이어졌다.[16]

오스트롬은 정책과 규칙이 일반적으로 제대로 시행되지 않을 때 공동의 목적 달성에 치명적이며, 특히 하향식 접근 방식에서는 정책과 규칙의 적절한 시행이 이루어지지 않는 경우가 많다고 주장했다. 제대로 된 처벌 없이 경제적 게임의 규칙을 깨는 사람들이 있다면 곧 그들의 행동이 널리 퍼질 가능성이 크다. 이는 문화가 어떻게 진화하는지를 통해서도 예측할 수 있고, 더 기초적인 수준에서 보더라도 자명한 결과다. 규칙 파괴가 정상으로 여겨질 때 인간은 그 행동을 더 쉽게 합리화한다.

　그렇다면 지역적·세계적으로 겪는 소소한 사회적 딜레마들을 해소하는 데 필요한 광범위한 제도적 틀의 한 요소로 규칙과 규범의 집행까지를 들 수 있을지 모른다. 지역적 수준에서 제도 설계는 반드시 그 제도로 돕고자 하는 대중의 규범과 일치해야 한다. 따라서 제도의 문화적 다양성이 필요하며, 제도에는 문화적 다양성이 반영되어야 한다. 그리고 이는 곧 우리가 사는 다양한 '생태학적 우주'를 반영해야 한다는 의미도 된다. 문화들이 서로 연결되며 우리가 겪는 사회적 딜레마 또한 점점 더 복잡해지고 있다. 규범의 재정립을 위해 우리는 반드시 이러한 다층적 다양성을 수용해야 한다. 그러나 오늘날 우리가 맞닥뜨린 문제들은 과거에 있었던 문제들과는 다르다는 사실도 존중해야 한다. 따라서 규범을 재정립할 때는 지역적 수준에서 세계적 수준으로 어떻게 확장할지에 대한 고민도 반드시 이루어져야 한다.

무임승차에 관한 불편한 진실

　사회의 무임승차자들을 방지하기 위해 고안된 과거의 전략들을 우리 스스로 (고의적이든 아니든) 버리지 않으려면 사회적 규범이 왜 그리고 어떻게 진화했는지 이해하는 것이 선행되어야 한다. 앞서 우리는 소규모 집단에서 인간이 수 세대에 걸쳐 어떤 사회적 규범을 만들어왔는지 살펴보았다. 우리가 의존하고 있는 자원의 배분을 관리하기 위해 만들어진 사회적 규범들 말이다. 다양한 위치에 있는 사람들이 권력을 위해 경쟁했지만 황금률 같은 규범들이 등장하며 평등을 유지하는 데 도움을 주었고, 인간의 이기적인 면과 균형을 맞출 수 있도록 했다.

하지만 무임승차자 문제는 지속되었고, 현대 사회에서도 여전히 사라지지 않았다. 일부 사람들은 대놓고 무임승차를 하는데, 예를 들어 미국과 같은 대규모 사회에서는 아예 소득세를 신고하지 않는 사람들이 존재한다. 타인을 속이는 자신의 행위를 숨기는 사람들도 있고, 잡히지 않을 것이란 확신이 있을 때 자기 이익을 추구하는 사람들도 있다. 2017년 폭로된 「파라다이스 페이퍼Paradise Paper」에 따르면 해외로 자금을 숨겨 조세를 회피한 사례는 개인과 기업을 포함해 10만 건 이상이라고 한다.[17]

자신의 무임승차 사실을 숨기는 이러한 사람들이 바로 보이지 않는 경쟁자들이다. 그리고 그들이 누구든 자신의 이중성을 숨기는 데 능숙하기에 사회의 공공재를 어떤 대가도 없이 사용하는 그들을 추적하기란 쉽지 않다. 보이지 않는 경쟁은 오직 결과를 통해서만 흔적을 남기기 때문이다.

「파라다이스 페이퍼」에서의 내용과 같이 현대 사회에서 이 정도 수준으로 자원을 숨기는 것이 가능한 이유는 화폐 거래가 주로 무형 자산을 통해 이루어지기 때문이다. 위험 분산 시스템은 규모가 작은 산업화 이전 사회에서 효과적으로 작동한다. 그러한

사회에서는 자신의 자산을 숨길 수 없는 경우가 일반적이기 때문
이다. 그러나 세계화가 진행된 경제 체제에서는 아니다. 사람들은
수단과 방법을 불완전하게 전달하거나 왜곡할 수 있고, 실제로 그
렇게 하고 있다. 조세를 회피할 뿐만 아니라 위험 분산을 가능하
게 하는 사회적 규범의 효과마저 무효로 만든다. 만약 우리가 서
로 얼마나 많은 돈을 보유하고 있는지 알 수 없다면 서로를 도울
가능성은 낮아질 것이다. 둘 중 하나는 거짓말로 실제보다 돈이
더 많이 필요하다고 하거나 상대를 도울 만큼 충분한 돈이 없다
고 말할 것이기 때문이다.

  하지만 그렇다고 해서 도움이 필요한 경우에만 인간이 타인
을 돕는다는 필요 기반 공유 시스템이 무임승차자가 존재할 때
는 제대로 작동하지 않는다는 의미는 아니다. 예를 들어 인류학자
들의 연구를 살펴보면 자원이 필요 없는데도 자원을 요구해 사회
시스템을 착취한다고 해서 필요 기반 공유 시스템이 무너지지 않
는다. 탄자니아의 마사이족 목축민들은 인류학자들에게 가축이
필요 없는 사람들에게도 소량의 가축을 나누어준다고 말한 바 있
다. 또 자원이 정말 필요한 사람이 있을 때는 인간의 이타심이 더
커진다는 사실도 관찰되었다.[18]

  컴퓨터 모델을 통해서도 연구자들의 연구 결과를 검증하는
것이 가능했다. 아주 인색하지만 않다면 누군가 타인을 속인다고
해서 시스템에 큰 영향을 주지 않았다. 다시 말해 누군가 자원을
요청했을 때 거절하지 않았다는 이야기다. 또 다른 의미의 무임승
차, 즉 필요하지 않은 자원을 요구하는 행위가 시스템 붕괴로 이

어지는 것이 아니었다.

이 연구 결과는 단순히 소규모 목축민 공동체에 해당하는 것을 넘어 더 큰 의미를 지닌다. 현대 사회의 정치인 중 다수가 일부 사람들이 공공의 이익을 취하며 무임승차를 하고 있기에 더 작은 집단으로 이익을 국한해야 한다고 주장한다. 코로나19 팬데믹 동안 허위로 사업 지원금을 요청했던 사례들이 보여주듯 자격이 없는 사람들을 지원하는 것은 납세자들의 세금을 낭비하는 것으로 이어질 수 있다. 예를 들어 영국 정부가 지원한 코로나19 팬데믹 관련 보조금 중 약 16억 5000만 파운드가 보조금을 허위로 신청한 단체들의 잇속을 채우는 데 사용되었다.[19]

경제학자들은 연구실에서 진행된 실험과 실제 현실의 데이터를 분석해 적어도 어느 수준으로는 무임승차를 피할 수 없다고 반복해서 이야기했다. 일부 사람들은 필요하지도 않은 자원을 항상 요구하기 때문이다. 하지만 그렇다고 해서 진짜 도움이 필요한 사람들까지 돕지 말아야 한다는 의미는 아니다. 마사이족이 그랬듯 우리 역시 무임승차는 일어날 수밖에 없다는 사실을 받아들여야 한다. 정책을 세울 때 이를 고려해 계획하고 예산을 수립하는 것도 무임승차를 둘러싼 정치적 분노를 피하는 한 가지 방법이다. 무임승차자 적발로 절약된 자금은 그 자체로 추가 이익이 될 것이다.

이와 유사한 추론은 세계적 차원으로도 적용될 수 있다. 일부 국가들이 자신의 지속 가능성 관련 정책의 사업적 효과를 포장해 전달한다고 해서 모든 사람이 기후 변화와 관련된 목표를 포기해야 하는 것은 아니다. 대신 탄소 배출 감축 예측 모델을 설계할 때 무임승차 가능성을 고려해야 한다. 이제 우리는 사회 전반에 무임승차자들이 존재한다는 사실을 알고 있다. 그 사실을 모르는 척하는 것은 우리의 목표를 비현실적으로 만들고, 더 심각하게는 가망이 없어 보이게 할 수도 있다.

따라서 무임승차자를 벌하는 것보다 그들의 존재를 알아차리는 것이 더 중요할지도 모른다. 경제학자 조너선 와이글Jonathan Weigel은 최근 내게 이렇게 말했다.

"역사적으로 통치자들은 탈세자를 포함한 범죄자들을 마을 광장에서 참수했습니다. 하지만 현대 국가들은 소수의 탈세자를 무겁게 벌하는 것보다 그들을 더 많이 적발하고 노출시키는 편이 낫단 사실을 알아버렸죠."

와이글의 이 같은 견해는 정직하게 행동할지 말지를 선택하는 실험에서 사람들이 어떻게 행동하는지 설명한다. 2008년 진행된 한 연구에서는 정직하지 않을 때 받는 경제적 처벌이 크지 않아도 발각 위험이 크다면 인간은 더 정직하게 행동하고자 한다는 경향성을 밝힌 바 있다. 많은 실증 연구에서처럼 사기꾼으로 인식되거나 처벌받을지 모른다는 데 대한 우려는 큰 동기가 된다.[20] 와이글이 콩고에서 했던 연구를 보면 이러한 우려는 자발적으로 세금 납부로 이어지기도 했다.

"일반 시민들에게 재산세를 추징할 가능성은 극도로 낮지만, 세무 당국은 때때로 체납된 상업용 건물을 공개적으로 폐쇄함으로써 놀라울 만큼 높은 세금 집행 신뢰도를 유지하고 있습니다."

와이글은 말했다.

"콩고 카난가엔 큰 자물쇠로 정문이 잠긴 건물들이 있는데, 거기엔 콩고 국세청인 'DGI에 의해 봉인됨'이란 표지가 붙어 있습니다."

기회만 있으면 무임승차를 하려는 경향과 무임승차자로 보이지 않으려는 경향은 사회 어느 층에서나 보편적으로 존재한다. 이것이 모든 사람이 법적·사회적 영향력이 부재할 경우 무임승차를 한다는 의미는 아니다. 하지만 많은 연구에서처럼 어떤 집단이든 비슷하게 일정 비율의 사람들은 기회만 있으면 무임승차를 할 것이란 점을 시사한다. 자본, 지위, 계급, 교육, 혹은 민족성 같은 한 개인의 정체성과 관련된 어떤 요소도 개인 단위의 경제 활동을 정확히 예측하지 못한다.

예를 들어 많은 사람의 마음속에는 노숙자에 대한 편견이 있다. 북미 지역에서 진행된 연구에서는 일반 대중이 노숙자들이 돈을 지혜롭게 관리한다고 생각하지 않는다고 조사되었다. 노숙자들 사이에서 마약이 흔하게 사용되는 것을 고려하면 사람들은 노숙자들이 마약에 돈을 쉽게 쓸 것이라고 생각한다.

하지만 2023년의 연구에서는 노숙자들의 돈 관리에 대한 편견이 사실무근인 것으로 조사되었다.[21] 캐나다 밴쿠버의 연구자들은 노숙자 50명에게 아무 조건 없이 7500캐나다달러를 송금했다. 그들이 돈을 어떻게 써야 하는지에 대한 규칙은 전혀 없었다.

연구자들은 1년에 걸쳐 돈이 어떻게 사용되었는지 추적했다. 그리고 똑같이 7500캐나다달러를 받은 비노숙자 65명의 사용 명

세와 비교했다. 1년 뒤 살펴보았을 때 노숙자와 비노숙자 집단 사이 마약, 술, 혹은 담배 관련 사용 금액에 차이가 없었다.

따라서 노숙자를 향한 대중의 인식은 근본적으로 신뢰하기 어렵고, 오히려 우리가 공동으로 극복해야 할 편견을 반영하고 있을 가능성이 높다. 그 이유는 논리적 오류나 윤리적 문제뿐만 아니라 경제적 요인에도 근거한다.

미국에서 노숙자의 의료 및 사회 서비스 제공에 드는 비용은 1인당 매년 5000달러 이상이다. 미국에서 흔한 정신질환자의 경우에는 의료 및 사회 서비스 제공에 드는 비용이 8만 달러가 넘는다. 그러나 밴쿠버에서의 연구 결과는 조건 없이 현금을 송금함으로써 지방정부에 순저축 효과가 발생했다는 점도 시사했다. 연구에 참여한 노숙자들에게 송금한 총액이 밴쿠버 평균 수입의 12퍼센트 정도밖에 되지 않는 금액이었음에도 말이다.

불평등과 관련해서 보면 사회적 위계질서 내 하층으로 갈수록 사기나 규범 위반이 더 자주 일어날 것이라는 착각에 기대어 합리화하면 편하겠지만, 실제 진실은 권력을 가진 사람들에게 불편함을 준다. 인간이 존재하는 곳이라면 그 어느 계층에서든 규범 위반이 존재한다는 것이다. 사회적 차원에서 근거 없는 가정에 따라 도움이 필요한 사람을 돕는 일마저 거부하는 것은 정당화될 수 없다.

불평등은 어떻게 협력을 방해하는가

1981년 철학자이자 프린스턴대학교 명예 교수인 피터 싱어Peter Singer는 사회가 발전할수록 도움을 주는 사람들의 범위도 넓혀야 한다는 글을 썼다.[22] 마사이족 같은 산업화 이전 사회에서 한 사람의 관계는 가족 구성원과 공유 시스템에 속한 사람들로 제한되어 있었을지도 모른다. 하지만 이와 대조적으로 세계화된 대규모 사회의 사람들은 나와 직접적으로 연결되지 않은 더 많은 사람뿐만 아니라 동물들의 필요까지 가치 있게 여겨야 한다. 이는 아마 싱어 또한 윤리적 측면에서 동의했을 것이다. 지금 우리에게는 더 많은 수단이 있으므로 그들이 나와 가족 관계든, 사회적 연결이 있든 없든 더 넓은 범위에서 도움이 필요한 존재들을 도울 의무가 있다.

그러나 싱어의 주장이 옳든 그르든 간에 경제적으로는 이와 반대되는 이상한 경향이 나타나고 있는 것으로 보인다. 2023년 《파이낸셜 타임스》는 런던의 초호화 호텔 클라리지스에서 새로 정비한 펜트하우스를 오픈했다고 보도했다.[23] 펜트하우스 내부에는 회전 소파가 비치되어 있고, 야외 수영장에 딸린 유리 통창 별채에는 최고급 피아노인 스타인웨이 그랜드 피아노가 놓여 있다. 영국의 현대미술가 데미언 허스트Damien Hirst의 작품 75점도 전시되었다. 기사에 따르면 펜트하우스 객실료는 1박에 6만 파운드였는데, 이는 8만 달러에 해당하는 금액이었다(참고로 2022년 영국인의 연 소득 평균은 약 3만 2000파운드다).

물론 극단적인 예이기는 하지만, 대규모 산업화 사회에서는 불평등이 그 어떤 사회에서보다도 모든 층위에서 더 심각한 문제다. 게다가 점점 더 심각해지기만 하는 듯하다. 세계경제포럼WEF의 데이터를 보면 지난 10년간 세계 상위 1퍼센트의 부자들이 전세계 모든 부의 절반 이상을 가져갔다.[24] 코로나19 팬데믹이 한창이던 2020~2021년 사이 새로 창출된 부의 63퍼센트를 세계 상위 1퍼센트의 부자들이 가져갔다. 이와 대조적으로 세계 하위 90퍼센트의 가난한 사람들은 그해 창출된 부의 단 10퍼센트만을 나누어 가졌다. 기사에서는 "한 해 창출된 부에서 하위 90퍼센트의 사람들이 1달러를 가져갈 때, 억만장자라 불리는 사람들은 평균적으로 대략 170만 달러를 벌어간다"라고 보도했다.

불평등은 돈에만 국한되지 않는다. 현세대가 가진 돈으로만 제한되지도 않는다. 전 세계적으로 매년 300만 명 이상의 영아가 영양 결핍으로 사망한다. 이는 전체 소아 사망률의 거의 절반을 차지하는 수치다. 2억 명 이상의 어린이들이 영양 결핍에 시달린다고 추산되는데, 연령에 비해 작은 키 등 발육 부진으로 이어지고 일부는 근육감소증까지 겪는다. 여기에 과체중이라는 변수를 더하면 그 원인이 과도한 음식 섭취든, 영양 부족이든 현재 약 80억 명의 인구 중 거의 절반이 영양 불균형 상태라 할 수 있다.[25]

이러한 영양 결핍은 만성적인 건강 문제와도 연결된다. 대부분의 사회 최빈층이 건강 문제로 고통받고 있다. 과체중이거나 비만인 사람들은 심혈관 질환이나 암에 걸릴 위험이 더 큰데, 이는 선진국 사람들의 주요 사망 원인이기도 하다. 영양 불균형 상태인 사람들은 평생 고통에 시달릴 뿐만 아니라 자녀들에게도 그 고통을 물려준다. 관련 연구에 따르면 출생 전 충분한 영양을 공급받지 못한 태아는 췌장 같은 장기의 에너지를 뇌로 돌린다고 한다. 뇌는 적절한 성장을 위해 많은 양분이 필요한 기관이기 때문이다.[26]

이렇게 성장한 신체를 가진 사람은 뇌에 에너지를 빼앗긴 대가를 오래도록 치르게 된다. 생물학적으로 말하면 자궁 내 영양 부족으로 한 생명체의 인생이 바뀐 상황이라고 할 수 있다. 이러한 사람들은 일단 열량이 높은 식사를 견뎌내지 못한다. 신체가 처리할 수 있는 수준 이상의 음식을 섭취하면 2형 당뇨에 걸릴 위험이 크고, 심혈관계 질환, 실명, 상처로 인한 팔다리 절단, 암 발병 등의 위험으로도 이어진다.

개인이 보유한 자원 자본의 차이는 기대 수명의 차이와 더 직접적으로 연관된다. 한 연구에서는 전철을 타고 런던의 부촌인 웨스트민스터에서 상대적 빈곤 지역인 캐닝 타운까지 이동하면 기대 수명이 점점 줄어드는 것을 확인할 수 있다고 했다. 기차가 매 역을 통과할 때마다 남성들은 평균 0.75년씩 기대 수명이 줄어들고, 여성들은 약 0.5년씩 줄어든다. 두 지역의 거리는 12킬로미터가 채 되지 않지만, 전체 기대 수명은 남성은 6년 이상, 여성은 거의 4년에 가깝게 줄어든다.[27]

자원 자본과 관련된 교육에서도 한 사람의 인생에 대해 냉혹한 예측이 가능하다. 미국 브루킹스연구소에서 발표한 보고서를 보면 스물다섯 살이 될 때까지 학사 학위를 취득한 사람은 그보다 교육 수준이 낮은 사람에 비해 평균 8년 정도를 더 살 것으로 예측할 수 있다고 한다.[28]

돈, 영양, 교육은 선진국에서 한 사람의 기대 수명을 예측할 때 고려하는 세 가지 요소다. 각각의 요소는 인간에게 발견되는 여러 형태의 자본을 대표하며, 선진국뿐만 아니라 여러 문화에서 '권력을 위한 투쟁'이 존재함을 보여준다. 음식, 건강, 권력의 관계에 관해 연구한 인류학자 조너선 웰스Jonathan Wells는 영양과 건강의 관계는 권력에 깊이 뿌리박혀 있다고 주장했다.[29] 웰스는 자본주의가 조성한 독특한 환경에서 최빈층 및 최저학력층에서 발육 부진과 비만을 동시에 발견할 수 있다고 했다.

시간이 지나면 이 같은 권력을 위한 투쟁으로 인해 사회 내 부식腐蝕이 발생한다. 경제학자들은 도덕성과 자원 불평등이 커질수록 대중의 신뢰도가 낮아진다는 사실을 시사해 왔다. 사회전염병학자 리처드 윌킨슨Richard Wilkinson은 이 분야의 연구를 선도해 온 인물로, 많은 서구 사회에서 자신이 명명한 '불평등 문화'가 발생한다고 반복적으로 밝혔다.[30] 불평등 문화에서는 불평등한 관계가 정상적인 관계로 여겨진다. 2021~2022년 사이 영국에서는 200만 명 이상의 사람들이 무료 급식소인 '푸드뱅크'에 일부 의존하는 삶을 살았다. 호텔 객실을 하루 빌리는 데만 평균 연봉의 거의 두 배 가까운 금액을 내는 것과는 상당히 대조적이다.[31]

윌킨슨은 불평등이 큰 곳일수록, 공동체의 지원이 더 적은 곳일수록 인간의 공격성과 폭력성이 더 심각하다고 말했다. 이러한 사회에서는 특히 남성의 행동이 더 공격적이고, 구성원들은 그 사회의 취약 계층 자체의 문제를 비난한다. 다시 말해 유대교나 이슬람교 등 소수 종교의 신도들은 일부 서구 사회에서 흔히 희생양으로 삼는 집단이지만, 여성과 소수 민족 역시 그들의 표적이 된다.

불평등 문화를 낳는 원동력은 사회적이지만 그 안에는 진화 생물학적 요소가 반영되어 있다. 연구 결과를 보면 동물 개체가 장기적으로 '무임 수취', 즉 음식을 훔치는 전략을 채택할 때 그 개체는 점점 더 덩치가 커지고 사회적으로도 높은 지위를 얻는다.[32] 시간이 지날수록 무임 수취 같은 전략들로 지배층이 등장하고, 번식 패턴도 영향을 받는다. 고릴라 같은 일부 동물종의 경우 덩치가 더 큰 수컷들이 자신의 교미 상대를 더 효과적으로 보호하고, 결과적으로 다른 수컷들보다 번식에서도 더 성공한다.

무임 수취는 동물의 세계에서 다양한 형태로 나타난다. 갈매기처럼 일부 공격적인 조류는 바다오리 같은 더 온순한 조류를 협박해 새끼들을 위해 구해놓은 식량을 빼앗는다.[33] 뻐꾸기처럼 탁란이라는 형태로 기생하는 종 역시 무임 수취자다. 뻐꾸기가 둥지의 원래 주인이었던 새를 속여 자신의 새끼를 먹이고 키우게 하는 것만 보아도 잘 알 수 있다. 갈매기나 뻐꾸기 등의 각 개체가 공통으로 가진 속성이 바로 다른 존재가 노력해서 구한 자원을 빼앗는 위력이나 속임수다.

불평등 문화가 작용하는 방식은 한 가지이지만, 착취 방식은 여러 사회에 따라 달라지며 각기 다른 문화의 역사에 상응한다.

시간이 지나며 인간 문화의 진화가 진행되면서 지배층은 지속적으로 힘을 유지하려는 방식을 채택했다. 이러한 방식에 반드시 공격적인 가해 행동이 포함되는 것은 아니다. 그들은 오히려 지능과 언어를 효과적으로 사용했다. 궁극적으로는 나중에 군사력을 사용해 위계질서를 공고히 했다. 16세기의 유럽을 예로 들면 다수의 군주가 왕의 신성한 권리를 위임받았다고 주장하며 신이 자신에게 백성을 통치할 권리를 주었다고 내세웠다.

나의 동료인 데비 스리다Devi Sridhar는 현대 사회에서 자원과 권력을 지닌 사람들이 중세의 군주와 비슷하다고 말했다. 타인이 자신을 보는 관점을 좌지우지하는 데 능숙한 점이 유사하다는 것이다.

"국내외 주요 언론을 소유해 담론을 통제하려는 소수의 집권층이 존재합니다. 이를 통해 대중의 여론도 형성되죠. 정치인들은 이런 언론들의 지령을 받고 행동합니다."

구조가 어떠하든 불평등 문화의 핵심에는 무임 수취에서 비롯된 차등적 서열이 자리한다. 시간이 지날수록 자신의 유산에 따라 존재가 정의되고, 그 정의의 일부에는 사회적 지위가 반영된다. 미국의 시인이자 사상가인 랠프 월도 에머슨Ralph Waldo Emerson은 "개인의 눈엔 인간이란 거대한 서열 속 개인의 위치가 정확히 드러난다. 우리는 그걸 읽는 법을 항상 배우고 있다"라고 말하기도 했다.[34]

달리 말하면 착취 방식을 통제하는 사람은 사회적 자본과 지위가 강화되고, 이것이 결과적으로 불평등 문화로 이어진다. 이는 사회적 계층화가 있는 문화에서 나타나는 폭력 패턴을 설명하는데 도움이 될지 모른다. 하버드대학교 폭력연구센터에서 진행한 연구에 따르면 인간이 공격성을 띠는 주요 원인은 상대에게 굴욕당하거나 무례함을 느꼈을 때였다.[35]

자원 불평등은 그 피해만큼이나 다양한 형태로 퍼져나간다. 윤리적 의무에 관한 철학적 논의들이 발전함에도 이러한 경향은 나아지지 않고 있다. 아마도 대부분 자신이 속한 사회적 계층에서 영향받은 '사회적 근시안'의 결과일 것이다.

반드시 그렇지는 않지만 여러 서구 사회에서 나이가 들수록 좌파에서 우파로 종종 옮겨가는 현상이 좋은 예다. 대학을 졸업하거나 고소득 직장으로 이직하게 되면 그들이 속한 사회 집단도 그에 따라 변한다. 집을 사고, 자녀를 좋은 학교에 보내는 일이 중요한 동기가 되며, 자신과 가족들의 미래를 위해 투자하는 자원의 양도 늘어난다. 학생이거나 지출이 적은 사회 초년생일 때는 자신의 의무 반경을 늘리는 일이 쉬울 수 있지만, 나이가 들수록 종종 책임과 의무를 다해야 하는 반경이 줄어든다. 나를 둘러싼 반경에 집중해야 하기에 타인을 돕는 일에 대해서도 덜 신경 쓰게 되고, 주변인들과 보조를 맞추어 살기 위해 노력하게 된다. 나는 이것이 바로 우리가 말하는 '현실 자각의 순간'이라고 생각한다. 문제는 그 '현실'이라는 것이 실제로는 나를 둘러싼 사람들과의 경쟁으로 빚어진 사회적 근시안이라는 사실이다. 누구도 사회의 사다리에서 떨어지기를 원치 않는다. 사회적 자본을 같은 수준으로 유지하기 위해서는 점점 더 많은 자원 투자가 이루어진다. 사람들의 의

무 반경이 축소될수록 사회적 불평등은 더욱 심해진다.

　그러나 이러한 패턴도 변하고 있다는 증거가 발견되고 있다. 2023년 투표 자료에 따르면 1985년 이후 태어난 세대는 앞선 세대와 다르게 경제적으로 더 보수적인 태도를 보이지 않는다.[36] 영국과 미국의 주택 대란은 젊은 세대가 재산세 인상을 요구하게 한 원동력이 되었다고 알려져 있다. 사실 더 이상 '젊은 세대'라고 말할 수 없는 MZ세대는 자원 불평등의 한계에 도달해 있다.

　흔히 각 국가 내, 또는 국가 간 심각해지는 불평등 문제를 어떻게 해결할 것인지에 대한 질문을 던진다. 몇몇 여론 조사에 따르면 조세와 정치 체제의 공정성에 대해 많은 사람이 양립할 수 없는 관점을 지닌 것으로 나타났다. 사람들은 빈곤 축소와 노숙자 수 감소를 원했다. 하지만 그와 동시에 세금도 인하하기를 바랐다. 이것들을 모두 추구하는 것은 불가능하다. 사회적 안전망을 유지하는 데는 돈이 든다. 이를 위해서 더 높은 세율을 적용해 자금을 마련해야 한다. 그러지 않으면 세금을 줄이는 대신 빈곤층 인구를 줄이는 국가의 효능감이 감소할 것이다. 모두 추구하는 것은 비이성적인 바람처럼 보인다.

　나의 동료인 대니얼 네틀Daniel Nettle은 두 명의 공동 저자와 함께 논문을 위한 어떤 실험을 진행했다. 실험의 목표는 앞서 비이성적 바람이라고 한 문제를 해결하는 것이었다. 그들의 연구는 '컨조인트conjoint'라 불리는 복잡한 형태의 설문 조사를 기반으로 했는데, 단순히 높은 세율과 낮은 세율, 혹은 빈곤이 심하거나 그렇지 않은 상태 중 무엇을 선호하는지 묻는 식의 이분법적 질문이 아니라 실험 참가자들의 선호도 측정 척도를 두고 평가했다. 예를 들어 누군가는 빈곤의 상당한 감소를 위해 약간 높은 세금은 낼 의지가 있는 것으로 평가할 수 있는 식이다. 이를 통해 사람들이 여러 정책을 비교한 뒤 어떻게 평가하는지 살펴보았다.[37]

네틀의 연구팀은 사람들이 견해의 일관성을 유지했을 뿐만 아니라 평균적으로 빈곤 감소를 가장 중요한 정책으로 평가했다는 사실을 발견했다. 영국에 거주하는 800명을 포함해 실험 참가자들은 국가 차원의 주요 빈곤 감소 정책의 성공을 위해 10퍼센트의 세금 인상도 수용할 의지가 있다고 밝히기도 했다. 또한 빈곤 감소 정책의 재원 마련을 위한 수단으로 정부 차입보다 재산, 이산화탄소, 기업에 대한 세금 부과를 지지했다.

인류학계에서 진행된 연구도 불평등 감소를 위해 세금 인상을 제안했다. 전 세계 스물한 곳의 소규모 사회를 대상으로 진행한 설문 조사를 통해 가족에게 받는 자원 유산은 궁극적으로 더 넓은 의미의 불평등으로 이어진다는 사실을 예측할 수 있었다.[38] 자원 자본의 생산보다 그 자본이 어떻게 전달되는지로 불공평한 부의 분배를 통계학적으로 예측할 수 있었다.

그렇다면 우리의 반경을 넓히기 위해 한 세대에서 다음 세대로 전달되는 자원 자본의 고리를 끊어 불평등 문제를 해결해야 한다. 사회적 혁명이 일어나야 한다는 말이 아니다. 대신 앞서 소개했던 잘 설계된 설문 조사에 응답한 실험 참가자들의 정치적 관점을 구현해 내면 된다. 기빙 플레지에 서명한 억만장자들이 사망한 뒤 재산을 기부하기만을 기다릴 것이 아니라 그들이 막대한 규모로 재산을 불법적으로 이전하기 전에 효과적인 제도를 통해 세금을 부과해야 한다.

영국이나 미국처럼 부의 집중도가 높은 국가에는 상속세가 존재하지만, 종종 제도적 허점이 있어 세금 납부를 피하기도 한다. 2021년 경제협력개발기구OECD가 발표한 데이터를 보면 미국에서는 단 0.2퍼센트, 영국에서는 3.9퍼센트의 유산만이 상속세 부과 대상이었다. 벨기에 브뤼셀에서는 48퍼센트가 상속세 부과 대상이었던 것과 확연히 대조적이다.[39] G7 국가 중 영국과 미국의 소득 불평등이 가장 높은 지수를 보이는 것도 사실 전혀 놀라운 일이 아니다. 게다가 소득 불평등 정도를 수치로 나타낸 지니 계수도 영국이나 미국보다 브뤼셀이 훨씬 낮다.[40]

더 심각한 것은 초부유층에게 세금을 낼 생각이 전혀 없어 보인다는 사실이다. 2024년도 「글로벌 조세 회피 보고서」에서 유럽연합조세관측소는 미국의 억만장자들이 약 0.5퍼센트의 개인 소득세만을 내고 있으며, 소득세율이 매우 높은 프랑스에서는 사실상 거의 세금을 내지 않는다고 지적했다.[41] 그들은 재산을 은닉하기 위해 유령 회사를 차리고, 노동자 계층이 자신들보다 더 높은 세율을 부담하게끔 만들기도 한다. 그러니 생전에 자기 재산을 거짓으로 말하는 사람들이 죽어서는 관대하게 기부하겠다고 하는 선언이 의심스러울 수밖에 없다.

지금까지 우리는 수렵 채집 사회를 살펴보며 무엇이 인간 사회의 불평등을 초래했는지 살펴보았고, 그 불평등을 줄일 지식을 얻었다. 우리에게는 단지 정치적 의지가 필요할 뿐이다. 정상적인 것이라고 여겨왔던 착취와 번영하도록 내버려두기만 했던 불평등 문화를 뒤집을 수 있는 정책을 세울 의지 말이다. 그렇지 않으면 착취의 역학은 현대사 전반에 걸쳐 그랬던 것처럼 계속될 것이다. 웰스는 이익을 가져다주기만 한다면 무임 수취는 언제든 일어날 것이고, 생산자들은 무임 수취를 막지 못할 것이라고 했다.[42] 착취가 가능한 시스템이라면 착취는 반드시 일어날 테니까.

진심의 비용

현대 사회에서 심해지는 불평등은 대중의 신뢰도를 더욱 낮출 가능성이 높다. 가짜 뉴스를 퍼뜨리는 일이 만연해지고, 이는 국내외 기후 변화 대응 목표나 공공 의료 시스템, 정치 운동에도 영향을 미칠 수 있다. 국제 문제들을 해결하는 일에서 왜 점점 더 멀어지기만 하는지, 그 근본 원인이 외면당하고 있는 것은 아닌지 생각해 보아야 한다. AI 같은 재앙적 위협을 연구하는 나의 일부 동료들은 이 문제를 자주 고민한다. 우리 사회에 기본적으로 신뢰가 부족할지도 모른다는 것이 그들이 생각하는 근본적 문제다.

그러나 무임승차자들이 존재하는 한 해결책을 찾기가 쉽지 않다. 언제나, 혹은 어떤 때는 누가 신뢰받을 만한 자격이 있는지 영영 구별할 수 없을 듯하다. 신뢰성은 직접 관찰할 수 없는 특성으로, 일부 조류들이 가진 기생충 저항력이나 대부분의 종이 가지는 번식력과 유사하다. 동물들은 이러한 숨겨진 특성을 신호로 알리는 방법을 발전시켰다. 자신이 기생충 저항력을 가지고 있다고 알리기 위한 새들의 깃털 색깔처럼 말이다. 인간의 신뢰성도 비슷한 방식으로 작용한다. 인간은 단순히 나를 믿어달라고만 말하는 데 그치지 않고, 반드시 상대의 신뢰를 받을 자격이 있는 사람이라는 것을 보여주어야 한다.

그러나 동물의 세계와 달리 일반적으로 인간이 비용을 치르며 사용하는 신호는 신뢰할 수 없다. 기생충 저항력이 낮은 대부분의 새는 에너지가 많이 소모되는 '독특한 색깔의 깃털'을 기를 수 없다. 하지만 인간은 신뢰성의 신호를 거짓으로 보여줄 수 있다. 인간은 타인을 속일 수 있고, 내가 타인을 도울 의도가 있는지, 혹은 왜 나의 재산을 자선 단체에 기부하려는지까지 스스로 속일 수 있다. 일부 사람들은 사회적 규범을 지켜 세금을 낸다. 그렇게 하는 것이 옳다고 믿기 때문이다. 하지만 규범을 어기고 납세를 피할 기회가 없어서 그냥 그것을 따르는 사람들도 존재한다. 겉으로 보기에 결과는 동일하다.

이 퍼즐을 푸는 방법은 진화론에서 찾을 수 있다. 대부분의 새가 기생충 저항력을 나타내는 깃털을 거짓으로 기를 수 없는 이유는 그 깃털을 기르는 데 필요한 추가 에너지가 없기 때문이다. 인간의 신뢰성도 동물의 세계와 비슷하다. 다만 인간 사회에서 '비용'이 무엇을 의미하는지 규정하는 것이 어려울 뿐이다.

나는 비용의 정의는 상황의 맥락과 관련 있다고 추측하지만, 여기에는 항상 자본, 혹은 자본에 대한 잠재적인 희생이 수반된다. 인간이 사용하는 단어의 의미가 문맥에서 발달했듯 사회적 신호를 보내는 비용도 상황에 따라 달라진다. 예를 들어 많은 연구자, 작가, 정치인이 자원 불평등과 건강의 격차를 사회가 풀어야할 심각한 문제로 꼽지만, 그 불평등을 스스로 줄이고자 하는 의지를 지닌 사람은 소수이며, 그중에는 나 자신도 포함된다. 조지프라이스 같은 극단적 사례까지 포함한다면 타인을 위해 자신의안녕을 포기할 의지가 있는 사람은 거의 없거나 아예 존재하지않는다. 게다가 부유층에 대한 세율을 올린다고 위협하며 자본을희생해야 하는 것은 많은 정치인이 두려워하는 일이다. 정치 캠페인의 자금을 부유층에 의존하고 있기 때문이다. 2023년 대니얼네틀은 다음과 같은 글을 썼다.

> 정당이 제안하는 사항은 부유층과 기업의 의견이 반영된 것이다. 그리고 그 외 다른 사람들의 의견은 거의 다 받아들여지지 않았다.[43]

이는 데비 스리다가 내게 했던 말과 그 의미와 맥락을 같이한다. 스리다는 코로나19 팬데믹 동안 작가이자 공중 보건 고문으로 일했던 경험을 이야기하며 이렇게 말했다.

"만약 당신이 지인을 부자로 만들어주고 싶다면 정치인이 되는 건 훌륭한 선택이에요. 하지만 사회적 구조의 변화를 원한다고 정치인이 되는 건 끔찍한 선택입니다. 이런 점을 생각하다 보면 공직 생활은 하고 싶지 않아요. 매체는 당신이 그 자리에 있는 걸 못마땅하게 여기고, 소셜 미디어는 그 사실을 증폭시킨답니다."

불평등의 개선은 다수의 필요에만 호소할 것이 아니라 다수의 필요가 충족되도록 자본을 희생할 것인지에 달려 있다. 이때 '자본'은 자원 자본을 의미할 수도 있고, 사회적 자본, 특히 지도자들이 선거 승리를 위해 의존하는 정치적 다양성이 될 수도 있다. 불평등과 같은 주요 문제들이나 그 문제에서 파생되는 불편한 점들을 바로잡으려면 어느 정도 위험을 감수해야 한다. 그리고 대부분의 삶을 개선하기 위한 비용을 치를 의지도 있어야 한다.

공중 보건 분야 과학자들과 정책 결정자들도 비슷한 문제에 직면해 있다. 호주, 프랑스, 영국, 미국 등을 포함한 국가들에서는 부분적으로 백신 접종 의무제를 채택했다. 적어도 공중 보건 분야 종사자 등 일부는 코로나19 백신을 맞아야 했고, 이로 인해 과학에 대한 대중 신뢰도는 낮아졌다. 코로나19 백신 접종 의무제를 채택한 사람들은 정치적 자본을 잃었다. 하지만 그것을 자발적 희생이라고 할 수는 없다. 무너진 신뢰는 그 명령으로 의도한 결과가 아니기 때문이다. 그러나 캐나다 일부 지역이나 네팔 같은 곳에서는 백신 접종 의무제로 대중 신뢰도가 떨어지지 않았다. 캐나다와 네팔의 경우 정부 당국자들이 시민들과 협의를 거쳤고, 그들의 우려 사항을 경청했으며, 백신으로 얻을 수 있는 공중 보건상의 이익에 관해 설명해 주었다. 시민들의 필요를 이해함으로써 백신 접종률 상승이라는 목표를 달성하는 데 도움이 되었을 뿐만 아니라 다른 국가들의 하향식 접근 방식에 따른 위험도 피할 수 있었다. 솔직한 대화와 정확한 정보 공유를 통해 대중의 필요에 관심을 보이는 것으로 정부가 비용을 책임지겠다는 의지도 표

명할 수 있었다. 이처럼 시민 공동체와 효과적으로 협력하는 데는 시간과 자원이 필요하다.[44]

여기서 말하는 '비용'은 때때로 상징적이며, 자원 자본을 희생하겠다는 제안은 원래 의도했던 바와 정반대의 효과를 가져올 수도 있다. 이 책을 집필하고 있는 지금, 지중해 연안 팔레스타인의 자치 지역인 가자지구에서는 이스라엘과 하마스 무장 단체 간의 교전이 진행 중이다. 사실 이 두 집단의 충돌은 2007년 이후 간간이 소강상태를 보였던 것뿐이지, 해결될 기미를 찾지 못한 채 지속적으로 진행되고 있었다.

지난 수십 년간 팔레스타인과 이스라엘 사이에 여러 차례 대화가 시도되기도 했지만, 어떤 합의점에도 도달하지 못했다. 인류학자 스콧 애트런Scott Atran은 놀랍게도 영토나 자원의 제공은 오히려 평화를 회복하려는 시도에 도움이 되지 않는다고 말했다. 여러 심리학자의 연구 결과에서 볼 수 있듯 팔레스타인과 이스라엘을 각자 하나의 국가로 인정하는 합의에 경제적 지원까지 더했다면 둘 사이를 소원하게 만들 수 있다. 다시 말해 경제 지원책만 실시하면 각자의 목표를 달성하기 위해 폭력을 사용했을 가능성이 더 높았을 것이라는 의미다.[45]

팔레스타인과 이스라엘, 두 집단에서는 어떤 합의든 상징적인 제안을 더 중요하게 고려했다. 애트런은 자신의 연구에 참여한 팔레스타인인들이 1948년 전쟁 당시 팔레스타인을 대우했던 방식에 대해 이스라엘인들이 사과한다면 진정성 있게 이스라엘을 받아들이고자 하는 의지를 보였다고 적었다. 이스라엘인들 역시 팔레스타인인들이 이스라엘을 인정한다는 시나리오에 더 열린 자세를 취했다.

2007년 애트런과 연구팀은 이스라엘의 총리 베냐민 네타냐후Benjamin Netanyahu에게 팔레스타인 정부가 이스라엘의 존재를 인정한다는 가정 아래 양국을 각각의 국가로 인정하는 합의를 받아들일 것인지 물었다. 그러자 네타냐후는 이렇게 대답했다.

"좋습니다. 하지만 팔레스타인 쪽에서 그게 진심이라는 걸 보여줘야 할 겁니다. 그리고 반유대교적인 팔레스타인의 교과서도 수정돼야 합니다."[46]

이 경우에 '진심'은 팔레스타인이 반유대주의 교육을 거부하고자 하는 의지를 공개적으로 보여 표현할 수 있다. 하지만 신뢰성처럼 진심 역시 거짓으로 꾸며낼 수 있는 감정이다. 이러한 행위는 외교적 측면에서 중요하지만 지속 가능성 같은 모호한 분야에서는 심각한 문제인데, 탄소 상쇄 등 정부 개입에 관한 이해나 관련 규제가 부족한 분야에서는 놀라울 정도로 쉽게 착취가 이루어지게 하기 때문이다.

탄소를 배출하더라도 다른 방식으로 온실가스를 감축해 전체 탄소 배출량을 줄인다는 '탄소 상쇄'는 1990년대에 처음으로 도입되었다. 한 기업이 서비스 제공이나 제조 과정에서 대기 중으로 탄소를 배출했다면 어디에든 나무를 심어 이론적으로는 환경 내 동일한 양의 탄소를 제거해 기업이 배출한 탄소를 상쇄한다는 개념이다. 표면적으로는 지속 가능해 보이는 이 방식을 취하는 기업들에 정부는 탄소 배출권을 주었고, 경제적 보상을 제공하는 유인

책을 통해 지속 가능한 사업으로의 운영을 촉진하고자 했다.

정부가 발행한 탄소 배출권을 통해 기업은 자원 자본을 획득할 수 있었으나 이 외에도 다른 동기들이 존재한다. 탄소 상쇄 조치를 시행하는 많은 기업에서 지속 가능한 기업 운영을 하고 있다고 광고함으로써 사회적 자본을 획득할 수 있었다. 기업은 사회적 평판을 향상시키고 소비자들의 신뢰도 얻을 수 있는 것이다. 탄소를 많이 배출하는 기업에 '탄소 중립'은 경제적·사회적으로 매력적인 광고 수단이었다.

물론 현실에서는 탄소 상쇄가 불분명하고 모호하다. 황금률 같은 규제의 틀은 존재했지만, 일부 기업에서는 고유한 수학적 계산 방식을 개발해 탄소 배출량을 산출했고, 그들의 조치가 실제로 탄소 배출량을 상쇄할 수 있는지 계산했다.[47] 기업은 경제적 이익과 사회적 평판을 가장 효과적으로 개선할 수 있도록 통계 모델을 만들어 수치를 계산해 낼 수도 있었다. 그러한 목적으로 만든 광고는 지속 가능한 기업 운영으로 제품을 홍보하지만 환경을 위해 실제로 하는(혹은 하지 않는) 선행을 왜곡해서 표현할 수도 있다. 이는 '그린워싱greenwashing'이라 불리는 행위로 에너지, 미용, 가정용품, 패션 등 산업계 전반에 걸쳐 다양한 사례를 찾을 수 있다.

이탈리아의 패션 브랜드 구찌를 예로 들어보자. 2019년 구찌는 사업이 모두 탄소 중립 방식으로 운영된다고 광고했다. 하지만 2023년《가디언》은 세계에서 가장 널리 사용되는 탄소 배출권 인증 표준을 운영하는 미국의 비영리 기구인 베라의 탄소 배출 기준이 탄소 감축을 달성하기에 상당 수준 불충분하다고 보도했다.[48] 베라에서 제시하는 탄소 배출 기준은 구찌나 다른 브랜드들의 탄소 중립 달성 근거로 사용되었는데,《가디언》은 보도를 통해 베라의 열대우림 탄소 배출권 중 90퍼센트 이상이 허구라고 지적했다. 그 후 구찌는 웹사이트에서 탄소 중립을 달성했다는 주장을 삭제하고, 당시 함께 일하던 스위스의 탄소 배출권 자문 업체와의 파트너십도 종료했다.

세계 4대 회계법인인 KPMG UK와 글로벌 여론 조사 기관 유고브의 미발표 보고서에 따르면 소비자들은 일반적으로 그린워싱을 인지하고 있지만 구체적 사례까지는 거의 알지 못한다. 그 이유는 아마도 논의되는 사항들이 너무나 기술적이라 탄소 중립 달성 선언이 진짜인지 아닌지 파악하기 어렵기 때문일 것이다.[49] 이는 대중의 신뢰를 더 악화시키는 원인이 되고, "악의적인 권력을 행사하면서 무사히 넘어가려면 사람들에게 지루해 보여야 한다"라는 존 론스의 경고를 떠올리게 한다.[50]

플라톤의 동굴

이보다 훨씬 더 많은 사례가 있겠지만 앞서 소개한 사례들은 사회가 지닌 근본적 문제, 즉 누가 신뢰할 수 있고 진실한 사람인지 종종 구분하기 어렵다는 문제를 시사한다. 이는 곧 악의적 의도를 효과적으로 숨길 수 있는 무수히 많은 방법과 결합해 더 심각한 불평등과 폭력, 효과적이지 못한 공중 보건 캠페인, 급속도로 진행되는 지구 온난화를 중단할 수 없는 인간의 무능함으로 이어진다.

하지만 이러한 상황에서도 우리가 할 수 있는 무언가는 존재한다. 새로운 아이디어나 기술이 이러한 문제들을 단번에 해결할 수는 없을 것이고, 많은 사람이 충고도 내놓을 것이다. 그럼에도 앞서 언급한 문제들을 해결하기 위해 지역적·세계적 수준의 협력이 어떻게 이루어져야 하는지 사람들에게 가르쳐보려 시도할 수는 있다. 또한 그러한 협력이 왜 핵심적인지도 알리려 시도할 수 있다. 이를 위해서 사람들에게 무엇이 진실이고 아닌지 구별하는 법을 가르칠 정부의 전방위적 투자가 필요하다. 특히 인간 본성에 내재한 어두운 면을 알리려는 노력이 필요하다.

나는 플라톤이 동굴 우화에서 이와 유사한 지점을 담아냈다고 생각한다. 그의 동굴 우화를 보면 사람들은 자기 주변 환경 외의 바깥세상에 대해서는 무관심한 채 어두운 동굴에 앉아 있다. 그들은 오직 동굴 벽에 비치는 그림자만 볼 뿐이다. 동굴에 갇혀 있던 사람들이 바깥세상으로 풀려나면서 자신들이 보았던 그림자가 단지 부분적으로 표현된 진실이라는 사실을 알게 된다. 동굴 밖 태양은 그들에게 현실이 무엇인지 알려주었다. 여기서 태양은 '선'을 상징하며, 플라톤은 태양이 우주를 인도하는 힘이라고 믿었다.

블라디미르 레닌은 전기 보급에 관해 '기술'을 생각했지만, 내가 보기에 미하일 조셴코는 적어도 '플라톤의 동굴'을 생각했다.

조센코가 말한 빛의 의미는 전깃불이나 세계 전역에 퍼져 나간 새롭고 대단한 전기 기술이 아니라 진실이었다. 인간은 기만, 잔인함, 이기심을 지닐 수 있는 흠 많은 동물이기에 진실을 지니고 살기 어렵다. 그러나 인간의 진화가 이루어졌던 과거를 솔직하게 되돌아보며 이를 직면하면 나 자신과 타인에게 어떻게 더 나은 미래를 가져다줄 수 있는지 가르칠 도구를 얻을 수 있다.

인간은 단순히 '규범을 따르며 기회만 되면 남을 착취하는 존재'가 아니라 '규범을 깨는 존재'다. 우리는 맞닥뜨린 문제와 싸울 전략을 세우기 위해 인간의 이해력을 사용해야 한다. 우리는 좋은 결과를 위해 규범을 깬 알베르트 괴링이 될 수 있고, 나쁜 의도로 규칙을 따랐던 헤르만 괴링이 되지 않을 수 있다. 고든 털럭은 진실이 우리를 자유롭게 하지는 못해도 우리의 효율성을 높일 수 있어야 한다고 했다.[51] 전기의 보급은 단순한 기술 발전이 아니라 통찰, 특히 효과적인 개입이 반드시 동반되어야 하는 통찰에 불을 지펴줄 시발점이었다.

7장

우리의 선택

이기심과 공존하며 협력하는 법

천국에 있는 두 명에게 자유 없는 행복을 택할 것인지, 행복 없는 자유를 택할 것인지 선택권이 주어졌다. 그 외 다른 선택권, 제3의 가능성은 없었다.

— 예브게니 자먀틴Yevgeny Zmyatin, 『우리들We』

착취는 어디에나 존재한다. 동식물은 다른 생물에게 자신의 숨은 자질을 보이지 않는다. 암세포는 면역 세포를 속여 숙주에게 자신이 해가 되지 않는 존재처럼 보이게 한다. 침팬지 같은 비인간 영장류는 먹이에 접근하기 위해 위험 신호를 조작한다.

인간은 자연 세계에서는 볼 수 없는 무언가 다른 것을 지니고 있다. 즉 이로우면서 위험하고도 특별한 '언어'라는 도구를 사용한다. 인간은 타인에게 영향력을 미치고, 정체성을 숨기며, 의도를 왜곡한다. 이 모든 행동은 인간의 자원 자본, 사회적 자본, 혹은 체화 자본을 늘리기 위한 것이다. 정도의 차이는 있겠지만 인간은 모두 보이지 않는 경쟁자다. 찰스 다윈이 사회적 본능이라 불렀던 것과 마찬가지로 이것이 인간다움의 핵심이기도 하다. 하지만 여느 다른 종들과 달리 인간이 타인을 이용할지, 타인과 협력할지 결정하는 것은 전적으로 개인의 선택에 달렸다. 이는 토머스 홉스의 『리바이어던』과 대비되는, 표트르 크로포트킨의 세계관에 기반을 둔 근본적 대립 구도다.

하지만 인간 본성에 관해 서로 양립할 수 없는 관점들은 모두 담론에 불과하다. 그리고 현재 상황과 관련한 담론은 앞서 소개한 크로포트킨의 관점을 반영한다. 인간은 사회적 집단에서 사기꾼들을 제거해 왔고, 먼 과거에는 명백히 지배적인 알파 모두 죽임을 당했으며, 규범을 파괴하는 사람은 처벌받았고, 집단에 이바지하지 않는 사람들은 쫓겨났다. 오늘날 인간 사회는 대부분 내부적으로는 협력적이다. 현재 우리가 맞닥뜨린 문제들은 집단 내부의 구성원들 때문이라기보다는 집단 간 경쟁으로 발생한 것이다.

이러한 뻔한 결과들을 침대맡에서 들으면 많은 사람이 쉽게 잠들겠지만, 사실 이러한 담론 자체는 거짓이다. 자기 성찰과 인류학만이 밝힐 수 있는 인간 본성의 핵심 요소가 빠졌기 때문이다. 인간이 자기 자신과 타인을 속이는 능력을 지녔다는 사실, 착취할 기회를 노리며 자신을 숨기는 능력을 지녔다는 사실 말이다. 인간은 사회 모든 층위에서 경쟁하며, 경쟁에서 이길 수 없을 때는 종종 타인을 속인다.

암세포는 신체의 한 세포가 어떻게 숙주를 배신하고, 그 과정에서 불가피하게 숙주를 죽이게 되는지 보여주는 이야기다. 보이지 않는 경쟁도 이와 동일한 맥락이다. 단지 그 대상이 유기체가 아닌 사회라는 점만 다를 뿐이다. 그 결과 오늘날 많은 사람이 믿는 바와 달리 우리는 무임승차자 문제를 해결하지 못했다. 임상적 개입이나 신체의 면역 체계가 강제로 암세포의 성장 전략을 바꾸는 것처럼 우리의 사회적 개입은 무임승차자들을 숨겨버렸다. 우리는 이아고를 맥베스와, 카이사르를 폼페이와 교환했다. 그 결과 현대 사회는 블라디미르 푸틴, 도널드 트럼프 같은 독재적이고 마키아벨리적 인물들이 성공하는 세상이 되었다.

보이지 않는 경쟁은 인간 사회의 암세포와 같다. 이는 모든 인간 문화에서 문화적 다양성에 맞서 싸우며 자신을 강화해 온 이기심의 근원이다. 흔히 암세포가 그러하듯 이기심 또한 이기기가 불가능하다. 그렇다면 우리에게 주어진 선택권은 '크로포트킨의 관점이냐, 홉스의 관점이냐'가 아니라 '결함이 있는 인간의 유산을 그냥 받아들이고 말 것인가, 협력하는 미래를 위해 나아갈 것인가'다. 다시 말해 왜곡된 담론에 귀를 기울인 채 보이지 않는 경쟁에 압도당하도록 내버려둘지 말지 선택해야 한다.

문제를 받아들이고, 우리가 앉아 있는 동굴에 한 줄기 빛을 비추는 것. 이것은 단지 우리가 밟아야 할 첫 번째 단계에 불과하다. 기후 변화, 불평등, 기술적 규제 등 중요한 사안을 두고 타인이 협력적으로 행동하기를 바라는 것은 훨씬 더 어렵다. 만약 암세포와 소통할 수 있다면 암세포에게 어떻게 말할 것인가? 그렇게 끊임없이 증식하면 언젠가는 네가 기생하고 있는 숙주가 죽게 될 것이라고 설명할 수는 있겠다. 그 말을 들은 암세포는 자기 주변에 협력적인 세포들을 착취했던 것이 근시안적 행동이었다고 동의하겠지만, 그래도 하던 행동을 멈추지는 않을 것이다.

하지만 인간은 반드시 그렇게 행동할 필요가 없다. 대부분의 비인간 종의 세계와 달리 인간은 유전적 프로그램에 전적으로 의존한 행동만을 이어가지 않는다. 인간은 타인에게 영향력을 발휘해 함께 일하고, 상호 신뢰를 쌓으며, 더 나은 것을 위해 사회를 변화시킬 수 있다. 보이지 않는 경쟁으로 발현된 '무임승차 증후군'이 반드시 사회를 파괴하도록 내버려둘 필요는 없다.

인간 본성에 관해 어떤 관점을 받아들이는지에 따라 타인을 신뢰할지, 개인적·집단적·구조적 수준에서 어떻게 신뢰할지가 결정된다. 만약 인간이 근본적으로 친사회적 협력자라는 관점을 받아들인다면 맹목적으로 타인을 신뢰할 가능성이 높아질 것이다. 반대로 모든 인간이 이기적이라는 관점을 받아들인다면 그 누구도 믿지 않을 것이다.

이 두 극단적인 관점 모두 사회를 지배하는 규범의 실패를 불러올 가능성이 크다. 맹목적 신뢰는 사회의 악한 사람들에게 쉽게 착취당하는 결과를 가져올 것이다. 거의 신뢰하지 않거나 아예 신뢰가 없어도 타인을 악마화하는 일이 비일비재할 것이다. 고든 털럭이나 니콜라스 험프리 같은 연구자들의 주장처럼 신뢰가 없다고 생각한다면 그 결과는 폭정으로 이어질 수 있다. 여기서 사회적 딜레마는 손쉬운 착취의 대상이 된다. 타인을 조종하려는 경향의 지도자들은 대중의 안전이 위험에 처했다고 주장하며 사람들의 지지를 얻는 데 성공한다. 유대인, 무슬림, 공화당원, 민주당원, 극우파, 극좌파, 백인 기독교인, 시온주의자, 트랜스젠더, 트랜스젠더를 배제하는 급진적 페미니스트, 대기업 직장인, 혹은 어떤 분류에 속하든 일부 특정 그룹이 내가 속한 그룹의 문제에 책임이 있다고 하면 그 문제는 단순해진다. 독재자나 독재자가 되고자 하는 사람들은 이러한 전략을 효과적으로 사용한다. 독재자들은 일단 권력을 쥐고 나면 반대 집단의 의견을 짓밟아 버린다.

이렇게 되면 신뢰가 너무 많든 적든 그 의미가 상실된다. 개인적 자유가 없는 곳에서는 당신이 정부를 믿든 말든 중요하지 않다. 예브게니 자먀틴의 『우리들』, 조지 오웰의 『1984』, 커트 보니것Kurt Vonnegut의 단편 「해리슨 버저론Harris Bergeron」 같은 작품 속 등장인물들이 처한 상황이 이를 잘 보여준다. 루트비히 비트겐슈타인이 지식이 가능한 사회에서만 의심의 의미가 있다고 주장했듯 신뢰 또한 자유가 있는 사회에서만 의의가 있다.[1] 진화하던 열린 사회가 빠져버리게 되는 나락인 독재 사회는 인간 사회에 필요한 신뢰를 완전히 없애버린다.

믿음과 의심 사이

최적의 상태는 신뢰가 너무 많지도, 너무 적지도 않은 상태다. 더 구체적으로 말하자면 분별 있게 신뢰를 쌓는 법을 대중이 이해하고 있는 상태가 가장 최적이다. 과거에 진행되었던 연구들을 분석한 결과를 보면 실험실이라는 환경에서 사람들은 그저 우연보다 약간 나은 수준, 즉 55퍼센트 정도의 정확도로 거짓말을 알아차리며 개인 간에도 이는 큰 차이가 없다.[2]

거짓말을 가장 잘 예측한 요인은 결국 정보의 출처에 대한 신뢰였다. 거짓말쟁이든, 진실을 말하는 사람이든 신뢰할 만하다고 판단되면 실험 참가자들은 그들의 발언을 정직하다고 평가할 가능성이 더 높았다. 겉으로 보기에 더 신뢰할 수 있을 것 같은 사람들이 존재하는데, 그들이 실제로 정직하든 아니든 그러한 사람들을 더 쉽게 믿는 경향이 있었다.

세계 전반의 정치적 여론을 선동하는 소셜 미디어상의 동조 현상은 위와 같은 연구 결과를 뒷받침한다. 한 예시로 X(트위터)와 같은 소셜 미디어가 개발한 파란 체크 표시는 믿을 수 있는 정보를 구별하는 데 적어도 어느 정도는 도움을 주었다. 파란 체크 표시로 신원이 인증된《파이낸셜 타임스》계정은 파란 체크 표시가 없었던 동일 계정보다 진실한 정보를 가지고 있을 가능성이 높다. 하지만 일론 머스크가 트위터를 인수해 X로 이름이 바뀐 뒤 누구나 돈만 내면 파란 체크 표시를 받을 수 있게 되었다. 이전에는 신뢰성의 표식이었던 것을 이제 누구나 접근할 수 있는 '상품'으로 만든 셈이다. 이러한 변화가 도입된 직후인 2023년 중반 제프 베이조스를 비롯해 미국 상원의원이었던 존 매케인 John McCain 등 주요 인사들을 사칭한 가짜 계정들에도 파란 체크 표시가 붙었다.

설상가상으로 내가 우려했던 것은 우리가 거짓말쟁이들에게 보상을 주고 있다는 사실이었다. 타인을 속이는 사람은 절대 성공할 수 없다는 말을 어릴 때부터 들어왔지만 그 말의 진짜 의미는 성공하지 못한 사기꾼들은 경쟁에서 밀려난다는 뜻이었다. 그러나 실제로는 정보 교환 게임에서 타인을 속이는 사람, 거짓말하는 사람이 들키지만 않으면 결국 성공하는 세상이었다. 어느 심리학자들은 타인을 기만하는 사람들이 성공으로 자신의 행동을 강화시킨다고 말했다. 인생 초기에 거짓말로 이득을 본 사람들은 계속해서 거짓말을 할 것이고, 거짓말이 들통난 사람들은 타인을 속이는 행동을 멈출 것이다. 거짓말 탐지 분석에 관한 논문에서는 "믿을 수 없을 정도로 부자인 사람들은 더 부를 쌓을 것이고, 가난한 사람들의 처지는 개선되지 않을 것이다"라고 쓰여 있기도 했다.[3]

다시 말해 인간은 자신에게 이익이 되는 행동을 선택한다. 자기 전에 양치했다고 거짓말하는 어린아이, 지속 가능성을 옹호하면서 실제와는 다른 모습을 보이는 글로벌 대기업 등에 관해 이야기할 때도 이러한 논리가 적용된다. 두 가지 경우 모두 성공이나 실패를 통해 긍정적이거나 부정적 방향으로 행동을 강화한다. 그리고 인간의 마음속에 있는 이러한 편견이 인간과 사회를 위험한 길로 이끈다.

이 역시 X와 같은 소셜 미디어에서 관찰된다. 조이스 캐럴 오츠Joyce Carol Oates, 존 론슨을 포함한 작가들은 개인의 관점이 소셜 미디어상의 타인들에게 영향을 받아 점점 더 극단적인 주장을 하도록 내몰리고 있다고 주장했다. 소셜 미디어상에서 영향력 있는 개인이 논란이 되는 주제들에 타당한 주장을 펼칠 수 있다. 트랜스젠더의 권리, 중동 전쟁, 혹은 코로나19 바이러스 전파 방지를 위한 마스크 착용의 중요성 같은 쟁점들 말이다. 하지만 시간이 지나며 특정 그룹과 견해를 같이하게 되면서 그 사람이 올리는 게시물의 타당성 또한 점점 줄어든다. 심지어 사회적 해악이 될 수도 있는 내용이 담기기도 한다. 그 이면에는 '좋아요', '공유', '팔로워' 수 늘리기 등을 위한 욕구가 존재하는데, 디지털 시대의 행동 강화 방식이 바로 '좋아요'를 받는 것과 '공유', 혹은 '팔로워' 수를 늘리는 것이기 때문이다.

이는 인간이 타인과 상호 작용하며 자원 자본, 사회적 자본, 체화 자본의 최적화를 추구한다는 사실, 그로 인해 사회에 부정적 영향을 미친다는 사실을 보여주는 예다. 디지털 세계에서 가짜 뉴스와 극단주의를 강화한 효과는 제한적일 수 있지만, 실제 현실에서 이루어지는 강화는 정치인의 행동에까지 영향을 미칠 수 있다. 나의 동료 데비 스리다가 말했듯 그때부터는 정치 체제와 권력을 위해 경쟁하는 사람들에게서 문제가 보이기 시작할 것이다. 다시 말하자면 친사회성을 지닌다고 해서 인간 문화에서 항상, 혹은 자주 보상받지는 못한다. 그러니 겉으로는 신뢰할 수 있는 사람으로 보이면서도 이기적이라서 기회만 되면 타인을 착취할 줄 아는 편이 낫다. 진화론으로 보면 보이지 않는 경쟁자가 되는 편이 낫다는 것이다.

이러한 상황에 대한 해결책으로 개인 차원에서 두 가지 방법이 있다. 첫 번째는 자기 이해다. 인간이 모두 보이지 않는 경쟁자가 될 수 있는 능력을 지녔다는 사실을 이해하는 것이다. 자기 이

해가 이루어지면 각자 그 능력을 활용할지, 어떻게 활용할지 도덕
적 선택권을 가질 수 있다. 두 번째는 타인 이해다. 누군가 당신의
믿음이나 행동을 착취하려는 순간을 암시하는 신호를 알아차리
는 법을 배워야 한다.[4]

두 가지 해결책을 얻기 위해 우리가 할 수 있는 최선은 누가
믿을 수 있는 사람인지 구분하는 능력을 바탕으로 지적 무장을
한 뒤 그 지적 체계를 나의 행동에 적용하는 것이다. 그러려면 자
신의 신념을 면밀히 분석하고, 타인의 동기도 이해해야 하는데 사
실 이것들은 굉장히 재미없고 따분하다. 하지만 허위와 거짓으로
점점 왜곡되고 있는 세상에서 이것들은 우리가 가진 유일한 도구
다. 배움, 질문, 자기 성찰, 경청 등을 통해 충분히 가능하다.

우선 현재 일어나는 일들에 관한 정보를 사람들이 어떻게 받
아들이고 있는지 생각해 보라. 인간 본성의 본질적 선함에 대해
이야기하는 사람들은 새로운 정보를 피하는 것이 좋다고 주장한
다. 나 역시 너무 많은 뉴스, 특히 최근 들려오는 지나치게 많은
정보가 정신 건강에 좋지 않을 가능성이 크다는 사실에는 동의
한다. 하지만 더 나은 사회를 만드는 데 도움이 되고 싶다는 목표
를 가진 사람에게 뉴스를 듣지 말라는 것보다 더 나쁜 조언은 없
다. 지역 사회와 국제 사회에서 어떤 일들이 일어나고 있는지 무
시하는 것은 세계 곳곳의 악인들이 원하는 행동이다. 자신이 지금
착취당하는지 모르는 사람들을 착취하는 것이 훨씬 더 쉬운 일인
것은 너무나도 자명한 논리다.

그러므로 지금 사회적·정치적 이익을 얻기 위한 행동으로 사

회 전반에 벌어지는 문제들이 어떻게 만들어지고 있는지 이해하려면 미디어 매체에서 무슨 이야기를 하는지 충분히 듣는 것이 중요하다. 그러려면 시간과 노력은 물론이고 어떤 매체를 통해서든 말을 전달하는 사람이라면 누구나 마음속에 의도와 계획이 있다는 사실을 이해해야 한다. 미디어 매체에서 전달하는 정보를 듣고, 그 이면의 계획을 알아내기 위해 적절한 방식을 채택하는 것 역시 중요하다.

이를 위해 우리가 가진 가장 중요한 도구는 윤리적·비판적 사고에 관한 교육이다. 반드시 정규 교육일 필요는 없다. 현실적으로 정규 교육에 포함되기 어려운 경우도 많다. 재정 정책에 보수적인 태도를 보이는 정부가 교육 프로그램 예산을 극도로 삭감하거나 대중의 교육을 원하지 않는 정당이 있다면(주로 미국의 공화당에 해당한다)[5] 윤리적·비판적 사고에 관한 정규 교육은 이루어질 수 없다.

대신 정규 교육 외에 부모와 마을 공동체가 젊은 세대를 가르치거나, 독서를 권장하거나, 심지어 도덕적 사고에 관한 종교적 지도를 하는 것까지 교육에 포함된다. 핵심은 사람들에게 윤리적으로 생각하는 법을 가르치고, 그들에게 윤리적 사고의 도구를 제공하는 것이다. 언어, 종교, 철학, 수학, 생명과학, 공학 등 그 과목이 무엇이든 본질적으로는 효과적으로 질문할 수 있는 능력보다 중요하지 않다. 꾸준한 교육이 무슨 의미가 있는지 의심된다면 나의 지인이자 동료인 캐럴 브레인Carol Brayne과 연구팀이 진행한 연구 결과를 공유하고 싶다. 연구에 따르면 더 오래 교육받은 사람일수록 치매에 걸릴 확률이 낮다.[6] 교육은 자기 세계를 더 잘 이해하는 데 도움이 될 뿐만 아니라 타인에게 귀 기울이는 법을 배우는 데도 도움이 되며, 아마 건강에도 이로울 것이다.

그뿐만 아니라 점점 더 복잡해지는 미디어·소셜 미디어 환경과 가짜 뉴스가 만연한 세상을 고려하면 정보를 분석하는 개인의 능력은 매우 중요하다. 일부 연구자들은 가짜 뉴스에 대비해 사람들을 '예방 접종'해 줄 도구를 개발하기도 했지만, 정책적 수준에서 내가 생각한 중요한 개입은 바로 이해다.[7] 통계학 같은 사회과학이나 역사학 같은 인문학 과목의 짧고 간단한 개론만 읽어도 누군가 무언가를 숨기려 시도하는 때를 알기에는 충분하다.[8] 상대와의 상호 작용에서 숨겨진 의도가 실제 말로 표현되는 내용보다 중요한 경우가 많다. 그러니 그 이면의 정보를 구분할 수 있는 도구를 사람들에게 제공하는 것이 화자의 의도를 이해할 수 있는 열쇠다.

게다가 이해도가 높으면 중요한 질문을 할 수 있다. 언젠가 질문의 기원에 대해 관심 있는 철학자를 만난 적이 있었다. 그는 우리가 보통 단정적으로 말하는 사람들이 대화를 주도한다고 여기지만, 자신은 오히려 질문하는 사람들이 그 힘을 가지고 있다고 믿는다고 말했다. 질문하는 사람이 정보의 흐름도 이끌 수 있다. 그들이 질문에 대해 받는 대답이 완벽하거나 진실하지 않을 수도 있지만, 사고방식이나 아이디어를 찾아내는 과정은 어느 사회에서든 담화의 핵심적인 부분이다.

물론 "인간은 협력적인가요, 아니면 경쟁적인가요?"라고 묻는 바보 같은 질문도 있을 수 있고, 그러한 질문조차 하기 두려워할 수도 있다. 하지만 나 역시 연구자로서 무수히 많은 바보 같은 질문들을 했고, 그러한 질문을 던지는 것은 효과적으로 경청하는 방법을 배울 때 중요한 부분이라고 생각한다. 사회에서 이루어지는 착취에 관한 대화 중 가장 중요한 대화는 아마도 '누가 이익을 보는가' 하는 질문일 것이다. 일상 대화에서, 세미나에서, 온라인 포럼에서, 소셜 미디어상에서 누군가 새로운 무언가를 이야기할 때마다 핵심 질문은 항상 '저 사람의 말을 내가 신뢰해서 저 사람이 얻는 것은 무엇인가'가 될 것이다.

　동기에 관한 신념은 기후 변화 같은 현재 진행형인 주요 문제들을 사람들이 어떻게 받아들일지를 결정한다. 2016년에 이루어진 조사에 따르면 지구 온난화가 인간에 의해 유발된 것이라고 믿는 미국의 성인 남녀가 절반뿐이라고 한다. 다른 연구 결과에서도 지구 온난화의 주범이 인간이라는 관점은 기후학자들이 그들의 경력을 위해서, 혹은 정치적으로 이득을 얻기 위해서 만들어 낸 주장이라고 믿는 사람들이 많았다. 과학자의 정치적 입장과 관련해 과학계에는 '화이트 햇white hat'이라고 부르는 편향이 존재한다. 화이트 햇 편향이란 연구자 스스로 자신이 도덕적인 쪽에 있다고 믿으면 연구 데이터를 바탕으로 결론을 내릴 때 객관적이지 못할 가능성이 높아지는 경향을 말한다. 다시 말해 과학자에게 정보를 받는 사람이 그 과학자에게 숨은 의도가 있다고 믿게 되면 신뢰가 깨진다는 의미다.

　다른 모든 사람과 마찬가지로 과학자도 자신의 연구 업적을 위해 선한 동기와 악한 동기를 가지고 있다. 우리는 이 동기들에 의문을 가져야 한다. 또한 기후 변화가 가짜라고 말하는 사람들, 인간이 기후 변화를 유발한 것이 아니라고 믿는 사람들의 동기가 무엇인지에 대해서도 의문을 가져야 한다. 미국의 에너지 대기업 엑손모빌의 임원들은 이미 약 50년 전에 기후 변화가 실재하며, 인간으로 유발된 현상이라는 사실을 알고 있었다는 증거가 있다.[9] 그럼에도 엑손모빌은 기후 변화를 의심하는 데 일조하는 보수적 싱크 탱크에 많은 투자를 했다. 이러한 엑손모빌의 의도가 과연 연구 자금을 조달받고 경력 향상을 위해 노력한 과학자들의 의도보다 선한지 악한지 알 수 있을까? 이에 대해 생각하고 판단하는 것은 당신의 몫이다.

인간이 지닌 자기기만 성향은 의도에 관한 질문을 특히 더 어렵게 만든다.[10] 나 자신도 속일 수 있는데, 과연 타인의 신뢰성에 의문을 가질 수 있을까? 혹은 가져야 하는 것일까? 믿을 만한 대상에 투자한 많은 사람이 자신의 주장을 정당화하려는 좋은 동기를 가지고 있다. 다른 사람들은 단순히 가장 인기 있는 주장에 편승해 무임승차하며 사회적 자본을 얻으려 한다. 원칙을 철저히 믿는 사람과 사회적 이익을 얻기 위해 믿음을 가장하는 사람의 차이를 구별하는 것은 어려우며, 때로 불가능하기까지 하다. 하지만 '가짜 믿음'이 들통나면 그 사람이 추구하던 사회적·이념적 주장에 대한 신뢰도 무너진다.

물론 어떤 사람들은 자신의 견해를 표출하기 위한 다양한 동기를 가질 수 있다. 또한 사회적 자본에 관한 위험은 그 누구도 무시할 수 없다. 하지만 그렇다고 해서 자신의 동기를 보여주는 전략을 아예 사용할 수 없다는 의미는 아니며, 동기를 드러내 자기기만의 껍질을 벗겨낼 수도 있다. 왜 어떤 견해를 가지게 되었고, 특정 이야기를 하는지 이해하는 데 방해가 되던 기만의 껍질을 없애는 것이다.

이와 관련해 영국의 철학자 버나드 윌리엄스Bernard Williams는 한 테스트를 제안했다. 당신이 생명이 위독한 환자를 치료하는 의사라고 상상해 보자.[11] 당신에게는 두 개의 세상 중 하나를 택해 살 수 있는 선택권이 있다. A세상에서는 환자를 성공적으로 치료하지만 당신은 그 환자가 죽었다고 생각한 채 여생을 보내게 된다. B세상에서는 환자가 결국 죽게 되지만 당신은 그 환자를 살렸다고 생각한 채 여생을 보낸다. 과연 어떤 세상에서 살고 싶은가?

윌리엄스의 테스트는 임상 의학 영역보다 더 광범위한 개념으로 인간에게 동기라는 가면을 벗기고, 불편하게 받아들이던 선입견을 제거하는 데 필요한 도구를 제공한다. 당신은 기후 변화가 해결되었지만, 그것과 나와는 아무런 관련이 없는 세상에서 살 것인가, 아니면 세상이 지구 온난화로 고통받을 때 내가 기후 변화 해결에 기여했다고 인정과 칭찬을 받는 세상에서 살기를 바라는가? 당신을 제외한 1000명의 사람이 동물을 죽이고 그 고기를 먹고 있어도 나는 완전한 채식주의자로서 칭송받기를 원하는가, 아니면 그 1000명의 사람이 모두 채식주의자가 되고 내게 돌아오는 찬사가 사라지는 것을 바라는가?

모든 사람이 장기적인 계획을 통해 이익을 볼 수 있고, 이는 타인을 조종하는 데 능숙한 사람들에게도 해당된다. 유명 심리학자와 대화를 나눈 론슨은 내게 사이코패스에게 단기적 욕구보다 내 삶의 안녕을 위한 장기적 이해관계가 더 중요하다고 설득하는 것이 그들의 행동을 변화시킬 수 있는 유일한 방법이라고 말했다. 이 말에 따르면 인간은 모두 이익을 추구할 수 있다. 암세포가 그러했듯 말이다. 자신의 신념을 자세히 들여다보고, 선입견을 분석하고, 타인이 나를 어떻게 생각할지, 혹은 나는 어떤 세상에서 살고 싶은지에 따라 나의 관점이 영향받을지 항상 스스로에게 질문하라.

기만이 가득한 세상을 바꾸는 법

신뢰는 당연히 두 명, 혹은 그 이상의 인간 사이의 관계다. 신뢰 관계에 있는 사람들이 얼마나 분별력을 가지고 있는지와 관계없이 공동체, 기관, 정치 조직 등이 신뢰받을 자격이 있음을 증명하는 것은 그들의 몫이다.[12] 그러나 신뢰성이 가장될 수 있다는 것은 여전히 문제다. 타인의 지지를 얻기 위해 솔직하게 말하는 것은 그것이 무엇이든 사기꾼들이 모방하는 대상이 될 수 있다.

다행히 뉴욕에서 택시를 부르거나 시칠리아의 마피아 조직에 가입하는 등 특정 상황에 관한 연구들을 살펴보면 인간이 내집단과 관련해 언제 그리고 어떻게 실제로 신뢰성을 보이는지 알 수 있다. 지난 40년간 신뢰성 표현을 탐구한 사회학자 디에고 감베타Diego Gambetta는 목숨이나 자본이 위험에 처한 상황일 때 인간은 믿을 수 있는 사람이 보내는 신호를 더 잘 감지하게 된다고 주장했다. 2009년 출간한 저서 『지하 세계의 코드Codes of the Underworld』를 보면 범죄 조직에 속한 사람들은 조직 내부의 신뢰를 얻기 위해 대가를 치러야 한다고 배우는데, 그로 인해 그들만의 복잡한 기호학적 체계가 형성된다. 이 체계 때문에 적어도 조직원들 사이에는 자신의 실제 모습을 속이고 타인에게 다른 모습을 보여주기가 어렵다.[13]

신호 이론과 신뢰성 표현을 연결해 생각하는 방식이 현대 제도에 더 폭넓게 적용되지 못할 이유는 없다. 정치 지도자들이 스스로 신뢰받을 만한 가치가 있다고 증명할 수 있는 간단한 방법은 자신이 통치하는 사람들에게 귀를 기울이는 것이다. 인류학자이자 작가인 질리언 테트Gillian Tett는 저서 『알고 있다는 착각』에서 인간을 이해하기 위해 귀 기울여 듣고 배우는 사람이 되는 것이 사회 문제를 해결하는 방법을 도출하는 핵심이라고 주장했다.[14] 이는 새로운 영역으로 사업을 확장하는 기업에도 적용된다. 또한 백신 접종 의무제 같은 공중 보건 규칙과 지속 가능한 관행 등을 도입하려는 정책 입안 담당자들에게도 해당된다. 지역적 사회 규범에 관한 엘리너 오스트롬의 연구에서처럼 제대로 이해하지 못하는 문제를 해결하려 드는 것은 불가능하다.

기후 변화가 전 세계적 문제라는 사실, 특히 주로 개발도상국에 영향을 미친다는 사실을 고려할 때 기후 변화 해결을 위해 지역 공동체나 원주민들과의 대화는 필수다.[15] 캐나다의 원주민들은 북미 지역 당국과의 협의를 통해 점점 더 늘어나는 산불 피해를 해결하기 위한 전략을 공동으로 수립하고 있다. 이미 캘리포니아주에서 일부 성공을 거둔 바 있고, 이러한 종류의 파트너십 사례는 점점 더 느는 추세다.[16]

이와 유사하게 캐나다 동부의 이누이트는 '이글리닛 프로젝트Igliniit Project'를 통해 기후 변화가 자신이 거주하는 지역에 미치는 영향을 상세히 살펴볼 수 있었다.[17] 해당 프로젝트에 참여한 연구자들은 GPS 수신기, 기상 측정 도구, 디지털 카메라를 이누이트가 사냥할 때 사용하는 스노모빌에 설치했다. 스노모빌이 이동하면 장착된 도구들이 기온 등 기상 데이터를 측정했고, 환경 변화 정보를 수집해 그 지역의 지도를 업데이트했다. 수년간 이어진 이 프로젝트를 통해 연구팀은 해당 지역에 기후 변화가 어떤 영향을 미치고 있는지 꾸준히 추적할 수 있었다.

세상이 빠르게 변하면서 환경에 영향을 미치지 않고 증가하는 인구의 식량 수요를 맞추거나 기후 변화를 완전히 통제하는 일은 사실상 불가능해졌다. 그러나 지역에 대한 배경지식이 없다면 우리는 필요한 개입조자 제대로 할 수 없게 될 것이다.

전 세계적으로 원주민은 약 6퍼센트를 차지한다. 정부가 그들을 강제로 이주시키거나 그들의 오랜 삶의 방식을 방해한다면 그들이 가지고 있던 지식이 손실되며 재앙에 가까운 환경적 영향을 불러올 것이다.

2023년 8월 유엔훈련조사연구소UNITAR는 원주민들의 지식 손실 문제를 해결하기 위해 최초로 기후 변화에 관한 세계 원주민 청년 정상회의를 개최했다. 24시간 동안 이어진 대화의 장에서 원주민 청년들은 기후 변화 해결을 위해 그들이 어떤 접근 방식을 취하고 있는지 논의했다. 이 행사로 얻은 중요한 경고는 서구 사회가 니켈, 리튬, 코발트, 구리 등의 자원을 얻기 위해서 환경을 착취해 엄청난 피해를 유발하고 있다는 것이었다. 아이러니하게도 이러한 자원들이 전기차 배터리 등 지속 가능한 미래 기술의 동력원으로서 상대적으로 꼭 필요했지만, 원주민들의 지식을 무시하는 것이 지속 가능한 전략이라고 할 수는 없었다.

그렇다면 보건, 경제, 기후 분야의 차세대 연구자들과 정책 입안 담당자들은 반드시 '인류학자'들이어야 한다. 그들은 자신의 목소리를 낮추고 타인의 이야기에 귀를 기울여야 한다. 선진국에서도 가난한 지역에 사는 사람들과 개발도상국에 사는 사람들의 목소리를 들어야 한다. 흔히 그저 그런 품질의 공공 지원 주택으로 바꾸면 된다고 치부해 버리는 슬럼가에 사는 사람들의 이야기도 들어야 한다. 정신 건강에 문제가 있는 사람들에게도 귀를 기울여야 한다. 연구 결과에 따르면 정신 건강 문제를 안고 있는 사람들은 그렇지 않은 사람들에 비해 심각한 신체적 질병에 걸릴 확률이 거의 두 배는 높다고 한다.[18] 우리가 잃어버린 척하고 있는 평등한 세상을 만들기 위해서는 소외된 집단의 목소리가 필요하다. 우리는 사실 평등한 세상을 잃어버렸던 적이 없다. 애초에 단한 번도 가져본 적이 없었기 때문이다. 소외당한 여성, 청년, 소수의 종교 집단 등은 항상 존재했기 때문에 우리는 평등한 세상을 이루어본 적도 없다. 착취의 방식은 착취당하고 있는 사람들에게 언제나 가장 빈틈없이 적용되고 있다.

이러한 결점들에도 인간이 타인의 말을 경청하도록 하는 방법은 존재한다. 우리에게 필요한 것은 단순히 열린 마음이 아니라 비판적인 태도다. 그리고 어디에 있든 착취의 방식을 밝혀내고자 하는 동기, 심지어 스스로 착취의 원인이 되었다고 할지라도 그것을 드러내고자 하는 동기가 필요하다. 노벨경제학상 수상자이자 철학자인 아마르티아 센Amartya Sen은 더 평등한 세상을 만들기 위해 이상적 형태의 공평함을 만들 필요가 없다고 말했다. 대신 불공평이 무엇인지 파악하는 일이 필요하다. 그러려면 적어도 내가 생각하기에는 인간이 영구화시킨 불공평을 개개인이 살펴보는 것부터 시작되어야 한다.[19]

무임승차를 전제하라

교육 수준이 높고 분별력 있는 사회에서조차 보이지 않는 경쟁은 집요하게 계속된다. 보이지 않는 경쟁은 치유할 수 없는 증후군이다. 이를 통해 착취가 지속적으로 유발되고 다양한 문화의 단결을 도모하려는 사회적 규범도 위협받는다. 그렇다면 신뢰를 쌓는 일은 대중의 교육에만 의존할 것이 아니라 착취를 방지하고자 하는 구조적 개입도 같이 이루어져야 가능하다.

이때 종양학이 일종의 지침을 제공해 줄 수 있다. 암세포가 인간보다 유리한 이점을 많이 가지고 있지만 종양학자들은 진화학 이론들을 활용해 암세포의 변화 양상을 예측한다. 그 결과를 통해 암이 전이되는 것을 방지한다. 만약 이론과 수학적 모델을 사용해 암이 어떻게 변화할지 예측할 수 있다면 우리는 암세포보다 한 수 앞서 생각할 수 있다.

이러한 접근 방식 중 하나가 바로 '적응형 치료'다. 이 치료법은 종양을 완전히 파괴하는 데 집중하지 않고, 암세포의 구조를 조작해 암의 전이를 방지한다. 이 전략을 통해 암에 걸린 상태에서도 더 오래 삶을 영위하고, 가능하다면 화학 요법과 같은 공격적 치료법에 수반하는 부작용을 피해 살 수 있다. 이 전략은 암의 완전한 제거가 아니라 암이 통제할 수 없는 수준으로 성장하지 못하게 해 환자가 삶을 유지할 수 있도록 하는 것을 목표로 한다.

조세 회피, 부당하게 수령한 수당, 혹은 그 외 다른 기만적인 사회적 행동 등 현대 사회에서 무임승차를 방지하기 위해 노력하는 연구자들이나 정책 입안 담당자들 역시 이와 유사한 접근 방식을 취할 수 있다. 무임승차자를 완전히 근절할 수는 없어도 무임승차자들과 함께 사는 법을 배울 수 있는 것이다.

예를 들어 실험경제학과 심리학 데이터를 기준으로 약 30퍼센트는 사회적 상호 작용 속에서 이기적으로 행동할 가능성이 있다는 사실을 인정하고 받아들이는 것이다. 무임승차자 중에는 개인적 이익을 위해 사회적 시스템을 속이려는 집단도 있을 수 있다. 그러한 속임수들이 사회적 지원 시스템을 무효화시키게 두어서는 안 된다. 대신 사회적 시스템에 이러한 기만적 행동을 할 가능성을 반영해야 한다. 무임승차자들 때문에 다른 사람들의 복지에 쓰이던 돈을 줄이거나 없애서는 안 된다.

이는 기후 변화의 속도를 늦추려는 국제 사회의 노력에도 적용할 수 있다. 2015년 약 200여 개국이 파리 협정에 서명했다.이는 지구의 기온 상승폭을 산업 혁명 당시 온도보다 섭씨 2도 이상 높아지지 않게 유지하는 것을 목표로 하는 협약이다. 하지만 각국 정부를 포함해 협정에 서명한 다수의 단체가 그 약속을 제대로 지키지 않았다. 글로벌탄소프로젝트GCP에 따르면 코로나19 팬데믹 발생 당시 전 세계 화석 연료로 인한 탄소 배출량이 5.2퍼센트 감소했지만, 2022년이 되자 약 375억톤의 탄소가 배출되면서 역사상 최고 수치를 기록했다.[20]

한 연구에 따르면 러시아, 이란, 사우디아라비아 등 여러 국가가 파리 협정을 지키기 위한 노력이 '심각하게 미흡한' 상태이며, 협정의 목표를 달성하기 위한 노력도 미미한 수준이다. 호주, 브라질, 캐나다, 중국, 인도 역시 동일한 분석에서 '높은 수준으로 미흡한' 상태인 것으로 파악되었다.[21]

이러한 약속을 모른 척하고 싶은 유혹은 강력하다. 미국과 중국처럼 경제적 갈등 관계에 있는 국가들은 기후 문제보다 재정적 이익을 우선시하려는 동기가 있다. 러시아 등 무력 충돌과 관련한 국가들에서도 기후 문제보다 정복 야망을 우선시하며, 천연가스 채굴 및 사용에 의존해 자국의 어려운 경제 상황을 겨우 유지해 나가고 있다.

이러한 인간의 결점이나 정부의 근시안적 사고방식을 고려했을 때 기후 변화나 평화 유지 등의 약속을 무시하지 않고 자국의 쓰러져 가는 경제를 살리는 것은 어려운 일이다. 점점 더 변덕스러워지기만 하는 정당들이 존재하는 민주주의 체제에서는 특히 더 어렵다. 무너져가는 경제에 대한 논쟁은 선거판을 뒤흔들어 독재자가 되고자 하는 정당 지도자들에게 유리한 방향으로 흐르게 할 수도 있기 때문이다.

그러나 다시 말하지만 무임승차자들이 존재한다고 해서 지구에 존재하는 국가들이 기후 의제를 따르지 않아도 된다고 설득당해서는 안 된다. 이는 복지 시스템 내에 존재하는 사기꾼들을 감수하는 것과 비슷하다. 일부 사람들이나 집단들은 어찌 되었든 타인을 속일 것이다. 겉으로 그들이 무슨 말을 하는지는 상관없다. 그렇다고 해서 타인을 속이지 않는 사람들의 노력이 수포가 되리라는 것도, 약속을 지키지 않은 정부들이 경제적으로 성공하리라는 것도 아니다. 2023년 미국에서 제정된 인플레이션감축법IRA은 지속 가능한 혁신을 촉진하고 경제적 투자를 유치하기 위한 법안이다. 비록 5000억 달러의 초기 비용이 들기는 했지만 2024년까지의 결과를 보면 인플레이션감축법은 이 두 가지 목표를 달성하는 데는 성공한 듯 보인다.

파리 협정에서 가정했던 모델에서는 모든 국가가 이 협정을 준수할 것이라는 예측이 실수였다. 서명한 국가들이 협정을 지키지 않았기 때문이다. 이를 조정한다면 우리가 기후 변화에 어떻게 효과적으로 대응할 수 있을지 더 현실적으로 계산해 낼 수 있다.

어떤 특정국이 협정을 성실히 이행하지 않았다고 콕 집을 필요도 없다. 오히려 탄소 배출 감축 목표의 약 30퍼센트 정도는 달성하지 못할 것이라고 생각하는 편이 더 현명하다. 더 현실적인 예측을 함으로써 우리는 기후 변화에 맞서 싸울 수 있는 원동력을 유지하고, 단편적 언쟁에 집착해 앞으로 나아갈 방향을 잃어버리지 않도록 도와준다.

어떤 이유로든 여러 문화 속에서 인간은 무임승차자를 처벌하고자 하고, 때로는 그들이 무거운 대가를 치르게 한다. 하지만 넓게 보자면 무임승차로 이득을 보는 사회적 딜레마가 발생하는 시스템 속에서 사람, 제도, 혹은 정부가 처벌에만 초점을 맞춘다면 그것이야말로 현실적이지 못하다. 물론 무임승차자를 드러내는 것이 더 강력한 힘을 발휘할 수도 있다. 그러나 무임승차자를 무작정 벌하기보다 어떤 시스템에서든 개인이나 집단 중 누군가 무임승차를 하고 있다는 사실에 적응하는 편이 낫다. 평판이라는 사회적 자본의 상실은 누구에게나 중요하다. 착취를 폭로하는 언론의 노력은 법적 처벌과 동일한 효과를 낼 수 있다.

지속 가능성이라는 측면에서 기업과 정부가 그들의 지속 가능하지 않은 관행들을 숨기는, 복잡하고 지긋지긋한 방법이 무수히 많다는 사실까지 고려해 본다면 이는 특히 더 중요하다. 당신의 방식에 초점을 맞춘 뒤 기업과 정부가 그들의 방식에 초점을 맞추게 한다면 주어진 시간 내 큰 효과를 낼 수 있을 것이다. 악의적인 충동은 무시하고, 가능하다면 착취를 폭로하라. 그리고 앞으로 나아가라.

보이지 않는 경쟁으로 생기는 문제를 해결하기 위해 우리는 보이지 않는 경쟁을 받아들여야 한다. 마치 암 때문에 죽지 않기 위해 암과 공존하는 것처럼 말이다.

이는 무임승차 문제를 해결하기 위해 취할 수 있는 '확장된 공동체'라는 관점으로 이어진다. 무엇보다도 중요한 것은 먼저 그 문제가 존재한다는 사실을 인정하는 일이다. 그리고 나 자신을 포함해 사람들이 자신의 이익을 위해 사회를 착취하는 것이 나쁘다는 것을 알아야 한다. 다시 말해 한 사회가 오래 지속되려면 왜 윤리적 행동이 중요한지를 이해하는 것이 핵심이다. 윤리적으로 사는 것이 왜 중요한지 사람들을 이해시키는 일은 사람들에게 행동을 강제하는 것보다 바람직하다.

둘째로 부모, 공동체, 더 넓게는 사회까지 모두가 분별력 있게 신뢰를 쌓고, 착취하려는 사람들을 피하는 법을 가르쳐야 한다. 셋째, 최후의 보루로 착취 행위를 처벌하는 데 초점을 맞추어야 한다.[22]

일부 나의 동료들은 무임승차를 통제하기 위해 가장 효과적인 처벌 방식을 장려하고, 공동체 수준에서 현대인에게도 처벌을 적용하도록 제안한다. 하지만 나는 그렇게 해서는 예브게니 자먀틴의 『우리들』 속 감시 사회로 이어질 수밖에 없다고 생각한다. 조지 오웰의 『1984』와 일부 맥락을 같이하는 그러한 세상 말이다. 분별력을 가지고 교육받은 사람들로 구성된 열린 사회는 처벌과 강제를 통해 사람들의 행동을 통제하는 닫힌 사회보다 분명히 훨씬 더 나을 것이다. 물론 기회의 문제는 우리가 극복할 수 없다.

그렇기에 우리가 지금 할 수 있는 것은 기회주의자가 장기적으로는 우리 모두에게 해로운 존재라는 사실을 사람들에게 일깨우기 위해 노력하는 것뿐이다.

잠들기 전 듣는 우울한 이야기

19세기 환상 문학 작가인 아서 매켄Arthur Machen은 저서 『세명의 사기꾼The Three Impostors』에서 판타지 속 요정처럼 겉으로 보기에는 악의가 없어 보이는 여러 인물이 생각보다 더 어두운 내면을 가지고 있다는 사실을 보여준다. 『반지의 제왕』으로 유명한 작가 J. R. R. 톨킨J. R. R. Tolkien 역시 혐오했던 '날개 달린 작고 선한 존재들'은 인간이 마주하고 싶지 않아 하는 공포를 집단적으로 미화한 결과를 상징한다.

내게 있어 '왜 그리고 어떻게 인간이 근본적으로 협력적인가'에 관한 복잡한 설명은 매켄이나 톨킨 같은 작가들이 그려낸 '겉으로는 선하지만 그 근본은 악한' 인물들과 맥락이 같다. 인간은 원래 선량한 존재이지만 외부 위력 때문에, 혹은 드물게는 악한 사람들 때문에 문제가 생기는 것이라고 말하는 편이 더 쉽다. 반면 인간은 모두 문제를 일으킬 자질을 가지고 있고(자질의 정도에는 차이가 있겠지만), 그 자질을 발휘할지 말지는 선택에 달린 일이라고 지적하는 것은 훨씬 더 어렵고 우울하다. 자원이 한정된 세상에서 산다는 것은 결코 즐겁지 않다. 하지만 장밋빛 이야기 뒤에 숨겨진 진실을 마주해야 나 자신을 지킬 도구를 얻을 수 있다. 착취당할 시스템이라면 어차피 착취당할 것이다.

지금 우리가 마주한 딜레마는 '보이지 않는 경쟁과 맞설 것인가, 아니면 착취자들이 사회를 무너뜨리도록 내버려두어서 결국 민주주의가 무너지고 반대할 자유마저 사라지게 할 것인가'다. 이것이야말로 가장 현실적이고 시급한 문제이며, 현대판 율리우스 카이사르인 도널드 트럼프의 부상은 바로 그 증거다. 그러나 이는 생명의 기원 그리고 이후에 언어가 형성된 이래로 인간의 진화가 이어지며 이미 예견되었던 일이고, 지금의 위기를 극복하더라도 이 문제는 사라지지 않고 형태만 계속 바뀔 것이다. 즐겁지 않은 이야기를 듣는 것, 아마 더 중요하게는 당신의 이기적인 마음을 마주하는 일이 쉽지는 않을 것이다. 그럼에도 지금 우리의 삶, 나아가 미래 세대의 삶은 더 나아질 것이라고 믿는다. 영국의 시인이자 소설가 호프 멀리스Hope Mirrlees는 소설 『루드인더미스트Lud-in-the-Mist』에 다음과 같이 썼다.

당신은 친구와의 만남 하나하나를 친구가 마지못해 당신 앞에 앉아 초상화 모델이 되어주는 시간이라고 생각해야 한다. 그 초상화는 아마 당신이나 친구가 죽을 때까지 미완성인 채로 남아 있을 것이다. 굉장히 몰입되는 일이기는 하지만 이러한 화가들은 비관주의자가 되기 쉽다. 간단한 초반 스케치에서는 초상화 속 얼굴이 아무리 잘생기고 즐거워 보이고 그 배경이 아무리 풍부해도 붓질이 더해질 때마다, 그 '가치'가 조금씩 재조정되고 명암이 바뀔 때마다 초상화 속 얼굴의 눈빛은 점점 더 불안하게 변해간다. 마침내 집 안 전체가 고요한 밤이면 촛불 아래 거울을 보듯 당신은 두려움 속에서 초상화 속 자신의 얼굴과 마주하게 된다.[23]

감사의 말

아서 매켄의 문장 중 마음에 와닿았던 또 다른 문장은 바로 "작가는 불같은 열정을 꿈꾸지만 진흙탕 속에서 일한다"는 것이었다. 이 책을 집필하는 동안 나는 글쓰기를 시작할 마음속 불꽃이 일지 않는다는 느낌을 여러 차례 받았다. 그 결과 내가 쓴 문장은 내 머릿속에 든 생각을 제대로 전달하지 못하고는 했다. 하지만 내 주변에는 마음속 불꽃이 사그라들 때마다 불씨를 피워 올려주는 사람이 많았고, 그들이 없었다면 이 책은 내가 만족할 만한 수준의 결과물이 될 수 없었을 것이다. 특별한 순서는 없지만 그들의 이름을 떠올리자면 다음과 같다.

니킬 초드허리, 대니얼 네틀, 로버트 애튼버러Robert Attenborough, 캐럴 브레인, 데비 스리다, 아테나 악티피스, 존 론슨, 만비르 싱, 케이트 더글러스Kate Douglas, 조너선 와이글, 조 울프Jo Wolff, 엘리자베스 실비아Elizabeth Sylvia, 질리언 테트, 대니얼 스위니Daniel Sweeny, 센 부바넨드라Sen Bhuvanendra, 스티브 더피Steve Duffy, 윌 밀라드Will Millard, 필립 킹Phillip King, 로라 반 홀스타인Laura Van Holstein이다. 나의 박사 지도교수인 로버트 A. 폴리, 나의 친구이자 멘토인 데이비드 C. 라티David C. Lahti, 전 지도교수였던 앤서니 프라이스Anthony Price, 나의 가까운 친구인 에이미 세인트 존스턴Amy St. Johnston, 에이전트 에마 발Emma Bal, 예일대학교 출판부 편집자 진 톰슨 블랙Jean Thomson Black, 애덤 리보르Adam LeBor, 니콜라스 험프리에게도 특별히 감사의 말을 전한다.

이들 모두 집필에 중요한 가이드와 피드백을 준 사람들이다. 때로는 듣기 힘들기도 했지만 그 가치를 매길 수 없을 정도로 소중한 의견들이었다. 나의 어머니 웬디 오렌트Wendy Orent 역시 나의 글과 생각에 매우 귀중한 피드백을 나누어주셨다. 돌아가신 장인어른 머브 리보르Merv Lebor와 장모 조 리보르Jo Lebor에게도 감사의 마음을 전한다. 장인·장모로서 이 책과 관련된 것들 이상으로 내게 많은 것을 베풀어 주셨다. 『다정함의 배신』을 나의 아내 다니엘라 리보르Daniella Lebor, 아들 미샤 레브Misha Lev, 돌아가신 아버지 미첼 굿먼Mitchell Goodman에게 바친다.

용어 해설

다음은 이 책에서 이루어진 논의의 중심이 되는 주요 용어들의 정의를 정리한 목록이다. 별도로 명시하지 않는 한 대부분은 2007년 스튜어트 A. 웨스트Stuart A. West, A. S. 그리핀A. S. Griffin, A. 가드너A. Gardner가 쓴 「사회적 의미론Social Semantics」에서 가져온 것이다.

1. **속임:** 타인의 협력에서 이익은 취하면서 자신은 충분히 협력하지 않는 경우를 말한다. '무임승차'와 동의어로 사용된다.

2. **(생물학적) 이기심:** 행위자에게는 이익이 되지만 수혜자에게는 비용이 부과되는 행동. 오직 결과를 통해서만 이해될 수 있다.

3. **(심리학적) 이기심:** 타인에게 미칠 영향은 고려하지 않고 자기 이익을 좇으려는 의도를 지닌 행동. 이는 관련 문헌을 읽고 내가 스스로 내린 정의다.

4. **(생물학적) 이타심:** 행위자가 수혜자에게 이익을 주기 위해 비용을 치르는 행동. 이때 '비용'과 '이익'은 직접 적합도의 측면에서만 이해되며, 포괄 적합도 측면은 포함되지 않는다. 생물학적 이타심은 동기가 아니라 결과의 관점에서 이해된다.

5. **(심리학적) 이타심:** 타인이나 동물을 숨은 의도 없이 도우려는 행동. 심리학적 이타심은 결과가 아니라 동기의 관점에서 이해된다(출처: Richard Kraut, "Altruism," *The Stanford Encyclopedia of Philosophy*, Fall 2020 ed.). 4장에서 소개한 논의를 기준으로 나는 비생물학적 이타심은 타인을 위해 자본을 희생하려는 동기가 드러난 것으로 정의했다.

6. **자기 이익 추구:** 자본을 극대화하고자 하는 행위자의 생물학적·사회적 이익을 추구하는 행동으로, 의도적이든 아니든 상관없다. 그 행동에는 이기심이나 협력이 수반될 수도 있고, 아닐 수도 있다. 이는 관련 문헌을 읽고 내가 스스로 내린 정의다.

7. **직접 적합도:** 행위자의 행동이 살아남은 자손의 수에 미치는 영향.

8. **친족도:** 전체 인구 대비 유전적 유사성을 측정한 값.

9. **포괄 적합도:** 행위자의 행동이 살아남은 자손의 수, 행위자의 유전적 친척들의 살아남은 자손의 수에 미치는 영향.

10. **(생물학적) 협력:** 행위자가 수혜자에게 이익을 주는 행동. 협력은 수혜자에게 주는 효과로 선택되며, 보통 행위자 자신에게도 이익으로 이어진다.

주

1장. 우리 시대의 영웅

1   조지프 헨릭, 마틴 노왁, 데이비드 슬론 윌슨David Sloan Wilson, 니컬라 라이하니Nichola
    Raihani, 뤼트허르 브레흐만Rutger Bregman을 비롯한 현대의 많은 학자와 작가가 이
    견해를 지지한다.

2   Edward Helmore, "Dan Price Resigns as CEO of Payments Firm After Miscon-
    duct Allegations," *The Guardian*, August 18, 2022.

3   Helmore, "Dan Price Resigns as CEO of Payments Firm After Misconduct Alle-
    gations."

4   이 용어는 새뮤얼 보울스Samuel Bowles, 허버트 긴티스Herbert Gintis가 2002년 《네이
    처》에 발표한 논문에서 특히 많이 사용되었다; Bowles and Gintis, "Homo Recip-
    rocans."

5   학계에서 승인된 '무임승차자', '협력', '이타주의'와 같은 주요 용어의 정의는 이
    책의 「용어 해설」에 나와 있다.

6   Clark et al., "Prosocial Motives Underlie Scientific Censorship by Scientists."

7   Jon Ronson, "How One Stupid Tweet Blew Up Justine Sacco's Life," *New York
    Times Magazine*, February 12, 2015.

8   Ali Vingiano, "This Is How a Woman's Offensive Tweet Became the World's Top
    Story," *BuzzFeed News*, December 22, 2013.

9   조너선 스위프트가 알렉산더 포프Alexander Pope에게 보낸 편지에서 발췌한 것으로,
    스위프트의 『통 이야기』에 수록된 캐슬린 윌리엄스Kathleen Williams의 서문에 수록
    되었다.

2장. 평등이라는 연막

1   Joe Sommerlad, "Robert Hendy-Freegard", *Independent*, February 3, 2022.

2   Southern Poverty Law Center, "Changing of the Guard."

3   Alexandra Stein, "How Cult Leaders Brainwash Followers for Total Control,"
    Aeon, June 20, 2017; Malcolm Gladwell, "Sacred and Profane," *New Yorker*,
    March 24, 2014; Jacob Shamsian, "Lev Tahor," *Business Insider*, November 7,
    2021; 멘디 레비Mendy Levy는 제이콥 샴시안Jacob Shamsian과의 인터뷰에서 "15세 때
    과테말라의 극단주의 사이비 유대교 집단에서 탈출했다. 사실상 아무 교육도 받지
    못했고, 부모님에 대한 사랑을 표현하는 것도 금지되었다"라고 말했다.

4 Stein, "How Cult Leaders Brainwash Followers for Total Control."

5 Shamsian, "Lev Tahor."

6 생물학에서 말하는 더 기술적인 의미에서 '협력'의 정의는 '다른 개체(수혜자)에게 이익을 주고, 그 수혜자에게 이익이 되는 효과로 선택되는 행동'이다; West, Griffin, and Gardener, "Social Semantics."

7 미셸 몽테뉴, 손우성 옮김, 『수상록』.

8 장자크 루소, 권혁 옮김, 『인간 불평등 기원론』.

9 표트르 크로포트킨, 김영범 옮김, 『만물은 서로 돕는다』.

10 크로포트킨, 『만물은 서로 돕는다』.

11 크로포트킨은 『만물은 서로 돕는다』에서 다음과 같이 말했다. "러시아 동물학자들이 카를 케슬러의 견해를 기꺼이 받아들인 것은 당연한 일이다. 그들 대부분이 북아시아와 동러시아의 광활하고 인적 드문 지역에서 동물의 세계를 연구했기 때문이다. 해당 지역을 연구하다 보면 누구나 비슷한 생각에 도달할 수밖에 없다."

12 2022년 영화감독 시릴 쇼이블린(Cyril Schäublin)의 영화 〈시계 공장의 아나키스트〉에 묘사되어 있다.

13 Wrangham, "Targeted Conspiratorial Killing, Human Self-Domestication, and the Evolution of Groupishness."

14 Lonsdorf, "Sex Differences in the Development of Termite-Fishing Skills in the Wild Chimpanzees."

15 Harmand et al., "3.3-Million-Year-Old Stone Tools from Lomekwi 3, West Turkana, Kenya."

16 Phillips, Li, and Kendall, "The Effects of Extra-Somatic Weapons on the Evolution of Human Cooperation Towards Non-Kin."

17 Stibbard-Hawkes, *Egalitarianism and Democratized Access to Lethal Weaponry*.

18 Hill and Hurtado, "Cooperative Breeding in South American Hunter-Gatherers."

19 Hill, "Prestige and Reproductive Success in Man."

20 Aktipis, Cronk, and Aguiar, "Risk-Pooling and Herd Survival."

21 Levinson, "Intorduction."

22 Armstrong, *Rossel Island*.

23 Stibbard-Hawkes, Attenborough, and Marlowe, "A Noisy Signal."

24 Venkataraman, Kraft, and Dominy, "Tree Climbing and Human Evolution."

25 Chaudhary et al., "Competition for Cooperation."

26 Moore, "The Evolution of Exploitation"; 현재까지 논문들의 인용 횟수는 10회도 채 되지 않는데, 이는 학문적으로 보면 사실상 무시된 것이나 다름없다; Moore, "The Exploitation of Women in Evolutionary Perspective."

27 Moore, "The Exploitation of Women in Evolutionary Perspective."

28 호텐토트족의 또 다른 이름인 '코이코이(Khoekhoen)'는 영어로 'men of men'으로 번역된다.

29 이는 원문을 인용한 부분이지만 호텐토트는 오래된 인종차별적 용어다.

30 Holmberg, *Nomads of the Long Bow*.

31 혹은 평등하지 않은 사회라고 말할 수 있다.

32 Singh and Glowacki, "Human Social Organization During the Late Pleistocene."

33 Stewart, "Investigating the Calusa."

34 Hannah Moore, "Are All the Ants as Heavy as All the Humans?," *BBC News*, September 21, 2014.

35 Schultheiss et al., "The Abundance, Biomass, and Distribution of Ants on Earth."

36 Kaplan et al., "A Theory of Human Life History Evolution."

37 James, "Bergmann's and Allen's Rules."

38 Singh and Henrich, "Why Do Religious Leaders Observe Costly Prohibitions?"

39 Chagnon and Irons, *Evolutionary Biology and Human Social Behavior*.

40 Moore, "The Evolution of Exploitation."

41 최근에는 경제학자 대런 애쓰모글루Daron Acemoglu와 제임스 A. 로빈슨James A. Robinson이 이러한 상황을 가리켜 '착취적 국가'라는 용어를 사용했다; 대런 애쓰모글루, 제임스 A. 로빈슨, 최완규 옮김, 『국가는 왜 실패하는가』.

42 Singh, "The Idea of Primitive Communism Is as Seductive as It Is Wrong."

43 Lee and DeVore, *Kalahari Hunter-Gatherers*.

44 아이러니하게도 이 아이디어를 낸 사람으로 알려진 니콜라스 험프리는 모든 사회적 지능이 마키아벨리적 지능이라고 보지 않으며, '사회적 두뇌'라는 표현을 선호한다. 나 역시 그 점에 동의한다; Humphrey, "The Social Function of Intellect."

45 Chartrand and Bargh, "The Chameleon Effect."

3장. 협력의 그림자

1 플라톤, 이환 옮김, 『국가론』.

2 Byrne and Whiten, "Cognitive Evolution in Primates."

3 Mills, "Unusual Suspects."

4 Haridy et al., "Triassic Cancer-Osteosarcoma in a 240-Million-Year-Old Stem-Turtle."

5 리처드 도킨스, 이용철 옮김, 『눈먼 시계공』.

6 Simpson, *Tempo and Mode in Evolution*.

7 Aktipis, *The Cheating Cell*.

8 버나드 맨더빌, 최윤재 옮김, 『꿀벌의 우화』.

9 애덤 스미스, 이종인 옮김, 『국부론』.

10 Hamilton, "The Genetical Evolution of Social Behaviour"; 로버트 액설로드, 이경식 옮김, 『협력의 진화』; Trivers, "The Evolution of Reciprocal Altruism."

11 Grafen, "Modelling in Behavioural Ecology."

285

12 Trivers, "The Evolution of Reciprocal Altruism."

13 액설로드, 『협력의 진화』.

14 Dunbar, "Coevolution of Neocortical Size, Group Size, and Language in Humans."

15 Alexander, *The Biology of Moral Systems*; Nowak and Sigmund, "Evolution of Indirect Reciprocity."

16 Dunbar, *Grooming, Gossip, and the Evolution of Language*.

17 Dunbar, *Grooming, Gossip, and the Evolution of Language*.

18 Garfield et al., "The Content and Structure of Reputation Domains Across Human Societies."

19 Hamilton and Zuk, "Heritable True Fitness and Bright Birds."

20 Dey, Dale, and Quinn, "Manipulating the Appearance of a Badge of Status Causes Cahnges in True Badge Expression."

21 Zahavi, "Mate Selection."

22 Grafen, "Biological Signals as Handicaps."

23 Reby and McComb, "Anatomical Constraints Generate Honesty."

24 Maynard-Smith and Harper, *Animal Signals*.

25 Bond and Depaulo, "Individual Differences in Judging Deception"; Fonseca and Peters, "Is It Costly to Deceive?"

26 West-Eberhard, "Sexual Selection, Social Competition, and Speciation"; Nesse, "Social Selection Is A Powerful Explanation for Prosociality."

27 Noë and Hammerstein, "Biological Markets."

28 브라이언 헤어, 버네사 우즈, 이민아 옮김, 『다정한 것이 살아남는다』.

29 리처드 랭엄은 수렵 채집인들이 인간과 가장 유전적으로 가까운 침팬지보다 더 낮은 반응적 공격성을 보인다고 말했다.

30 예를 들어 조지프 헨릭의 『호모 사피엔스』.

31 Jesse Eisinger, Jeff Ernsthausen, and Paul Kiel, "The Secret IRS Files," *ProPublica*, June 8, 2021.

32 Kevin M. F. Platt, "The Profound Irony of Canceling Everything Russian," *New York Times*, April 22, 2022; Jacqui Goddard, "War in Ukraine," *Times*, March 4, 2022.

33 Wallace, Buil, and de Chernatony, "'Consuming Good' on Social Media."

34 일부 사람들은 이러한 행동을 하는 사람들을 일컬어 '하룻밤 사이에 생긴 활동가'라고 하며, 이는 가수 베이비 킴Baby Keem과 켄드릭 라마Kendrick Lamar의 노래 'family ties'에서도 다루고 있다.

35 나의 박사 논문에서 다루었던 핵심 주장이기도 하다; Goodman, "The Problem of Opportunity".

36 Jillian Jordan and David Rand, "Are You 'Virtue Signaling'?," *New York Times*,

March 30, 2019.

37 Singh and Hoffman, "Commitment and Impersonation."

38 진화학 문헌에서는 이를 일반적으로 집단 수준의 특성으로 본다. 예를 들어 효과적으로 계획을 세우는 인간 집단은 계획이 없는 집단보다 (전쟁 등에서) 우위를 점할 수 있다. 하지만 여기에서 나는 주도적 공격성이 집단이 아닌 개인 수준에서 어떻게 발현되는지 주목했다. 주도적 공격성은 일반적으로 사이코패스에게서 과잉 발현되는 것으로 여겨진다.

39 Humphrey, "The Social Function of Intellect."

4장. 자본주의자들의 사회

1 마르셀 모스, 류정아 옮김, 『증여론』.

2 이 표현은 기독교적 윤리와 관련 있으며, 유대교에서는 "네가 당하기를 원하지 않는 일을 타인에게 하지 말라"라는 부정형 표현을 취한다.

3 Parfit, *On What Matters*.

4 '론Rhone'과 '라인Rhine'은 모두 켈트어에서 온 이름으로, 기원전 700년 무렵까지 켈트족이 중부 유럽에 거주할 당시 사용하던 인도유럽어족의 파생어에서 유래했다: Hume, "A Dialogue."

5 흥미롭게도 내가 알기로 별다른 관련은 없지만, 데릭 파핏은 인간의 윤리를 개선해 나가는 과정을 '산에 오르는 일'에 비유했다.

6 애덤 스미스, 『국부론』.

7 에라스무스, 박문재 옮김, 『우신예찬』.

8 DeMerchant and Roach, "Vocal Responses of Hermit Thrush (Catharus Guttatus) Males to Territorial Playback of Conspecific Song."

9 Koenig et al., "Natal Dispersal in the Cooperatively Breeding Acorn Woodpecker"; Bowles, Smith, and Mulder, "The Emergence and Persistence of Inequality in Premodern Societies."

10 Orians, "On the Evolution of Mating Systems in Birds and Mammals."

11 Hilary Weaver, "Scarlett Johnasson Doesn't Think Monogamy Is Natural," *Vanity Fair*, February 15, 2017.

12 Emily Washburn, "What to Know About Effective Altruism," *Forbes*, March 8, 2023; Brian Fung, "Jeff Bezos Says He Will Give Most of His Money to Charity," *CNN*, November 14, 2022.

13 Dawkins, "Twelve Misunderstandings of Kin Selection"; Grafen, "Modelling in Behavioural Ecology."

14 찰스 다윈, 김관선 옮김, 『인간의 유래』.

15 Pregnant Then Screwed, "A Third of New Parents Can Not Afford to Have More Children."

16 Jenae Barnes, "Elon Musk Isn't the Only Billionaire with 9-Plus Kids. Meet the U.S.' Richest People with the Most Children," *Forbes*, July 10, 2022; Julia Black, "Billionaires like Elon Musk Want to Save Civilization by Having Tons of Genetically Superior Kids. Inside the Movement to Take 'Control of Human Evolution'," *Business Insider*, November 17, 2022.

17 Zerjal et al., "The Genetic Legacy of the Mongols."

18 Hammerstein and Noë, "Biological Trade and Markets."

19 Megan Twohey, "Kanye West and Adidas," *New York Times*, October 27, 2023.

20 Wiessner, "Risk, Reciprocity, and Social Influences on Kung San Economics."

21 Alvard and Nolin, "Rousseau's Whale Hunt?"

22 Micheletti et al., "Religious Celibacy Brings Inclusive Fitness Benefits."

23 Alexander, *The Biology of Moral Systems*; 이러한 해석이 옳은지 그른지에 대해 주장하려는 것이 아니라 생물학이 어떻게 자기희생을 설명하는지 살펴보려는 것이다. 생물학에서는 동기가 중요하지 않지만, 그렇다고 해서 생물학 외 분야에서도 동기가 중요하지 않은 것은 아니다.

24 Levon et al., "Accent Bias and Perceptions of Professional Competence in England."

25 어떤 사람들에게 프랜시스 놀란은 영화 〈해리 포터〉 시리즈에서 '파셀팅(극 중 뱀의 말)'을 만든 사람으로 더 잘 알려져 있을지도 모른다.

26 Janaya Wecker, "Celebrity Nepo Babies," *Cosmopolitan*, November 10, 2023.

27 2021년 방영된 BBC 다큐멘터리 〈메이팅 게임〉은 이러한 현상이 여러 종에서 어떻게 나타나는지 보여준다. 다만 성공적인 번식이 항상 그 개체와 직결되는 것은 아니다. 일부에게는 직접 적합도보다 포괄 적합도가 더 큰 이익을 가져다줄 수 있기 때문이다.

28 Hamilton and Zuk, "Heritable True Fitness and Bright Birds."

29 Maynard-Smith and Harper, *Animal Signals*; Ghislandi et al., "Silk Wrapping of Nuptial Gifts Aids Cheating Behaviour in Male Spiders."

30 Rathore, Isvaran, and Guttal, "Lekking as Collective Behaviour."

31 Wingard, Winegard, and Geary, "The Status Competition Model of Cultural Production"; Beckwith, "Niger's Wodaabe."

32 Swami et al., "Factors Influencing Preferences for Height."

33 흥미롭게도 언제, 어떻게 자녀를 키울지와 관련한 인간의 번식 전략은 전 세계 여러 지역에서 관찰되는 비인간 동물들의 행동을 그대로 반영한다.

34 Smith, Bird, and Bird, "The Benefits of Costly Signaling."

35 Bongaarts, "Human Population Growth and the Demographic Transition."

36 Kaplan et al., "A Theory of Human Life History Evolution."

37 Barsbai, Lukas, and Pondorfer, "Local Convergence of Behavior Across Species."

38 Bowles, Smith, and Mulder, "The Emergence and Persistence of Inequality in

Premodern Societies."; 각 범주는 동물을 사냥하거나 채집하는 사람들, 작물을 재배하는 사람들, 가축을 기르며 생계를 유지하는 사람들, 일반적으로 쟁기와 가축 노동에 의존해 더 큰 농장을 만들고 식량을 생산하는 사람들을 가리킨다. 특정 사례에서는 각 범주 사이 구분이 항상 명확하지는 않은데, 예를 들어 어떤 사회에서는 사냥과 농업을 병행하기도 한다. 또한 어느 한 형태의 생계 방식이 다른 방식보다 더 낫다고 가정하는 것도 아니다.

39 Singh, "How Dowries Are Fuelling a Femicide Epidemic"; Akurugu, Dery, and Domanban, "Marriage, Bridewealth, and Power."

40 2023년 9월 기준 마이크로소프트 워드에서는 내가 쓴 'matrilineality'를 철자 오류로 인식해 'patrilineality'를 제안했다.

41 《파이낸셜 타임스》의 칼럼니스트인 기디언 래크먼Gideon Rachman은 저서 『더 스트롱맨』에서 현대 강자의 진화를 논했다.

42 존 론슨, 차백만 옮김, 『사이코패스 테스트』.

43 von Hippel and Trivers, "The Evolution and Psychology of Self-Deception"; Henrich, "Cultural Group Selection, Coevolutionary Processes, and Large-Scale Cooperation."

44 Goodman and Ewald, "The Evolution of Barriers to Exploitation."

45 Vollrath, "Uncoupling Elephant TP53 and Cancer"; Sulak, Fong, and Mika, "TP53 Copy Number Expansion Is Associated with the Evolution of Increased Body Size and an Enhanced DNA Damage Response in Elephants."

46 Miller et al., "Insect-Induced Conifer Defense"; Bouwmeester, "Dissecting the Pine Tree Green Chemical Factory."

47 Raffa, Powell, and Townsend, "Temperature-Driven Range Expansion of an Irruptive InsectHeightened by Weakly Coevolved Plant Defenses."

48 Dominey, "Female Mimicry in Male Bluegill Sunfish."

49 Croston and Hauber, "The Ecology of Avian Brood Parasitism."

50 Schmid and Patrick, "The Trouble with Relying on How People Speak to Determine Asylum Cases."

51 Barker et al., "Cultural Transmission of Vocal Dialect in the Naked Mole-Rat."

52 영어 단어 'cuckold'는 뻐꾸기를 뜻하는 영어 단어 'cuckoo'에서 유래했으며, 역사적으로는 타인의 자녀를 자신도 모르게 키우는 남성을 가리키는 말로 사용되었다.

53 Strassmann, "The Function of Menstrual Taboos Among the Dogon."

54 진화론적 관점으로 보면 남성은 이러한 행동으로 직접적인 이득을 얻지만, 여성 또한 이를 유지하는 데 관심이 있을 수 있다. 예를 들어 할머니가 될 가능성이 있는 여성은 친손주가 진짜로 아들의 자녀가 맞는지 확인하고 싶어 할 것이다.

55 Walker, Flinn, and Hill, "Evolutionary History of Partible Paternity in Lowland South America."

56 율리우스 카이사르, 천병희 옮김, 『갈리아 원정기』.

57 Starkweather and Hames, "A Survey of Non-Classical Polyandry."

58 Garfield et al., "Norm Violations and Punishments Across Human Societies."

59 문헌에서는 '규범'이라는 용어에 대해 정의가 많이 존재하지만, 최근 처벌 형태에 관한 민족지학적 비교 연구에서는 다음의 정의가 유용하다. '특정 맥락에서 적절한 행동이 무엇인지에 대한 집단별 전형적인 믿음들의 집합': Garfield et al., "Norm Violations and Punishments Across Human Societies."

60 Inhorn and Brown, "The Anthropology of Infectious Disease."

61 Singh, "Subjective Selection and the Evolution of Complex Culture."

5장. 어둠의 힘

1 Howard Kurtz, "Stranger Than Fiction," *Washington Post*, May 13, 1998.

2 Howard Kurtz, "At New Republic, the Agony of Deceit," *Washington Post*, June 12, 1998.

3 이 인용구를 온라인상에서 찾을 수는 없었지만, 찰스 레인이 전화 통화로 자신이 정확히 이 인용구와 동일한 표현을 썼다고 확인해 주었다.

4 David Brooks, "People Are More Generous Than You May Think," *New York Times*, August 31, 2023; Dwyer et al., "Are People Generous When the Financial Stakes Are High?"

5 CoDa: 맞춤형 메타 분석을 위한 연구 검색 및 선택을 목적으로 한 협동 연구의 기계판독형 역사.

6 Yuan et al., "Did Cooperation Among Strangers Decline in the United States?"

7 조지프 헨릭, 유강은 옮김, 『위어드』.

8 Henrich et al., "In Search of Homo Economicus."

9 Wiessner, "Experimental Games and Games of Life among the Ju/'hoan Bushmen."

10 Yamagishi, "Exit from the Group as an Individualistic Solution to the Free Rider Problem in the United States and Japan"; 헨릭의 관점에서 보면 일본이라는 야마기시 도시오의 배경 때문에 그를 'WEIRD'로 분류할 수 없다. 하지만 야마기시가 미국에서 수학한 사실을 고려해 나는 이 연구를 'WEIRD' 연구로 분류했다.

11 Dana, Cain, and Dawes, "What You Don't Know Won't Hurt Me."

12 적어도 두 번째 사람부터는 익명성을 위해 비용을 낼 필요가 없었다.

13 Haley and Fessler, "Nobody's Watching?"

14 여러 연구자가 이 연구를 반복했지만 일관된 결과가 도출되지 않았다. 메타 분석(여러 연구 결과를 분석하는 연구)에 따르면 보는 눈의 존재는 기부 확률을 높이기보다 기부금을 늘리는 효과만 있다고 한다.

15 Brown et al., "Moral Credentialing and the Rationalization of Misconduct."

16 Monin and Miller, "Moral Credentials and the Expression of Prejudice."

17 Khan and Dhar, "Licensing Effect in Consumer Choice."

18 Brown et al., "Moral Credentialing and the Rationalization of Misconduct."

19 Oxoby and Spraggon, "Mine and Yours."

20 Brosnan and de Waal, "Monkeys Reject Unequal Pay."

21 미국의 철학자 존 롤스John Rawls는 1995년 발표한 『규칙의 두 가지 개념Two Concepts of Rules』에서 규칙의 이러한 요소들을 구분해야 한다는 중요한 사례를 보여주었다.

22 Kevin Rawlinson, "National Insurance Increase Is Right and Fair, Says Sajid Javid," *The Guardian*, April 6, 2022; 아리스토텔레스에 따르면 여기서 말하는 '평등'은 '평면적 평등'과 '기하학적 평등'이라는 두 가지 의미를 지닐 수 있다. 평면적 평등은 사람들이 처한 환경과 관계없이 모든 사람이 다소 비합리적이지만 산술적으로 평등한 것이고, 기하학적 평등은 더 열심히 일하거나, 가족이 더 많다거나 하는 개인적 요소에 더 큰 비중을 둔다. 앤서니 프라이스가 이러한 구분에 대해 내게 친절하게 지적해 준 바 있다.

23 Falk and Szech, "Morals and Markets."

24 비록 연구자들이 언급하지는 않았지만 실험 참가자들이 생쥐에 대한 윤리적 책임이 자신이 아닌 연구자들에게 있다고 생각했을 수도 있다. 20세기 중반 미국의 심리학자 스탠리 밀그램Stanley Milgram이 실시한 전기 충격 실험에서 이러한 접근 방식을 명확하게 확인할 수 있다.

25 Antony Barnett, "Price of Cocaine Paid with Blood," *The Guardian*, February 13, 2005.

26 에드워드 R. 코먼의 의견을 공유해 준 애덤 리보르에게 감사를 전한다; *In re Holocaust Victim Assets Litigation*, 302 F. Supp. 2d 59(E.D.N.Y.), 2004.

27 "Why Is Switzerland So Rich?," *Studying in Switzerland*, March 23, 2022.

28 조너선 스위프트, 류경희 옮김, 『통 이야기』.

29 2019년 나는 청년 인본주의자로서 휴머니스트 UK에 가입했다. 당시에는 휴머니스트 UK 또한 16세기와 마찬가지로 전 세계인의 복지를 증진하고자 하는 운동이라고 생각했지만, 그것은 약간 시대에 뒤떨어진 생각이었다.

30 Mark Oppenheimer, "Will Misogyny Bring Down the Atheist Movement?," *Buzz-Feed*, September 12, 2014.

31 P. Z. Myers, "What Do You Do When Someone Pulls the Pin and Hands You a Grenade?," *Free Thought*(blogs), August 9, 2013.

32 Olivia Blair, "Richard Dawkins Dropped from Science Event for Tweeting Video Mocking Feminists and Islamists," *Independent*, February 2, 2016.

33 Christopher Hitchens, "Why Women Aren't Funny," *Vanity Fiar*, January 1, 2007.

34 Sam Harris, "I'm Not the Sexist Pig You're Looking For," *Make Sense*(podcast), March 4, 2019.

35 Ashley Reese, "How the Wing's Empire Was Built on Trauma, Racism, and Neglect," *Jezebel*, June 12, 2020.

36 Eloise Hendy, "The Girlbosses Who Girlbossed Too Close to the Sun," *Independent*, September 3, 2022.

37 David Armstrong and Ryan Gabrielson, "St. Jude Hoards Billions While Many of Its Families Drain Their Savings," *ProPublica*, November 12, 2021.

38 CharityWatch, "Nonprofit Compensation Packages of $1 Million or More."

39 Zeke Faux, "'Don't You Remember Me?' The Crypto Hell on the Other Side of a Spam Text," *Bloomberg*, August 17, 2023.

40 철학자 대니얼 데닛Daniel Dennett은 이러한 사고방식을 '포퍼식 사고'라고 불렀다. 이는 20세기 과학철학자 칼 포퍼Karl Popper를 가리키는 말이다.

41 Tae Kim, "Goldman Sachs Asks in Biotech Research Report," *CNBC*, April 11, 2018.

6장. 가짜 신호의 시대

1 1998년 알베르트 괴링에 대한 최초의 폭로 기사를 썼던 애덤 리보르에게 감사한 다. 리보르는 괴링과 관련된 문서를 공유해 준 사람이기도 하다: Adam LeBor, "Goering's List," *Sunday Times*, November 22, 1998.

2 Rabinowitch and Meltzoff, "Synchronized Movement Experience Enhances Peer Cooperation in Preschool Children"; Tunçgenç and Cohen, "Interpersonal Movement Synchrony Failitates Pro-Social Behavior in Children's Peer-Play."

3 Boyd and Richerson, "Culture and the Evolutionary Process."

4 Horner and Whiten, "Causal Knowledge and Imitation/Emulation Switching in Chimpanzees(Pan Troglodytes) and Children(Homo Sapiens)."

5 Humphrey, "Follow My Leader."

6 Amos Elon, "Scenes from a Marriage." *The New York Review of Books*, July 5, 2001.

7 Tullock, *Social Dilemma*.

8 Rana Foroohar, "Workers Could Be the Ones to Regulate AI," *Financial Times*, October 2, 2023.

9 "Our Foreign and Domestic Position and Party Tasks," *Marxists Internet Archive*, November 21, 1920.

10 『가난Poverty』이라는 제목의 영문판으로 출간되기도 했다.

11 Mikhail Zoshchenko, *Electrification*; 모든 이야기를 다시 러시아 문학으로 돌리는 점에 양해를 구한다.

12 Ostrom, "Collective Action and the Evolution of Social Norms"; Hardin, "The Tragedy of the Commons."

13 Ostrom, "Common-Pool Resources and Institutions."

14 Feldstein, "Government Internet Shutdowns Are Changing."

15 Ostrom and Gardner, "Coping with Asymmetries in the Commons."

16 Corrêa, Kahn, and Freitas, "Perverse Incentives in Fishery Management."

17 International Consortium of Investigative Journalists, "Paradise Papers."

18 Lightner, Pisor, and Hagen, "In Need-Baseed Sharing, Sharing Is More Improtant than Need."

19 Kalyeena Makortoff, "UK Taxpayers Lft Footing Bill as Number of Fraudulent Covid Loans Soars," *The Guardian*, September 14, 2023.

20 Mazar, Amir, and Ariely, "The Dishonesty of Honest People."

21 Dwyer et al., "Unconditional Cash Transfers Reduce Homelessness."

22 피터 싱어, 김성한 옮김, 『사회생물학과 윤리』.

23 Claire Wrathall, "Revolving Sofas, a 100-Inch TV, and 75 Damien Hirsts," *Financial Times*, October 19, 2023.

24 Bucher, "Global Inequality Is a Failure of Imagination. Here's Why."

25 Wells, *The Metabolic Ghetto*.

26 Hochberg, "Developmental Plasticity in Child Growth and Maturation"; Singhal, "Long-Term Adverse Effects of Early Growth Acceleration or Catch-Up Growth."

27 Brunner, "Social Factors and Cardiovascular Morbidity"; 런던 지하철 노선도를 따라 역별로 예측되는 기대 수명은 http://life.mappinglondon.co.uk/life/에서 확인할 수 있다.

28 Case and Deaton, "Accounting for the Widening Mortality Gap Between American Adults with and without a BA."

29 Wells, *The Metabolic Ghetto*.

30 Wilkinson, "Income Inequality, Social Cohension, and Health."

31 Francis-Devine, Danechi, and Malik, "Food Poverty."

32 Wells, "An Evolutionary Perspective on Social Inequality and Health Disparities."

33 Pierotti, "Gull-Puffin Interactions on Great Island, Newfoundland."

34 Emerson, *The Conduct of Life*.

35 Office of Justice Programs, "Violence."

36 John Burn-Murdoch, "Millennials Are Shattering the Oldest Rule in Politics," *Financial Times*, December 30, 2022.

37 Nettle et al., "What Do British People Want from a Welfare System?"

38 Bowles, Smith, and Mulder, "The Emergence and Persistence of Inequality in Premodern Societies."

39 *OECD Web Archive*.

40 Katherine Schaeffer, "6 Facts About Economic Inequality in the U.S.," *Pew Research Center*(blog), February 7, 2020.

41 EU Tax Observatory, "Global Tax Evasion Report 2024."

42 Wells, *The Metabolic Ghetto*.

43 Daniel Nettle, "What Do People Want from a Welfare System?," *Daniel Nettle*(blog), September 21, 2023.

44 Goldenberg et al., "Vaccine Mandates and Public Trust Do Not Have to Be Antagonistic."

45 Ginges et al., "Sacred Bounds on Rational Resolution of Violent Political Conflict"; Atran, "The Devoted Actor."

46 Ginges et al., "Sacred Bounds on Rational Resolution of Violent Political Conflict."

47 *The Gold Standard*, https://www.goldstandard.org/.

48 Patrick Greenfield, "More Than 90% of Rainforest Carbon Offsets by Biggest Certifier Are Worthless, Analysis Shows," *The Guardian*, January 18, 2023.

49 이 수치는 신문 기사에서 가져온 것이다. 보고서 원문을 찾을 수 없어서 KPMG 담당자에게 이메일 보내 내용을 확인했다. KPMG UK의 클레어 배럿Claire Barratt이 관련 데이터를 전달해 주었다. 유고브가 영국 내 2067명을 대상으로 한 질문은 다음과 같다. "한 회사가 지속 가능성/친환경 관련 주장을 하며 소비자를 속였거나 그린워싱을 한 의혹이 있다고 가정해 보십시오. (……) 당신이 그 회사와 관련된 활동을 하고 있다고 가정할 때 어느 것을 중단하시겠습니까?" 흥미롭게도 응답자의 53퍼센트는 그 회사의 제품이나 서비스 구매를 중단하겠다고 했지만, 그 회사에서 일하는 것을 중단하겠다고 응답한 사람은 21퍼센트, 그 회사에 대한 투자를 중단하겠다고 응답한 사람은 38퍼센트에 지나지 않았다; KPMG UK, "Over Half of UK Consumers Prepareed to Boycott Brands over Misleading Green Claims," September 18, 2023.

50 론슨, 『사이코패스 테스트』.

51 Tullock, *Social Dilemma*.

7장. 우리의 선택

1 루트비히 비트겐슈타인, 이승종 옮김, 『철학적 탐구』.

2 Bond and Depaulo, "Individual Difference in Judging Deception."

3 Bond and Depaulo, "Individual Difference in Judging Deception."

4 이 구분을 명확히 하는 것이 중요하다는 점을 지적해 준 조 울프에게 감사의 인사를 전한다.

5 Derek Thompson, "The Republican War on College," *Atlantic*, November 20, 2017.

6 Livingston et al., "Dementia Prevention, Intervention, and Care."

7 Roozenbeek et al., "Psychological Inoculation Improves Resilience Against Misinformation on Social Media."

8 데이비드 스피겔할터David Spiegelhalter의 『숫자에 약한 사람들을 위한 통계학 수업』

을 추천한다.

9 Supran and Oreskes, "Assessing ExxonMobil's Climate Change Communication(1977-2014)."

10 로버트 트리버스Robert Trivers의 『기만과 자기기만Deceit and Self-Deception』을 참고하기 바란다.

11 Williams, *Essays and Reviews*.

12 오노라 오닐Onora O'Neil의 강연문 「신뢰의 근거로서의 신뢰성Linking Trust to Trustworthiness」을 참고하기 바란다.

13 디에고 감베타의 『지하 세계의 코드』, 감베타와 헤더 해밀Heather Hamil의 『스트리트 와이즈Streetwise』도 참고하기를 바란다.

14 질리언 테트, 문희경 옮김, 『알고 있다는 착각』.

15 Beamer, Tau, and Vitousek, *Islands and Cultures*.

16 Sogbanmu et al., "Indigenous Youth Must Be at the Forefront of Climate Diplomacy."

17 *Igliniit Viewer*, https://www.geos.ed.ac.uk/~mscgis/09-10/s0972776/background.html.

18 Pizzol et al., "Relationship Between Severe Mental Illness and Physical Multimorbidity."

19 아마르티아 센, 이규원 옮김, 『정의의 아이디어』.

20 Friendling et al., "Global Carbon Budget 2022."

21 Oliver Milman, "Governments Falling Woefully Short of Paris Climate Pledges, Study Finds," *The Guardian*, September 15, 2021.

22 내게 이 부분은 아리스토텔레스의 『니코마코스 윤리학』에 등장하는 다음의 견해와 우연히 일치하는 것으로 생각된다. "시작점(출발점)은 '그것이 그러하다'이며, 이것이 어떤 사람에게 아주 명백하다면 추가로 '왜 그러한가'는 필요하지 않다. 이러한 사람은 이미 시작점을 가지고 있거나 쉽게 얻을 수 있다. 시작점을 가지지 못한 사람은 '모든 사람 중 가장 뛰어난 사람은 스스로 모든 것을 아는 사람이며, 타인의 건전한 조언을 받아들이는 사람도 좋다'라는 헤시오도스의 말을 들어야 한다. 그러나 자신을 알지 못하고 타인의 말을 마음에 새기지 않는 사람은 전혀 쓸모없다." 여기서 '그것이 그러하다'는 규범이나 행동 규칙을 의미하고, '왜 그러한가'는 그 규칙들의 도덕적 근거를 의미한다.

23 Mirrlees, *Lud-in-the-Mist*.

참고 문헌

- Acemoglu, Daron, and James A. Robinson. *Why Nations Fail*. London: Profile, 2013.
- Aktipis, C. Athena. *The Cheating Cell*. Princeton: Princeton University Press, 2020.
- Aktipis, C. A., L. Cronk, and R. Aguiar. "Risk-Pooling and Herd Survival: An Agent-Based Model of a Maasai Gift-Giving System." *Human Ecology* 39, no. 2, 2011: 131-40.
- Akurugu, Constance Awinpoka, Isaac Dery, and Paul Bata Domanban. "Marriage, Bridewealth, and Power: Critical Reflections on Women's Autonomy Across Settings in Africa." *Evolutionary Human Sciences* 4, January 022: e30.
- Alexander, Richard D. *The Biology of Moral Systems*. Hawthorne, N.Y.: Aldine de Gruyter, 1987.
- Alvard, Michael S., and David A. Nolin. "Rousseau's Whale Hunt?: Coordination Among Big-Game Hunters." *Current Anthropology* 43, no. 4, 2002: 533-59.
- Alvarez, R. Michael, Ramit Debnath, and Daniel Ebanks. "Why Don't Americans Trust University Researchers and Why It Matters for Climate Change." *PLOS Climate* 2, no. 9, September 6, 2023: e0000147.
- Armstrong, W. A. *Rossel Island*. Cambridge: Cambridge University Press, 2011; originally published in 1928.
- Atran, Scott. "The Devoted Actor: Unconditional Commitment and Intractable Conflict Across Cultures." *Current Anthropology* 57, no. S13 (June 2016): S192-203.
- Axelrod, Robert. *The Evolution of Cooperation*. Revised edition. New York: Basic, 2006.
- Axelrod, Robert, and William D. Hamilton. "The Evolution of Cooperation." *Science* 211, no. 4489, 1981: 1390-96.
- Barker, Alison J., Grigorii Veviurko, Nigel C. Bennett, Daniel W. Hart, Lina Mograby, and Gary R. Lewin. "Cultural Transmission of Vocal Dialect in the Naked Mole-Rat." *Science* 371, no. 6528, January 29, 2021: 503-7.
- Barsbai, Toman, Dieter Lukas, and Andreas Pondorfer. "Local Convergence of Behavior Across Species." *Science* 371, no. 6526, January 15, 2021: 292-95.
- Beamer, Kamanamaikalani, Te Maire Tau, and Peter M. Vitousek. *Islands and Cultures*. New Haven: Yale University Press, 2023.
- Beckwith, C. "Niger's Wodaabe: People of the Taboo." *National Geographic* 164, no. 4, 1983: 483-509.
- Berger, Lee R., Tebogo Makhubela, Keneiloe Molopyane, Ashley Krüger, Patrick

Randolph-Quinney, Marina Elliott, Becca Peixotto, et al. "Evidence for Deliberate Burial of the Dead by Homo Naledi." *eLife* 12, July 12, 2023.

- Bond, C. F., and B. M. Depaulo. "Individual Differences in Judging Deception: Accuracy and Bias." *Psychological Bulletin* 134, no. 4, 2008: 477–92.

- Bongaarts, John. "Human Population Growth and the Demographic Transition." *Philosophical Transactions of the Royal Society B: Biological Sciences* 364, no. 1532, October 27, 2009: 2985–90.

- Bouwmeester, Harro. "Dissecting the Pine Tree Green Chemical Factory." *Journal of Experimental Botany* 70, no. 1, January 1, 2019: 4–6.

- Bowles, Samuel, and Herbert Gintis. "Homo Reciprocans." *Nature* 415, no. 6868, January 2002: 125–27.

- Bowles, Samuel, Eric Alden Smith, and Monique Borgerhoff Mulder. "The Emergence and Persistence of Inequality in Premodern Societies: Introduction to the Special Section." *Current Anthropology* 51, no. 1, February 2010: 7–17.

- Boyd, Robert, and Peter J. Richerson. *Culture and the Evolutionary Process*. 2nd edition. Chicago: University of Chicago Press, 1988.

- Brosnan, Sarah F., and Frans B. M. de Waal. "Monkeys Reject Unequal Pay." *Nature* 425, no. 6955, September 2003: 297–99.

- Brown, Ryan P., Michael Tamborski, Xiaoqian Wang, Collin D. Barnes, Michael D. Mumford, Shane Connelly, and Lynn D. Devenport. "Moral Credentialing and the Rationalization of Misconduct." *Ethics & Behavior* 21, no. 1, January 2011: 1–12.

- Brunner, Eric John. "Social Factors and Cardiovascular Morbidity." *Neuroscience and Biobehavioral Reviews* 74, no. Pt B, March 2017: 260–68.

- Bucher, Gabriela. "Global Inequality Is a Failure of Imagination. Here's Why." *World Economic Forum*. January 16, 2023. https://www.weforum.org/agenda/2023/01/global-inequality-is-a-failure-of-imagination/.

- Burnyeat, M. F., ed. "Aristotle on Learning to Be Good." In *Explorations in Ancient and Modern Philosophy*, 2:259–81. Cambridge: Cambridge University Press, 2012.

- Byrne, R. W., and A. Whiten. "Cognitive Evolution in Primates: Evidence from Tactical Deception." *Man* 27, no. 3, 1992: 609–27.

- "C. Julius Caesar, Gallic War, Book 5, Chapter 14." https://www.perseus.tufts.edu/hopper/text?doc=Perseus%3Atext%3A1999.02.0001%3Abook%3D5%3Achapter%3D14, accessed November 26, 2023.

- Case, Anne, and Angus Deaton. "Accounting for the Widening Mortality Gap Between American Adults With and Without a BA." *Brookings Papers on Economic Activity*, Fall 2023. https://www.brookings.edu/articles/accounting-for-the-widening-mortality-gap-between-american-adults-with-and-without-a-ba/, accessed November 29, 2023.

- Chagnon, Napoleon A., and William Irons. *Evolutionary Biology and Human Social Behavior*, North Scituate, Mass.: Duxbury, 1979.
- Chartrand, T. L., and J. A. Bargh. "The Chameleon Effect: The Perception-Behavior Link and Social Interaction." *Journal of Personality and Social Psychology* 76, no. 6, June 1999: 893 – 910.
- Chaudhary, Nikhil, Gul Deniz Salali, James Thompson, Aude Rey, Pascale Gerbault, Edward Geoffrey Jedediah Stevenson, Mark Dyble, et al. "Competition for Cooperation: Variability, Benefits and Heritability of Relational Wealth in Hunter-Gatherers." *Scientific Reports* 6, no. 1, July 12, 2016: 29120.
- Clark, Cory J., Lee Jussim, Komi Frey, Sean T. Stevens, Musa al-Gharbi, Karl Aquino, J. Michael Bailey, et al. "Prosocial Motives Underlie Scientific Censorship by Scientists: A Perspective and Research Agenda." *Proceedings of the National Academy of Sciences* 120, no. 48, November 28, 2023: e2301642120.
- CoDa: A Machine-Readable History of Cooperation Research to Search and Select Studies for On-Demand Meta-Analysis. Spadaro, G., I. Tiddi, S. Columbus, S. Jin, A. Ten Teije, CoDa Team, & D. Balliet. "The Cooperation Databank: Machine-Readable Science Accelerates Research Synthesis." *Perspectives on Psychological Science* 17, no. 5, 2022, 1472 – 89. https://cooperationdatabank. org/, accessed November 27, 2023.
- Corrêa, Maria Angélica de Almeida, James R. Kahn, and Carlos Edwar de Carvalho Freitas. "Perverse Incentives in Fishery Management: The Case of the Defeso in the Brazilian Amazon." *Ecological Economics* 106, October 1, 2014: 186 – 94.
- Croston, Rebecca, and Mark E. Hauber. "The Ecology of Avian Brood Parasitism." *Nature Education Knowledge* 3, no. 10, 2010: 56.
- Dana, Jason, Daylian M. Cain, and Robyn M. Dawes. "What You Don't Know Won't Hurt Me: Costly (but Quiet) Exit in Dictator Games." *Organizational Behavior and Human Decision Processes* 100, no. 2, July 1, 2006: 193 – 201.
- Darwin, Charles R. *The Descent of Man, and Selection in Relation to Sex*, 1871. https://doi.org/10.1038/011305a0.
- Dawkins, Richard. *The Blind Watchmaker*, Illustrated edition. W. W. Norton, 2018.
- Dawkins, Richard. "Twelve Misunderstandings of Kin Selection." *Zeitschrift für Tierpsychologie* 51, no. 2, 1979: 184 – 200.
- DeMerchant, Kendra, and Sean P. Roach. "Vocal Responses of Hermit Thrush (Catharus Guttatus) Males to Territorial Playback of Conspecific Song." *Ibis* 164, no. 3, 2022: 793 – 99.
- Dey, Cody J., James Dale, and James S. Quinn. "Manipulating the Appearance of a Badge of Status Causes Changes in True Badge Expression." *Proceedings of the*

Royal Society B: Biological Sciences 281, no. 1775, January 22, 2014: 20132680.

- Dominey, W. "Female Mimicry in Male Bluegill Sunfish: A Genetic Polymorphism?" *Nature* 284, 1980: 546 – 48.

- Dunbar, R. I. M. "Coevolution of Neocortical Size, Group Size, and Language in Humans." *Behavioral and Brain Sciences* 16, no. 4, December 1993: 681 – 94.

- Dunbar, Robin. *Grooming, Gossip, and the Evolution of Language.* Cambridge: Harvard University Press, 1998.

- Dwyer, Ryan J., William J. Brady, Chris Anderson, and Elizabeth W. Dunn. "Are People Generous When the Financial Stakes Are High?" *Psychological Science* 34, no. 9, September 1, 2023: 999 – 1006.

- Dwyer, Ryan, Anita Palepu, Claire Williams, Daniel Daly–Grafstein, and Jiaying Zhao. "Unconditional Cash Transfers Reduce Homelessness." *Proceedings of the National Academy of Sciences* 120, no. 36, September 5, 2023: e2222103120.

- Elon, Amos. "Scenes from a Marriage." *New York Review of Books*, July 5, 2001.

- Emerson, Ralph Waldo. *The Conduct of Life.* Edited by Alba Longa. CreateSpace Independent Publishing Platform, 2016. Erasmus. *In Praise of Folly.* London: Reeves & Turner, 1876. https://www.gutenberg.org/files/30201/30201-h/30201-h.htm, accessed November 23, 2023.

- Eutax. "Global Tax Evasion Report 2024." https://www.taxobservatory.eu/publication/global-tax-evasion-report-2024/, accessed November 29, 2023.

- Falk, Armin, and Nora Szech. "Morals and Markets." *Science* 340, no. 6133, May 10, 2013: 707 – 11.

- Feldstein, Steven. "Government Internet Shutdowns Are Changing. How Should Citizens and Democracies Respond?" *Carnegie Endowment for International Peace.* https://carnegieendowment.org/2022/03/31/government-internet-shutdowns-are-changing.-how-should-citizens-and-democracies-respond-pub-86687, accessed November 28, 2023.

- Fisher, Irving. "What Is Capital?" *Economic Journal* 6, no. 24, 1896: 509 – 34.

- Fonseca, Miguel A., and Kim Peters. "Is It Costly to Deceive? People Are Adept at Detecting Gossipers' Lies but May Not Reward Honesty." *Philosophical Transactions of the Royal Society of London. Series B, Biological Sciences* 376, no. 1838, November 22, 2021: 20200304.

- Francis–Devine, Brigid, Shadi Danechi, and Xameerah Malik. "Food Poverty: Households, Food Banks, and Free School Meals." *House of Commons Library*, U.K. Parliament. November 28, 2023. https://commonslibrary.parliament.uk/research-briefings/cbp-9209/.

- Friedlingstein, Pierre, Michael O'Sullivan, Matthew W. Jones, Robbie M. Andrew, Luke Gregor, Judith Hauck, Corinne Le Quéré, et al. "Global Carbon Budget 2022." *Earth System Science Data* 14, no. 11, November 11, 2022: 4811 – 4900.

- Full Fact. "ONS Data Shows Lower Death Rates in People Vaccinated Against Covid-19," 14:15:07.16553100:00. https://fullfact.org/health/covid-vaccines-ONS-florida/.

- Garfield, Zachary H., Erik J. Ringen, William Buckner, Dithapelo Medupe, Richard W. Wrangham, and Luke Glowacki. "Norm Violations and Punishments Across Human Societies." *Evolutionary Human Sciences* 5, January 2023: e11.

- Garfield, Zachary H., Ryan Schacht, Emily R. Post, Dominique Ingram, Andrea Uehling, and Shane J. Macfarlan. "The Content and Structure of Reputation Domains Across Human Societies: A View from the Evolutionary Social Sciences." *Philosophical Transactions of the Royal Society B: Biological Sciences* 376, no. 1838, November 22, 2021: 20200296.

- Ghislandi, Paolo Giovanni, Michelle Beyer, Patricia Velado, and Cristina Tuni. "Silk Wrapping of Nuptial Gifts Aids Cheating Behaviour in Male Spiders." *Behavioral Ecology* 28, no. 3, May 1, 2017: 744 – 49.

- Ginges, Jeremy, Scott Atran, Douglas Medin, and Khalil Shikaki. "Sacred Bounds on Rational Resolution of Violent Political Conflict." *Proceedings of the National Academy of Sciences* 104, no. 18, May 2007: 7357 – 60.

- Goldenberg, Maya J., Bipin Adhikari, Lorenz von Seidlein, Phaik Yeong Cheah, and Heidi J. Larson. "Vaccine Mandates and Public Trust Do Not Have to Be Antagonistic." *Nature Human Behaviour* 7, no. 10, October 2023: 1605 – 6.

- Goodman, Jonathan R. "The Problem of Opportunity." *Biology & Philosophy* 38, no. 6, November 7, 2023: 48.

- Goodman, Jonathan R., and Paul W. Ewald. "The Evolution of Barriers to Exploitation: Sometimes the Red Queen Can Take a Break." *Evolutionary Applications* 14, no. 9, September 2021: 2179 – 88.

- Grafen, Alan. "Biological Signals as Handicaps." *Journal of Theoretical Biology* 144, no. 4, June 21, 1990: 517 – 46.

- Haley, Kevin J., and Daniel M. T. Fessler. "Nobody's Watching? Subtle Cues Affect Generosity in an Anonymous Economic Game." *Evolution and Human Behavior* 26, no. 3, 2005: 245 – 56.

- Hamilton, W. D. "The Genetical Evolution of Social Behaviour." *I. Journal of Theoretical Biology* 7, no. 1, 1964: 1 – 16.

- Hamilton, W. D., and M. Zuk. "Heritable True Fitness and Bright Birds: A Role for Parasites?" *Science* 218, no. 4570, October 22, 1982: 384 – 87.

- Hammerstein, P., and R. Noë. "Biological Trade and Markets." Philosophical Transactions of the Royal Society of London. Series B, Biological Sciences 371, no. 1687, 2016: 20150101.

- Hardin, Garrett. "The Tragedy of the Commons." *Science* 162, no. 3859, 1968: 1243–48.
- Hare, Brian. "Survival of the Friendliest: Homo Sapiens Evolved via Selection for Prosociality." *Annual Review of Psychology* 68, January 3, 2017: 155–86.
- Haridy, Yara, Florian Witzmann, Patrick Asbach, Rainer R. Schoch, Nadia Fröbisch, and Bruce M. Rothschild. "Triassic Cancer: Osteosarcoma in a 240-Million-Year-Old Stem-Turtle." *JAMA Oncology* 5, no. 3, March 1, 2019: 425–26.
- Harmand, Sonia, Jason E. Lewis, Craig S. Feibel, Christopher J. Lepre, Sandrine Prat, Arnaud Lenoble, Xavier Boës, et al. "3.3-Million-Year-Old Stone Tools from Lomekwi 3, West Turkana, Kenya." *Nature* 521, no. 7552, May 2015: 310–15.
- Henrich, Joseph. "Cultural Group Selection, Coevolutionary Processes and Large-Scale Cooperation." *Journal of Economic Behavior and Organization* 53, no. 1, January 1, 2004: 3–35, Evolution and Altruism special issue.
- Henrich, Joseph. *The WEIRDest People in the World*. New York: Farrar, Straus and Giroux, 2020.
- Henrich, Joseph, Robert Boyd, Samuel Bowles, Colin Camerer, Ernst Fehr, Herbert Gintis, and Richard McElreath. "In Search of Homo Economicus: Behavioral Experiments in 15 Small-Scale Societies." *American Economic Review* 91, no. 2, May 2001: 73–78.
- Hill, J. "Prestige and Reproductive Success in Man." *Ethology and Sociobiology* 5, no. 2, January 1, 1984: 77–95.
- Hill, Kim, and A. Magdalena Hurtado. "Cooperative Breeding in South American Hunter-Gatherers." *Proceedings of the Royal Society B: Biological Sciences* 276, no. 1674, August 19, 2009: 3863–70.
- Hippel, William von, and Robert Trivers. "The Evolution and Psychology of Self-Deception." *The Behavioral and Brain Sciences* 34, no. 1, February 2011: 1–16; discussion 16–56.
- Hochberg, Ze'ev. "Developmental Plasticity in Child Growth and Maturation." *Frontiers in Endocrinology* 2, September 29, 2011: 41.
- Holmberg, Allan R. *Nomads of the Long Bow*. Forgotten Books, 2018.
- Horner, Victoria, and Andrew Whiten. "Causal Knowledge and Imitation/Emulation Switching in Chimpanzees (Pan Troglodytes) and Children (Homo Sapiens)." *Animal Cognition* 8, no. 3, July 2005: 164–81.
- Humanists UK. "Faith Schools—Why Not?" https://humanists.uk/campaigns/schools-and-education/faith-schools/faith-schools-why-not/, accessed November 28, 2023.
- "Hume Texts Online." https://davidhume.org/texts/m/d, accessed November 23, 2023.

- Humphrey, N. K. "The Social Function of Intellect." In *Growing Points in Ethology*. Cambridge: Cambridge University Press, 1976.
- Humphrey, Nicholas. "Follow My Leader." In *The Mind Made Flesh*, edited by Nicholas Humphrey, 330 – 39. Oxford University Press, 2002.
- Inhorn, Marcia C., and Peter J. Brown. "The Anthropology of Infectious Disease." *Annual Review of Anthropology* 19, 1990: 89 – 117.
- International Consortium of Investigative Journalists. "Paradise Papers: Secrets of the Global Elite," November 5, 2017. https://www.icij.org/investigations/paradise-papers/.
- "The Internet Classics Archive | The Republic by Plato." http://classics.mit.edu/Plato/republic.3.ii.html, accessed November 22, 2023.
- James, Gary D. "Bergmann's and Allen's Rules." In *The International Encyclopedia of Biological Anthropology*, 1 – 3. John Wiley & Sons, 2018.
- Kaplan, Hillard, Kim Hill, Jane Lancaster, and A. Magdalena Hurtado. "A Theory of Human Life History Evolution: Diet, Intelligence, and Longevity." *Evolutionary Anthropology: Issues, News, and Reviews* 9, no. 4, 2000: 156 – 85.
- Khan, Uzma, and Ravi Dhar. "Licensing Effect in Consumer Choice." *Journal of Marketing Research* 43, no. 2, 2006, American Marketing Association.
- Koenig, Walter D., Philip N. Hooge, Mark T. Stanback, and Joseph Haydock. "Natal Dispersal in the Cooperatively Breeding Acorn Woodpecker." *The Condor* 102, no. 3, 2000: 492 – 502.
- Kropotkin, Petr Alekseevich kniaz. *Mutual Aid: A Factor of Evolution*. 1902. American Psychological Association, APA PsycNet.
- Lackner, Simone, Frederico Francisco, Cristina Mendonça, André Mata, and Joana Gonçalves-Sá. "Intermediate Levels of Scientific Knowledge Are Associated with Overconfidence and Negative Attitudes Towards Science." *Nature Human Behaviour* 7, no. 9, September 2023: 1490 – 1501.
- Lee, Richard B., and Irven DeVore, eds. *Kalahari Hunter-Gatherers*. Cambridge: Harvard University Press, 1976.
- Levine, Nancy E., and Joan B. Silk. "Why Polyandry Fails: Sources of Instability in Polyandrous Marriages." *Current Anthropology* 38, no. 3, June 1997: 375 – 98.
- Levinson, Stephen C. "Introduction: The Evolution of Culture in a Microcosm," October 7, 2005. https://doi.org/10.7551/mitpress/2870.003.0004.
- Levon, Erez, Devyani Sharma, Dominic J. L. Watt, Amanda Cardoso, and Yang Ye. "Accent Bias and Perceptions of Professional Competence in England." *Journal of English Linguistics* 49, no. 4, December 1, 2021: 355 – 88.
- Lightner, Aaron D., Anne C. Pisor, and Edward H. Hagen. "In Need-Based Sharing, Sharing Is More Important than Need." *Evolution and Human Behavior*, Spe-

cial Issue: Dispatches from the Field Part I, 44, no. 5, September 1, 2023: 474 – 84.

- Livingston, Gill, Jonathan Huntley, Andrew Sommerlad, David Ames, Clive Ballard, Sube Banerjee, Carol Brayne, et al. "Dementia Prevention, Intervention, and Care: 2020 Report of the Lancet Commission." *The Lancet* 396, no. 10248, August 8, 2020: 413 – 46.

- Lonsdorf, Elizabeth V. "Sex Differences in the Development of Termite‑Fishing Skills in the Wild Chimpanzees, Pan Troglodytes Schweinfurthii, of Gombe National Park, Tanzania." *Animal Behaviour* 70, no. 3, September 1, 2005: 673 – 83.

- Mauss, M. *The Gift*. London and New York: Routledge Classics, 1925.

- Maynard‑Smith, John, and David Harper. *Animal Signals*. Oxford Series in Ecology and Evolution. Oxford: Oxford University Press, 2003.

- Mazar, Nina, On Amir, and Dan Ariely. "The Dishonesty of Honest People: A Theory of Self‑Concept Maintenance." *Journal of Marketing Research* 45, no. 6, December 1, 2008: 633 – 44.

- Micheletti, Alberto J. C., Erhao Ge, Liqiong Zhou, Yuan Chen, Hanzhi Zhang, Juan Du, and Ruth Mace. "Religious Celibacy Brings Inclusive Fitness Benefits." *Proceedings of the Royal Society B: Biological Sciences* 289, no. 1977, June 22, 2022: 20220965.

- Milgram, Stanley, and Philip Zimbardo. *Obedience to Authority: An Experimental View*. London: Pinter & Martin, 2010.

- Miller, Barbara, Lufiani L. Madilao, Steven Ralph, and Jörg Bohlmann. "Insect‑Induced Conifer Defense: White Pine Weevil and Methyl Jasmonate Induce Traumatic Resinosis, de Novo Formed Volatile Emissions, and Accumulation of Terpenoid Synthase and Putative Octadecanoid Pathway Transcripts in Sitka Spruce." *Plant Physiology* 137, no. 1, January 2005: 369 – 82.

- Mills, Cynthia. "Unusual Suspects." *The Sciences* 37, no. 4, July 1, 1997: 32 – 37.

- Mirrlees, Hope. *Lud-in-the-Mist*. London: Millennium, 2000.

- Monin, B., and D. T. Miller. "Moral Credentials and the Expression of Prejudice." *Journal of Personality and Social Psychology* 81, no. 1, July 2001: 33 – 43.

- Montaigne, Michel de. *Essays*, translated by John M. Cohen, revised edition. Penguin, 1993.

- Moore, John H. "The Evolution of Exploitation." *Critique of Anthropology* 2, no. 8, February 1, 1977: 33 – 48.

- Moore, John H. "The Exploitation of Women in Evolutionary Perspective." *Critique of Anthropology* 3, no. 9 – 10, January 1, 1978: 83 – 100.

- Nesse, Randolph M. "Social Selection Is a Powerful Explanation for Prosociality." *Behavioral and Brain Sciences* 39, 2016: e47.

- Nettle, Daniel, Joe Chrisp, Elliott Johnson, and Matthew T. Johnson. "What Do

British People Want from a Welfare System? Conjoint Survey Evidence on Generosity, Conditionality, Funding, and Outcomes." *SocArXiv*, September 20, 2023.

- Nettle, Daniel, Zoe Harper, Adam Kidson, Rosie Stone, Ian S. Penton-Voak, and Melissa Bateson. "The Watching Eyes Effect in the Dictator Game: It's Not How Much You Give, It's Being Seen to Give Something." *Evolution and Human Behavior* 34, no. 1, January 1, 2013: 35-40.

- Noë, Ronald, and Peter Hammerstein. "Biological Markets." *Trends in Ecology & Evolution* 10, no. 8, August 1, 1995: 336-39.

- Nowak, Martin A., and Karl Sigmund. "Evolution of Indirect Reciprocity." *Nature* 437, no. 7063, October 2005: 1291-98.

- "OECD Web Archive." https://web-archive.oecd.org/2021-05-11/588040-inheritance-estate-and-gift-taxes-could-play-a-stronger-role-in-addressing-inequality-and-improving-public-finances.htm, accessed November 29, 2023.

- Orians, Gordon H. "On the Evolution of Mating Systems in Birds and Mammals." *The American Naturalist* 103, no. 934, 1969: 589-603.

- Ostrom, Elinor. "Common-Pool Resources and Institutions: Toward a Revised Theory." In *Handbook of Agricultural Economics*, 2:1315-39. Agriculture and Its External Linkages. Elsevier, 2002.

- Ostrom, Elinor. "Collective Action and the Evolution of Social Norms." *Journal of Economic Perspectives* 14, no. 3, September 2000: 137-58.

- Ostrom, Elinor, and Roy Gardner. "Coping with Asymmetries in the Commons: Self-Governing Irrigation Systems Can Work." *The Journal of Economic Perspectives* 7, no. 4, 1993: 93-112.

- Oxoby, Robert J., and John Spraggon. "Mine and Yours: Property Rights in Dictator Games." *Journal of Economic Behavior & Organization* 65, no. 3, March 1, 2008: 703-13.

- Parfit, Derek. *On What Matter*. Oxford: Oxford University Press, 2011.

- Phillips, Tim, Jiawei Li, and Graham Kendall. "The Effects of Extra-Somatic Weapons on the Evolution of Human Cooperation Towards Non-Kin." *PLOS ONE* 9, no. 5, May 5, 2014: e95742.

- Pierotti, Raymond. "Gull-Puffin Interactions on Great Island, Newfoundland." *Biological Conservation* 26, no. 1, May 1, 1983: 1-14.

- Pizzol, Damiano, Mike Trott, Laurie Butler, Yvonne Barnett, Tamsin Ford, Sharon A. S. Neufeld, Anya Ragnhildstveit, et al. "Relationship Between Severe Mental Illness and Physical Multimorbidity: A Meta-Analysis and Call for Action." *BMJ Mental Health* 26, no. 1, October 1, 2023.

- Rabinowitch, Tal-Chen, and Andrew N. Meltzoff. "Synchronized Movement Experience Enhances Peer Cooperation in Preschool Children." *Journal of Experi-

mental Child Psychology 160, August 1, 2017: 21 – 32.

- Raffa, Kenneth F., Erinn N. Powell, and Philip A. Townsend. "Temperature–Driven Range Expansion of an Irruptive Insect Heightened by Weakly Coevolved Plant Defenses." *Proceedings of the National Academy of Sciences* 110, no. 6, February 5, 2013: 2193 – 98.

- Rathore, Akanksha, Kavita Isvaran, and Vishwesha Guttal. "Lekking as Collective Behaviour." *Philosophical Transactions of the Royal Society B: Biological Sciences* 378, no. 1874, February 20, 2023: 20220066.

- Reby, David, and Karen McComb. "Anatomical Constraints Generate Honesty: Acoustic Cues to Age and Weight in the Roars of Red Deer Stags." *Animal Behaviour* 65, no. 3, March 1, 2003: 519 – 30.

- Ronson, Jon. *The Psychopath Test*. New York: Riverhead, 2011.

- Roozenbeek, Jon, Sander van der Linden, Beth Goldberg, Steve Rathje, and Stephan Lewandowsky. "Psychological Inoculation Improves Resilience Against Misinformation on Social Media." *Science Advances* 8, no. 34, August 24, 2022: eabo6254.

- Rousseau, Jean–Jacques. *Discourse on the Origin and Foundations of Inequality Among Men: By Jean-Jacques Rousseau with Related Documents*. 2011 edition. Palgrave, 2011.

- Schmid, Monika, and Peter L. Patrick. "The Trouble with Relying on How People Speak to Determine Asylum Cases." *The Conversation*, March 12, 2015.

- Schultheiss, Patrick, Sabine S. Nooten, Runxi Wang, Mark K. L. Wong, François Brassard, and Benoit Guénard. "The Abundance, Biomass, and Distribution of Ants on Earth." *Proceedings of the National Academy of Sciences* 119, no. 40, October 4, 2022: e2201550119.

- Sen, Amartya. *The Idea of Justice*. Cambridge: Harvard University Press, 2009.

- Simpson, George Gaylord. *Tempo and Mode in Evolution*. New York: Columbia University Press, 1944.

- Singer, Peter. *The Expanding Circle*. Princeton: Princeton University Press, 2011.

- Singh, Manvir. "How Dowries Are Fuelling a Femicide Epidemic." *New Yorker*, June 12, 2023. https://www.newyorker.com/magazine/2023/06/19/how-dowries-are-fuelling-a-femicide-epidemic.

- Singh, Manvir. "The Idea of Primitive Communism Is as Seductive as It Is Wrong | Aeon Essays." https://aeon.co/essays/the-idea-of-primitive-communism-is-as-seductive-as-it-is-wrong, accessed November 21, 2023.

- Singh, Manvir. "Subjective Selection and the Evolution of Complex Culture." *Evolutionary Anthropology: Issues, News, and Reviews* 31, no. 6, 2022: 266 – 80.

- Singh, Manvir, and Luke Glowacki. "Human Social Organization During the Late

Pleistocene: Beyond the Nomadic-Egalitarian Model." *Evolution and Human Behavior* 43, no. 5, September 1, 2022: 418 – 31.

- Singh, Manvir, and Joseph Henrich. "Why Do Religious Leaders Observe Costly Prohibitions? Examining Taboos on Mentawai Shamans." *Evolutionary Human Sciences* 2, January 2020: e32.

- Singh, Manvir, and Moshe Hoffman. "Commitment and Impersonation: A Reputation-Based Theory of Principled Behavior." *PsyArXiv*, January 13, 2021.

- Singhal, Atul. "Long-Term Adverse Effects of Early Growth Acceleration or Catch-Up Growth." *Annals of Nutrition & Metabolism* 70, no. 3, 2017: 236 – 40.

- Smith, Adam. *The Wealth of Nations*. CreateSpace Independent Publishing Platform, 2014; originally published in 1776.

- Smith, Eric Alden, Rebecca Bliege Bird, and Douglas W. Bird. "The Benefits of Costly Signaling: Meriam Turtle Hunters." *Behavioral Ecology* 14, no. 1, January 1, 2003: 116 – 26.

- Sogbanmu, Temitope Olawunmi, Heather Sauyaq Jean Gordon, Lahcen El Youssfi, Fridah Dermmillah Obare, Seira Duncan, Marion Hicks, Khadeejah Ibraheem Bello, Faris Ridzuan, and Adeyemi Oladapo Aremu. "In digenous Youth Must Be at the Forefront of Climate Diplomacy." *Nature* 620, no. 7973, August 2023: 273 – 76.

- Southern Poverty Law Center. "Changing of the Guard." *Intelligence Report*, August 29, 2001, Fall 2001 issue. https://www.splcenter.org/fighting-hate/intelligence-report/2001/changing-guard, accessed November 21, 2023.

- Spiegelhalter, David. *The Art of Statistics*. UK USA Canada Ireland Australia India New Zealand South Africa: Pelican, 2019.

- Starkweather, Katherine E., and Raymond Hames. "A Survey of Non-Classical Polyandry." *Human Nature* 23, no. 2, June 1, 2012: 149 – 72.

- Stein, Alexandra. "How Cult Leaders Brainwash Followers for Total Control | Aeon Essays." https://aeon.co/essays/how-cult-leaders-brainwash-followers-for-total-control, accessed November 21, 2023.

- Stewart, Tamara. "Investigating the Calusa," *Florida Museum*, September 25, 2020.

- Stibbard-Hawkes, D.N.E., R. D. Attenborough, and F. W. Marlowe. "A Noisy Signal: To What Extent Are Hadza Hunting Reputations Predictive of Actual Hunting Skills?" *Evolution and Human Behavior*, 2018.

- Stibbard-Hawkes, Duncan N. E. *Egalitarianism and Democratized Access to Lethal Weaponry*. McDonald Institute for Archaeological Research, 2020. https://www.repository.cam.ac.uk/handle/1810/313537.

- Strassmann, Beverly I. "The Function of Menstrual Taboos Among the Dogon." *Human Nature* 3, no. 2, June 1, 1992: 89 – 131.

- Sulak, M., L. Fong, and K. Mika. "TP53 Copy Number Expansion Is Associated with the Evolution of Increased Body Size and an Enhanced DNA Damage Response in Elephants." *eLife* 5:e11994, 2016.
- Supran, Geoffrey, and Naomi Oreskes. "Assessing ExxonMobil's Climate Change Communications(1977 – 2014)." *Environmental Research Letters* 12, no. 8, August 2017: 084019.
- Swami, Viren, Adrian Furnham, Nereshnee Balakumar, Candy Williams, Kate Canaway, and Debbi Stanistreet. "Factors Influencing Preferences for Height: A Replication and Extension." *Personality and Individual Differences* 45, no. 5, October 1, 2008: 395 – 400.
- Swift, Jonathan. *Tale of a Tub*. Edited by Kathleen Williams. London: Everyman Paperback Classics, 1975; originally published in 1704.
- Tett, Gillian. *Anthro-Vision*. London: Random House Business, 2021.
- Trivers, Robert L. "The Evolution of Reciprocal Altruism." *Quarterly Review of Biology* 46, no. 1, 1971: 35 – 57.
- Tullock, Gordon. *Social Dilemma*, volume 8. Indianapolis: Liberty Fund, 2004.
- Tunçgenç, Bahar, and Emma Cohen. "Interpersonal Movement Synchrony Facilitates Pro-Social Behavior in Children's Peer-Play." *Developmental Science* 21, no. 1, 2018: e12505.
- Venkataraman, Vivek V., Thomas S. Kraft, and Nathaniel J. Dominy. "Tree Climbing and Human Evolution." *Proceedings of the National Academy of Sciences* 110, no. 4, January 22, 2013: 1237 – 42.
- "Violence: Our Deadly Epidemic and Its Causes | Office of Justice Programs." https://www.ojp.gov/ncjrs/virtual-library/abstracts/violence-our-deadly-epidemic-and-its-causes, accessed November 29, 2023.
- Vollrath, Fritz. "Uncoupling Elephant TP53 and Cancer." *Trends in Ecology & Evolution* 38, no. 8, August 2023: 705 – 7.
- Walker, Robert S., Mark V. Flinn, and Kim R. Hill. "Evolutionary History of Partible Paternity in Lowland South America." *Proceedings of the National Academy of Sciences* 107, no. 45, November 9, 2010: 19195 – 200.
- Wallace, Elaine, Isabel Buil, and Leslie de Chernatony. " 'Consuming Good' on Social Media: What Can Conspicuous Virtue Signalling on Facebook Tell Us About Prosocial and Unethical Intentions?" *Journal of Business Ethics* 162, no. 3, March 1, 2020: 577 – 92.
- Wells, Jonathan C. K. "An Evolutionary Perspective on Social Inequality and Health Disparities: Insights from the Producer – Scrounger Game." *Evolution, Medicine, and Public Health* 11, no. 1, January 1, 2023: 294 – 308.
- Wells, Jonathan C. K. *The Metabolic Ghetto*. Illustrated edition. Cambridge: Cam-

bridge University Press, 2016.

- West, S. A., A. S. Griffin, and A. Gardner. "Social Semantics: Altruism, Coopera-
tion, Mutualism, Strong Reciprocity, and Group Selection." *Journal of Evolution-
ary Biology* 20, no. 2 (March 2007): 415 – 32.

- West-Eberhard, Mary Jane. "Sexual Selection, Social Competition, and Specia-
tion." *The Quarterly Review of Biology* 58, no. 2 (June 1983): 155 – 83.

- Whately, Richard (archbishop of Dublin). *Detached Thoughts and Apophthegms Ex-
tracted from Some of the Writings of Archbishop Whately*. Blackader, 1854.

- Wiessner, Polly. "Experimental Games and Games of Life Among the Ju/'hoan
Bushmen." *Current Anthropology* 50, no. 1 (February 2009): 133 – 38.

- Wiessner, Polly. "Risk, Reciprocity, and Social Influences on !Kung San Econom-
ics." In *Politics and History in Band Societies*, ed. Eleanor Leacock and Richard
Lee, 61 – 84. Cambridge: Cambridge University Press, 1982.

- Wilkinson, Richard G. "Income Inequality, Social Cohesion, and Health: Clarify-
ing the Theory—a Reply to Muntaner and Lynch." *International Journal of Health
Services* 29, no. 3 (1999): 525 – 43.

- Williams, Bernard. *Essays and Reviews: 1959–2002*. Princeton: Princeton Univer-
sity Press, 2015.

- Winegard, Bo, Ben Winegard, and David C. Geary. "The Status Competition
Model of Cultural Production." *Evolutionary Psychological Science* 4, no. 4 (De-
cember 1, 2018): 351 – 71.

- Wrangham, Richard W. "Targeted Conspiratorial Killing, Human Self-Domesti-
cation, and the Evolution of Groupishness." *Evolutionary Human Sciences* 3 (ed
2021): e26.

- Yamagishi, Toshio. "Exit from the Group as an Individualistic Solution to the Free
Rider Problem in the United States and Japan." *Journal of Experimental Social
Psychology* 24, no. 6 (November 1, 1988): 530 – 42.

- Yamagishi, Toshio. "The Provision of a Sanctioning System in the United States
and Japan." *Social Psychology Quarterly* 51, no. 3 (1988): 265 – 71.

- Yuan, Mingliang, Giuliana Spadaro, Shuxian Jin, Junhui Wu, Yu Kou, Paul A. M.
Van Lange, and Daniel Balliet. "Did Cooperation Among Strangers Decline in
the United States? A Cross-Temporal Meta-Analysis of Social Dilemmas (1956 –
2017)." *Psychological Bulletin* 148, no. 3 – 4 (2022): 129 – 57.

- Zahavi, Amotz. "Mate Selection: A Selection for a Handicap." *Journal of Theoret-
ical Biology* 53, no. 1 (September 1, 1975): 205 – 14.

- Zerjal, Tatiana, Yali Xue, Giorgio Bertorelle, R. Spencer Wells, Weidong Bao,
Suling Zhu, Raheel Qamar, et al. "The Genetic Legacy of the Mongols." *American
Journal of Human Genetics* 72, no. 3 (March 2003): 717 – 21.

다정함의 배신

은밀하고 정교하게 숨겨온 인간 본성의 비밀

초판 1쇄 발행 2026년 3월 18일
초판 2쇄 발행 2026년 4월 1일

지은이 조너선 R. 굿먼
옮긴이 박지혜
펴낸이 김선식

부사장 김은영
책임기획 박윤아 **책임편집** 최유진 **디자인** 정아연 **책임마케터** 이현주
콘텐츠사업4팀장 박윤아 **콘텐츠사업4팀** 정아연, 임지원, 옥다애, 최유진
마케팅사업2팀 오서영, 이현주, 단비 **홍보2팀** 정세림, 고나연, 이다은
브랜드사업본부장 정명찬
브랜드홍보팀 오수미, 서가을, 박장미, 박주현 **영상홍보팀** 이수인, 염아라, 이지연, 노경은
저작권팀 성민경 **편집관리팀** 조세현, 김호주, 백설희
재무관리팀 하미선, 임혜정, 이슬기, 김주영, 오지수
인사총무팀 강미숙, 김재경, 김혜진, 김주림, 황종원
제작관리팀 이소현, 김소영, 유미애, 이지우, 이승협
물류관리팀 김형기, 김선진, 주정훈, 양문현, 채원석, 박재연, 이준희, 최대식

펴낸곳 다산북스 **출판등록** 2005년 12월 23일 제313-2005-00277호
주소 경기도 파주시 회동길 490 다산북스 파주사옥
전화 02-704-1724 **팩스** 02-703-2219 **이메일** dasanbooks@dasanbooks.com
홈페이지 www.dasan.group **블로그** blog.naver.com/dasan_books
종이 스마일몬스터 **인쇄·제본** 상지사피앤비 **코팅·후가공** 제이오엘앤피

ISBN 979-11-306-7556-5 (03300)

다산북스(DASANBOOKS)는 책에 관한 독자 여러분의 아이디어와 원고를 기쁜 마음으로 기다리고 있습니다.
출간을 원하는 분은 다산북스 홈페이지 '원고 투고' 항목에 출간 기획서와 원고 샘플 등을 보내주세요.
머뭇거리지 말고 문을 두드리세요.